国家新闻出版署出版融合发展（北师大出版社）重点实验室
重点课题"教育出版融合发展的理论与实践研究"优秀成果
职业教育（教育类专业）"岗课赛证"融通系列教材

岗课赛证 GKSZ

新形态教材
入眼·入脑·入手
易教·乐学

幼儿园多媒体作品设计与制作案例教程

融媒体版

YOU'ERYUAN DUOMEITI ZUOPIN SHEJI
YU ZHIZUO ANLI JIAOCHENG

U0659659

主　编：许文芝　黄建锋

副主编：王艳歌　孙桔　李宁

参　编：王蕾　詹龙应　袁梁　黄美蓉　王雪晶
　　　　浦芸芸　曹祎　陆永来　金鑫　谢南南
　　　　谷俊峰　王畅　穆庆华　张越　张娜
　　　　贾秀珍　黄旭　陈亚敏　黄玲霞　陆洁

封面照片：成都市教育科学研究院附属幼儿园提供

北京师范大学出版集团
BEIJING NORMAL UNIVERSITY PUBLISHING GROUP
北京师范大学出版社

图书在版编目(CIP)数据

幼儿园多媒体作品设计与制作案例教程/许文芝,黄建锋主编.-北京:北京师范大学出版社,2022.1(2023.8重印)
ISBN 978-7-303-26530-5

Ⅰ.①幼… Ⅱ.①许… ②黄… Ⅲ.①学前教育－多媒体课件－制作－幼儿师范学校－教材 Ⅳ.①G434

中国版本图书馆 CIP 数据核字(2020)第 225869 号

教材意见反馈　gaozhifk@bnupg.com　010-58805079
营销中心电话　010-58802755　58800035
编辑部电话　010-58802883

出版发行：北京师范大学出版社 www.bnupg.com
　　　　　北京市西城区新街口外大街 12-3 号
　　　　　邮政编码：100088
印　　刷：天津旭非印刷有限公司
经　　销：全国新华书店
开　　本：889 mm×1194 mm　1/16
印　　张：12.75
字　　数：302 千字
版　　次：2022 年 1 月第 1 版
印　　次：2023 年 8 月第 3 次印刷
定　　价：34.80 元

策划编辑：姚贵平　　　　　　责任编辑：李　迅
美术编辑：陈　涛　焦　丽　　装帧设计：陈　涛　焦　丽
责任校对：陈　民　　　　　　责任印制：陈　涛

内容提要

　　本书坚持"以学生为中心"，以幼儿园对多媒体作品的需求为主线，以幼儿园教师的多媒体作品制作能力需求为切入点，精选内容、创新体例。本书以幼儿园一日活动、主题活动或专题活动中使用的多媒体作品为实例，介绍了幼儿园多媒体作品设计的基础原理，以及音频作品、图像作品、Flash 动画作品、PowerPoint 演示文稿、视频与微课型作品、交互式电子白板作品、思维导图作品及微信页面等的制作，涵盖了幼儿园常用的多媒体技术应用领域。

　　本书采用项目、任务的编写结构，以案例为载体讲解技术，突出了"做中教、做中学"的理念，有助于激发学生的学习兴趣，提升学生的学习效果；每个项目均配有丰富的数字资源，是一本融文字、声音、图像、动画、视频等为一体的融合媒体教材，既方便教师的教学，又有利于学生的学习。

　　本书既可作为学前教育专业的教学用书，又可作为幼儿园教师的培训用书，还可作为广大学前教育工作者的参考用书。

前　言

当前，各种多媒体作品在幼儿园里广泛使用，如入园音乐、游戏视频、讲故事视频、植物分类思维导图等。新时代的幼儿园教师，只有具备了主动运用多媒体技术的意识，掌握了多媒体作品设计、制作以及运用的技能，才能在幼儿教学里如鱼得水、快速发展。

本书以习近平新时代中国特色社会主义思想为指导，依据《教育信息化 2.0 行动计划》《幼儿园教育指导纲要(试行)》《3－6 岁儿童学习与发展指南》《幼儿园教师专业标准(试行)》《中小学和幼儿园教师资格考试标准(试行)》编写，注重落实教学法、任务驱动教学法、情境教学法等教学方法的要求，以幼儿园常用的多媒体作品为案例，介绍幼儿园多媒体作品的设计、制作与应用，培养学前教育专业学生应用现代信息技术的意识与态度、能力与水平，进而促进其专业发展。

本书体系完整、结构合理，兼具新颖性、实用性，融入课程思政元素，既体现了"三教"改革的精神，也彰显了课程思政的理念。本书立足于幼儿教师的实际工作需要，将信息技术与幼儿园工作岗位需求有机结合，从介绍幼儿园多媒体作品设计的基本理念与技术开始，用案例的方式，逐一介绍了音频作品、图像作品、Flash 动画作品、PowerPoint 演示文稿、视频与微课型作品、交互式电子白板作品、思维导图作品以及微信页面的设计与制作，涵盖了幼儿园常用的多媒体技术。本书每个项目均从案例开始，让学生由"跟着做"到"独立做"，引导学生一步步掌握幼儿园多媒体作品的设计与制作方法。

本书坚持"以学生为中心"，突出"两个重点"，即以提升学生的信息素养和职业能力为重点，注重学生的可持续发展。本书在体例结构上，采用项目、任务的结构，由浅入深；在案例选取上，突出产出导向，大量选用来自幼儿园相关岗位工作的实际案例；在呈现方式上，纸质媒体与数字媒体互动呈现，视频、音频、动画、图文等有机交融，多维度、多角度地呈现学习内容。这不仅有助于教师的教，还有助于学生的学。

本书的编写团队由来自高等师范院校、高等职业学校学前教育专业的现代教育技术、计算机应用基础等课程的优秀教师，以及有丰富经验的幼儿园教师共同组成。本书中选用的样例大多由无锡市机关幼儿园、无锡师范附属幼儿园、无锡市水秀实验幼儿园、无锡市新吴区江溪幼儿园、无锡市实验幼儿园太湖花园校区、无锡市侨谊实验幼儿园、无锡市天一实验幼儿园西璋校区提供。

本书为无锡城市职业技术学院重点教材，在编写过程中，得到了无锡城市职业技术学院领导以及南通高等师范专科学校领导等的大力支持，也引用了相关专家学者的著作和幼儿园教师的成果，在此一并表示衷心的感谢！

我们虽努力优化、打磨书稿，但由于时间以及编者水平的关系，本书难免有不足之处，恳请广大读者批评指正，将您的意见与建议发送至邮箱 yaoguiping@126.com，以便我们进一步修订、完善。

编　者

目 录
CONTENTS

项目一
认识幼儿园多媒体作品

学习目标

1. 了解幼儿园多媒体作品的概念。
2. 领会幼儿园多媒体作品设计的理论基础。
3. 知晓幼儿园多媒体作品的类型及应用场景。
4. 了解幼儿园多媒体作品设计与制作对幼儿教师专业成长的作用。
5. 了解幼儿园多媒体作品设计与制作的要求。
6. 掌握幼儿园多媒体作品设计与制作的流程。

思维导图

认识多媒体技术及幼儿园多媒体作品

现代学习理论在幼儿园多媒体作品设计中的应用

教学原理在幼儿园多媒体作品设计中的应用

幼儿园多媒体作品的作用

了解幼儿园多媒体作品的概念及理论基础

练习与操练型作品

模拟型作品

游戏型作品

综合型作品

了解幼儿园多媒体作品的基本类型

认识幼儿园多媒体作品

幼儿园多媒体作品的教育性要求

幼儿园多媒体作品的艺术性要求

幼儿园多媒体作品的技术性要求

幼儿园多媒体作品的操作性要求

学习幼儿园多媒体作品设计与制作的要求

选择教学活动内容和教学活动目标

选择教学媒体并进行教学活动设计

收集多媒体素材

制作多媒体作品

评价与修改多媒体作品

学习幼儿园多媒体作品设计与制作的流程

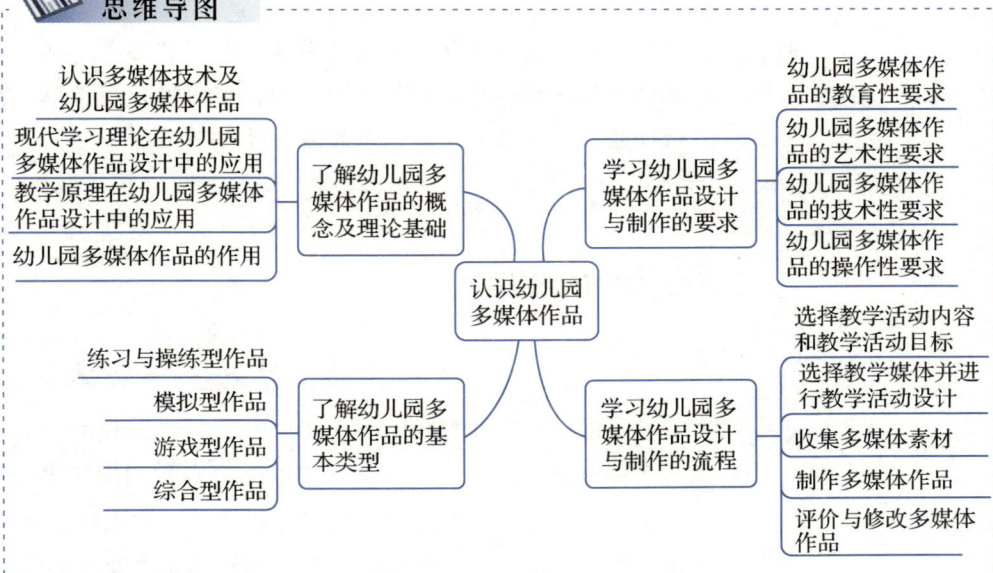

幼儿园多媒体作品设计与制作是运用多媒体设计与制作原理和技术为幼儿园各项活动有效开展提供辅助服务的一门应用型学科，是幼儿园日常教育教学活动的重要组成部分。幼儿园多媒体作品的设计与制作是一项复杂的创造性劳动，既

要考虑作品是一种计算机软件，需要符合软件设计与制作的规范；又要考虑作品是为学前教育教学服务的，要符合幼儿园教育规律、教学要求及幼儿学习规律；同时还要考虑作品的交互性、智能性及艺术性。作品应具有整洁美观的界面、和谐一致的风格、生动活泼的形式，要能激发幼儿学习的兴趣，提高教学效果。本项目主要是引导学习者理解多媒体技术的概念以及幼儿园多媒体作品设计的理论基础，掌握如何在日常幼儿园保教活动中使用多媒体作品。

任务一
了解幼儿园多媒体作品的概念及理论基础

✎ 学习笔记

"互联网＋"时代信息技术的应用已经融入学前儿童生活的各个方面，成为儿童生活和学习中不可或缺的组成部分。针对幼儿园一日教学活动、节日大型主题活动和幼儿五大领域专题教学活动，开发设计、制作主题多媒体作品，不但可以优化幼儿一日生活环节，同时也可以提供审美教育、情感教育契机。为此，幼儿教师在设计与制作幼儿园多媒体作品中，必须遵循幼儿的年龄特点和认知规律，在教学活动中根据实际需要，设计的作品要具有健康、积极、生动等特征，实现多媒体技术与幼儿教育的融合创新。

📚 任务描述与分析

本任务主要让学习者理解多媒体技术概念，了解现代学习理论、教学原理在幼儿园多媒体作品设计中的应用，理解幼儿园多媒体作品如何能发挥对幼儿认知能力、语言能力、情感发展的作用。

📚 学习与操作

一、认识多媒体技术及幼儿园多媒体作品 >>>>>>>>>>>>>

多媒体译自英文"multimedia"，该词由"multiple"和"media"复合而成，多媒体是多种媒体的综合，一般包括文本、声音和图像等多种媒体形式。在计算机系统中，多媒体指组合两种或两种以上媒体的一种人机交互式信息交流和传播媒体。使用的媒体包括文字、图片、声音、动画和影片及程序所提供的互动功能。

多媒体技术就是通过计算机对文本、数据、音频、视频等各种信息进行存储和管理，并将其整合到交互式界面上，使计算机具有交互展示不同媒体形态的功能，让用户能够通过多种感官跟计算机进行实时信息交流的技术。

多媒体课件是根据教学大纲的要求和教学的需要，经过严格的教学设计，并以多种媒体的表现方式和超文本结构制作而成的课程软件。多媒体课件就是教师用来辅助教学的工具，是文字、图形、图像、视频、声音、动画等多种素材的集合。

幼儿园多媒体作品，是以《幼儿园教育指导纲要(试行)》和《3—6岁儿童学习与发展指南》为依据，根据幼儿园教学要求，结合幼儿的思维发展特点，对教学内容、教学任务、教学活动进行分析设计的幼儿园课程软件。幼儿园多媒体作品利用文字、图形、图像、声音和动画等多种媒体要素，创设各种形象生动、灵活多变的教育情境和游戏情境，再现生活中的事物与环境，把静态的知识与经验动态化，把抽象的知识形象化、趣味化，营造出轻松自然的学习氛围，具有情境性、生动性、直观性、趣味性等特点。

幼儿园多媒体作品符合幼儿的思维特点，能够吸引幼儿的注意力，激发幼儿的兴趣，诱发幼儿的情感共鸣，使幼儿在不知不觉中全身心地投入教育活动中。运用多媒体作品辅助幼儿园教学活动，有利于唤起幼儿开展创造性活动的兴趣和愿望，有利于幼儿的观察和思考。

二、现代学习理论在幼儿园多媒体作品设计中的应用 >>

幼儿园多媒体作品设计要以计算机辅助教学理论为指导，计算机辅助教学理论是以现代学习理论、现代教育技术理论、现代教育信息传播理论、系统科学原理、学科教学原理等理论和原理为基础的。

（一）认知—行为主义学习理论

以加涅为代表的认知—行为主义学习理论认为，学习是一个不断接受外界刺激，通过学习者的内在构造作用产生反应，并同化为学习者的内在认知结构的循环过程。学习具有从低到高、从易到难的层次性和阶段性的特征。

幼儿主要通过触摸、摆弄物体来获取感性经验。因此，在幼儿园多媒体作品设计中，教师首先要重视的是作品场景环境的布置，为幼儿提供丰富的感官刺激。

作品场景中的颜色、声音以及玩具摆放的位置等都会对幼儿的学习产生影响。因此，教师要重视幼儿自身的学习需要，保护其好奇心和求知欲，尊重他们的学习兴趣。设计与制作的作品要为幼儿的主动学习创造宽松、民主、自由的环境，安排的教学活动也要从幼儿的兴趣和需要出发。

（二）建构主义学习理论

建构主义学习理论认为，学习是一种建构的过程。知识是学习者与外部环境交互作用的结果，而不是仅靠教师传授所得。建构主义学习理论认为"情境""协作""会话"和"意义建构"是学习环境中的四大要素，即学习者在一定的学习情境下，借助教师和学习伙伴的帮助，利用必要的学习资料，通过意义建构的方式获得知识。

建构主义学习理论应用在幼儿园多媒体作品制作中，强调以幼儿为中心，不仅要求幼儿由外部刺激的被动接受与知识的灌输对象转变为信息加工的主体和对知识意义进行主动建构，还要求教师和设计的作品要由知识的传授、传输转变为对幼儿主动建构意义上的帮助和促进。

学习者在与计算机多媒体的交互中，不断"同化""调节"自身已有的认知结构，最后使自己的认知结构"平衡"到一个新的水平。计算机辅助教学强大的交互功能可以使学习者积极主动地参与学习，从而更加有效地达到认知结构的新的"平衡"。

建构主义理论倡导的是一种自我调节的学习方式，要求幼儿有学习主动性，在基于建构理论的学习背景下，幼儿要从传统教学模式中被动接受知识转换为信息的主体、意义的主动建构者。幼儿是活动和学习中的主体，他们对学习的主题、进程有着自我的控制和管理。在实际教学活动中，教师应该随机地、巧妙地通过问题情境中可利用的资源，及时捕捉幼儿将要学习并跨出一步的微妙时刻，并给予适时提示，从而引导幼儿自己解决问题，而不是直接告诉幼儿解决问题的方法。

三、教学原理在幼儿园多媒体作品设计中的应用 >>>>>>

作用于幼儿园多媒体作品设计中的教学原理主要有程序教学原理、媒体符合原理、交互作用原理和系统性原理，下面分别进行介绍。

（一）程序教学原理

程序教学原理主要包含以下几个方面。

第一，积极反应原理。学习者对学习的内容做出积极的反应。

第二，及时确认原理。对学习者的正确反应给予及时的确认。

第三，小步子原理，即小步子前进。

第四，自定步数原理。根据自身的条件自定学习的进度。

第五，测验原理。通过测验来检验学习的结果。

多媒体辅助教学实际上就是一种程序教学。由教师和其他教学人员共同开发的多媒体课件，本质就是包含教学信息的程序，教学内容的展开由程序来控制，学习者可以按程序提供的交互方式来选择学习形式、时间和速度等。

在幼儿园多媒体设计制作中，通常采用小步子递进的方式来设计安排由易到难的交互材料。

（二）媒体符合原理

不同的教学内容使用不同的媒体形式来表现就是教学内容决定媒体形式的原理，即媒体符合原理。具体化的教学内容需要使其向抽象层次发展，才能提高幼儿的认识层次，而抽象性的教学内容则要以具体形象的媒体形式表现，这样才能让幼儿快速理解。

（三）交互作用原理

交互作用原理主要包含以下几个方面。

第一，积极学习原理。学习不是被动接受，而是主动索取。交互式学习可使学习者积极主动地参与到学习过程中，有助于学习者理解和把握知识的结构和联系，从而提高学习效率。

第二，发现学习原理。学习也是发现和创造的过程。交互式学习能引发学习者的想象力和创造力，学习者可通过对学习对象的改变、编辑和重塑来提高思维能力和创造能力。

第三，个性化学习原理。不同的学习者有不同的兴趣、爱好、认识水平与学习需要。交互式学习就是将学习过程的控制权交还给学习者，由学习者根据自身的条件和要求选择学习环境和学习形式，有利于因材施教。

作品的交互形式通常是以多项选择的方式为幼儿提供操作练习的环境，如拼版、游戏等。幼儿通过主动感知、积极思维，协同发挥多种感官的作用，提高认知效果。

（四）系统性原理

计算机多媒体辅助教学实际上是将教学过程当作一个系统性的过程。教学课件的开发需要根据课件设计的理论和方法，对教学内容、教学目的、教学对象、教学方法、教学环境和教学需求等进行综合分析，优化设计，最后将教学环节的连续和教学过程的控制等都纳入考虑范畴。

在幼儿园多媒体作品设计中，良好的衔接性能充分调动幼儿的积极性，满足幼儿的好奇心和成就感。这不仅指作品片段、场景、内容本身有很好的直接衔接，同时还要包括教师的配合衔接，即在作品设计中，要根据作品设计的具体需要留有与教师的衔接接口，以便教师能够顺势引申，促使教学过程中的各个环节紧密相扣，让幼儿把注意力自然而然地从作品转移到教师身上。

四、幼儿园多媒体作品的作用　>>>>>>>>>>>>>>>>>>>>>>>>>

学龄前的儿童处于3～6岁，这个年龄阶段的幼儿主要是凭借事物的具体形象或对表象的联想来学习和探索的。依靠多媒体技术制作的幼儿园多媒体作品将文字、图片、声音、动画等多种媒体组织起来，在视觉、听觉效果方面有其独特的优势，更具动感和趣味性，能充分激发幼儿的学习兴趣，有效地促进学龄前儿童的身心发展。

（一）促进幼儿的认知能力发展

幼儿园多媒体作品中颜色鲜艳、形象动人的图形和图像可以促进幼儿视觉的发展，提高幼儿的观察能力；生动优美的声音效果可以促进幼儿听觉的发展，提高幼儿倾听的能力，促进幼儿注意的有意性、持续性。人机互动的小游戏不仅可以提高幼儿的手眼协调能力，还能促进幼儿有意记忆的萌发。幼儿园多媒体作品中多种要素的动态演示、重复刺激还有助于幼儿记忆力的发展。由此可见，恰当运用幼儿园多媒体作品能够促进幼儿感知、注意、记忆、思维和想象等多方面能力的发展。

（二）促进幼儿的语言能力发展

幼儿园多媒体作品通过图片、声音、动画与文字符号的配合，以观察图片、倾听声音、讲述画面、讨论结果等形式，让幼儿体验声音、故事情节与文字符号之间的关系，从而促进幼儿的语言发展，为幼儿识字做准备。

（三）促进幼儿的情感发展

幼儿园多媒体作品是形、声、色、知、情、意相融合的统一体，不仅可以促进幼儿智力的发展，而且能够促进幼儿非智力因素的发展。幼儿园多媒体作品创设出各种形象生动、灵活多变的学习情境，虚拟了现实，再现了生活，营造出轻松自然、欢快愉悦的探索氛围，这些特点可以吸引幼儿的注意，激发幼儿的兴趣与好奇心，诱发幼儿的情感共鸣，使幼儿全身心地投入教学活动中。

✎ 学习笔记

任务二
了解幼儿园多媒体作品的基本类型

计算机课件的类型可根据不同的标准进行划分。根据制作软件不同，计算机课件可分为 PowerPoint 课件、Flash 课件等。根据应用环境不同，可将课件分为一般多媒体课件和网络多媒体课件。根据计算机辅助教学的形态和教学功能，将幼儿园多媒体作品分为练习与操练型、模拟型、游戏型以及综合型等几种基本类型。

任务描述与分析

了解幼儿园各种多媒体作品的特点以及各种类型的多媒体作品在什么情况下使用。

学习与操作

一、练习与操练型作品 ▶▶▶▶▶▶▶▶▶▶▶▶▶▶▶▶▶▶▶▶▶▶▶▶▶▶

练习与操练型是发展和应用最早的一类计算机辅助教学软件，是实现程序教学的基本方法。

（一）练习

练习是为了获取一种过渡性操作的技巧。主要通过一系列问题，让幼儿在建立知识间的联想与联系的同时，还要具有掌握在何时使用何种知识做何种决定的技能，形成一种习惯性的过程性操作能力。

（二）操练

操练是通过大量的术语与事实间的重复对比练习，帮助幼儿建立有关事物之间联系的联想记忆和规律的快速回忆。

练习与操练型课件应遵循以下原则。

第一，小步子原则。

第二，积极反馈原则。

第三，及时强化原则。

第四，自定步调原则。

计算机逐个或按批次向幼儿提出问题，待幼儿回答问题后，计算机判断其正误情况，并根据回答的情况给出一定的反馈，以促进幼儿掌握某种知识和技能技巧，这个过程就是练习与操练型作品的基本过程。

练习与操练的教学方式通过大量的"提问→回答→判断"实现反馈，使幼儿建立起问题与回答之间的联系，从而理解并掌握该知识与技能技巧。

练习与操练的"提问→回答"过程需要反复进行，直到达到活动目标为止。判断幼儿是否达到活动目标的方式有多种，如在一定时间内或问题数量达到定量时，统计幼儿的练习成绩和作品目标成绩之间的差距；幼儿回答正确次数达到一定的量时，要告诉幼儿所用的时间和最快者的差距等。在某些作品中，这些活动目标达到后的情况还需要被记录下来，作为分析幼儿对知识掌握情况的资料，影响后面教学内容的选择。

二、模拟型作品 >>>>>>>>>>>>>>>>>>>>>>>>>>>>>>>>>>>>>>

演示模拟就是向幼儿演示各种图像、动画、图标和描述的教学活动。模拟型作品利用计算机模拟自然科学或社会科学的某些规律，产生与现实世界相应的现象，供幼儿观察，帮助幼儿认识、发现和理解这些规律与现象的本质，主要具有以下特点。

（一）激发学习动机

模拟的对象对幼儿来说是一个未知的世界，而幼儿对未知世界的好奇心可以帮助他们去探索其中的奥秘。

（二）时效性

模拟对象的实际空间尺度可能很大也可能很小，一般不容易让幼儿接触或观察，使用计算机模拟则可以不受时间和空间的限制。

（三）安全性和经济性

模拟型课件在一次投入制作完成后，可供多人重复使用。

（四）广泛适用性

模拟的对象可以应用在科学、生活等多个方面，具有广泛适用的特点。模拟型作品近年来受到许多教育专家和心理专家的关注，被认为有助于培养幼儿的能力，所以目前已成为发展较快的一种作品类型。

三、游戏型作品 >>>>>>>>>>>>>>>>>>>>>>>>>>>>>>>>>>>>>>

游戏型作品指教学活动在游戏中进行。作品提供和控制一种富有趣味性和竞争性的教学活动环境，来激发幼儿的学习动机，让幼儿在富有教学意义且教学活动目标明确的游戏活动中得到练习或有所发现，取得积极的教学效果。游戏型作品强调教学性，有着明确的教学活动目标和具体的教学内容，并且包含经过仔细研究的教学活动策略。

（一）游戏型作品的特点

1. 教学活动目标与游戏竞争目标一致

从初始状态出发，经过游戏参与者的决策和动作，最后总能达到胜、负或平局的状态；而游戏竞争目标的实现也是教学活动目标的实现。

2. 积极的参与性

至少有两方或两方以上的游戏参与者，其中的一方可以通过计算机扮演，学习者要积极地参与游戏竞争。

3. 明确的游戏规则

明确的游戏规则即游戏参与者采取的决策和动作是必须遵守的规则约定，这些规则应该包含所有教学活动目标和所有教学的规律与知识。

4. 娱乐性与趣味性

游戏型作品的目标就是达到寓教于乐的教学效果。因此，游戏型作品要具有强烈的娱乐性和趣味性，包括生动活泼的画面、恰当的音乐、巧妙的构思和夸张的想象等。

5. 时间性

时间性即游戏应该在有限的时间内达到教学活动目标，而不是一直继续下去。

（二）游戏型作品的种类

游戏型作品按照游戏方式可分为操练与练习方式的游戏和模拟方式的游戏等。

1. 操练与练习方式的游戏

操练与练习方式的游戏就是将操练与练习结合到游戏中，由于游戏的方式能大大刺激幼儿的学习积极性，因此，在娱乐中学习知识，能够取得较好的教学效果。

2. 模拟方式的游戏

模拟方式的游戏就是将模拟与游戏结合起来，让幼儿在有竞争的环境下思考、探索、尝试、发现错误并纠正认识，让其在掌握规律与事实的同时，还能学会寻找规律，做出决策，能够培养幼儿适应现实的能力和应变能力。

使用游戏型作品进行教学活动时，教师必须起到引导作用，而不是让游戏型作品沦为普通的游戏，应该通过引导、启发和归纳等让幼儿注意其教育内容，达到教育目的。

四、综合型作品 >>>>>>>>>>>>>>>>>>>>>>>>>>>>>>>>>>>>

将练习型作品、模拟型作品、游戏型作品等形式中的某几种形式整合到一起，用来表达较为系统的教学活动内容的作品形式就是综合型作品形式，也是实际教学活动过程中最常用的作品类型。综合型作品具有较强的可控性和智能性。

（一）可控性

多媒体作品内容由幼儿教师掌握。在幼儿园教学环境中，幼儿教师可根据幼儿的实际接受情况，有目的、有选择地控制演示的内容、次数和速度，充分发挥综合型作品的优势，让幼儿达到最佳的学习效果。

（二）智能性

多媒体技术可以将声音和图像结合，模拟出整个实验过程，让幼儿观看到现实生活中看不到或看不清的各种物理、化学变化或运动过程，从而促进幼儿对活动内容的理解和记忆。

任务三
学习幼儿园多媒体作品设计与制作的要求

幼儿园多媒体作品集合鲜活灵动的教学素材，营造形象生动的情境。因此它在学前教育领域得到越来越广泛的应用。但大量幼儿园多媒体作品出现的同时，我们也看到许多不足与缺陷。例如，幼儿园多媒体作品偏离教学活动目标、形式过于花哨、不符合幼儿年龄特点等。只有设计制作出优秀实用的作品，使作品达到教育性、艺术性、技术性和操作性的要求，才能促进幼儿发展及教师发展。

任务描述与分析

掌握幼儿园多媒体作品的教育性、艺术性、技术性、操作性要求。

学习与操作

一、幼儿园多媒体作品的教育性要求 >>>>>>>>>>>>>>>>>>>

幼儿园多媒体作品作为幼儿园教学活动的辅助工具，教育性应该是其基本属性。幼儿园多媒体作品在设计过程中要遵循幼儿园教学的基本理论、基本原理和一般规律，体现正确的教学理念，并从教学要素的各个方面起到对教育教学活动的辅助作用。

第一，幼儿园多媒体作品要以《幼儿园教育指导纲要（试行）》和《3—6 岁儿童学习与发展指南》为依据，遵循《幼儿园教育指导纲要（试行）》和《3—6 岁儿童学习与发展指南》所提倡的幼儿教育理念，以科学的幼儿园教育价值观为基础，针对特定的教学对象，采用丰富多样的教学形式，促进幼儿认知、情感及动作技能各方面的发展。

第二，幼儿园多媒体作品要服务于教学活动的目标。一方面，要运用教学设计的原理和方法对教学活动进行设计，其设计及媒体应用形式要符合幼儿的心理特征和认知结构。幼儿园多媒体作品不能单纯呈现幼儿认知与智力发展所需的知识性内容，或只是简单地播放动画与视频，幼儿园多媒体作品所包含的内容应该有利于幼儿的全面和谐发展，既可以为幼儿提供必要的知识，又可以陶冶幼儿的情操，同时还能激发幼儿探索、操作的欲望，较好地实现教学活动的目标。另一方面，幼儿园多媒体作品要突出教学活动的重点及难点。由于幼儿园多媒体作品包含较大的信息量，常常有教师在一次教育活动的作品中填充大量的内容，不区分重点和难点，这就造成教学活动重点不突出、难点不集中的现象。

第三，幼儿园多媒体作品的内容要契合教学活动的内容。一方面，作品的内

学习笔记

容与形式要符合幼儿的年龄特点，不同班级的作品内容要符合对应班级幼儿的年龄阶段特征。例如，小班作品应呈现颜色鲜艳、画面简洁明了的图形图像；声音、音乐简单，并贴近幼儿的生活经验；动画与视频情节简单，以动物题材为主。中班作品呈现颜色应比小班作品更丰富，构图比小班作品更复杂，图形、图像、声音、音乐的内容和形式可以更为多样，在动画与视频中可以增加社会角色，并有一定的情节起伏，还可以在作品中插入适量的文字符号。大班作品可以呈现颜色丰富、构图相对复杂、主题多样的图像，播放风格主题多元的声音与音乐，播放情节复杂、题材多样的动画与视频，在作品中增加文字、数字等。

第四，作品的内容要主题集中，选材多样。多媒体技术可以增大教师的信息量，提高教育活动的效率，但这并不意味着在一个教学活动作品中内容越多越好，盲目地添加繁杂的内容，只会适得其反。作品的内容要紧紧围绕教育目标，呈现的内容要主题集中，但形式和选材要多样。

作品的内容还要突出启发性教育，促进幼儿自主学习，要有趣味性，通过设置富有童心童趣的情境，激发幼儿的兴趣与参与活动的积极性，从而有效地促进幼儿智力的发展和能力的提高。

二、幼儿园多媒体作品的艺术性要求 >>>>>>>>>>>>>>>>>>>

一个好的多媒体作品，需要把艺术与教育完美地结合在一起，成为好的内容与美的形式的完美结合体。幼儿注意力不易集中，以无意记忆和形象记忆为主要记忆方式，新鲜有趣的事物和活动能引起幼儿的注意和参与活动的积极性。因此，界面清晰、色彩协调、搭配合理的作品能够调动幼儿的兴趣与情感，从而更容易达到教学活动目标。但是需要强调的是：在注重作品艺术性的同时，不能因为过分追求画面的花哨而忽略了教学活动的内容，作品界面上的光标、按钮、导航标志设置要简单规范，绝不能为炫耀艺术花样而分散幼儿的注意力，冲淡教学活动的主题。

三、幼儿园多媒体作品的技术性要求 >>>>>>>>>>>>>>>>>>>

由于幼儿园多媒体作品的制作运用了多媒体技术，作品设计与制作水平对教学效果具有直接或间接的影响，所以幼儿园多媒体作品也应当达到一定的技术性标准。

从课件制作平台上看，在幼儿园多媒体作品设计中，根据幼儿教师制作幼儿园多媒体作品的实际水平，幼儿园多媒体作品应该适用于日常教学，易于修改与更新，因此，可以选择一些应用较广的制作软件，如 PowerPoint 或 Flash 等。

从课件需要的素材来看，图片素材应清晰、逼真；声音素材音效清楚，主题贴切；动画生动准确；视频声音清晰，画面流畅。因此，幼儿教师要能够灵活处理作品中使用到的各种多媒体素材，以便于更好地选择素材，制作出精美的多媒体作品。

四、幼儿园多媒体作品的操作性要求 >>>>>>>>>>>>>>>>>>>

在幼儿园多媒体教学活动过程中，由于幼儿教师计算机技术能力的限制，对作品的操作也提出了一定的要求。

第一，制作多媒体作品必须要考虑其运行的软硬件环境，对软硬件的要求不能太高，在一般的计算机上能够顺畅运行，没有错误；操作界面应该方便灵活，启动、转换、链接快捷，多样化交互手段并用，操作方法应运行稳定，没有错误。

第二，从多媒体处理技术上来看，要求多媒体作品的专业技术含量不能太高，制作难度不应太大。这是因为幼儿园教师毕竟不是计算机专业技术人员，也不是专门的课件开发制作人员，如果制作一个作品需要教师耗费大量的时间和精力，反而会影响教师正常的教学工作。

任务四
学习幼儿园多媒体作品设计与制作的流程

在利用多媒体课件辅助教学的实践中，常常存在教师为了使用多媒体课件而刻意拼凑的现象，这样的多媒体课件往往徒有形式，而不能真正提高教学质量。即将成为幼儿园教师的学前教育专业的学生需要知道幼儿园多媒体作品应当如何设计，幼儿园多媒体作品的制作需要有哪些流程。

任务描述与分析

了解幼儿园多媒体作品的设计方法；了解幼儿园多媒体作品设计与制作的流程。

学习与操作

幼儿园多媒体作品设计与制作的流程一般包括以下五个步骤：选择教学活动内容和教学活动目标，选择教学媒体并进行教学活动设计，收集多媒体素材，制作多媒体作品，评价与修改多媒体作品。

一、选择教学活动内容和教学活动目标 >>>>>>>>>>>>>>>>

目前，我国没有全国统一编制的幼儿园专用教育教材，也没有具体、统一的教学活动内容，教学活动内容通常由幼儿园或者带班教师自行选择确定。在教师所选择的教学活动中，并不是每一个教学活动或者每一个步骤都需要使用多媒体作品，若一个多媒体作品用得好，则能够极大地提高教学活动的效率，反之则只会流于形式，甚至适得其反。因此要对教学内容和主题进行筛选。教师可以选择能突出多媒体特点、发挥多媒体优势、适合多媒体表现的主题。例如，音乐欣赏

学习笔记

类的主题，可以利用多媒体作品集声音、画面、视频于一体的特点，把乐器、旋律、节奏等要素具体化为可观察的图片或视频，便于幼儿理解与体会。教师也可以选择在现实中无法直接观察或者无法直接操作的教学活动内容。例如，在进行木瓜的生长教学时，由于木瓜的生长周期较长，教师可以利用声音、图片、视频来展示木瓜的成长过程，从而让幼儿更容易理解木瓜的生长特性。

二、选择教学媒体并进行教学活动设计 »»»»»»»»»»»»

教学媒体的选择就是根据教学内容和教学活动的目标要求，选择记录和储存教学信息的载体，直接介入教学活动过程，实现教学信息对学习者的感官刺激。

教学活动的设计主要是对教学各要素进行设计，包括教学活动目标的设计、教学活动内容的设计、教学活动过程的设计、教学方法的设计以及多媒体作品的设计等。教学活动目标的设计，必须考虑到目标的全面性、目标的重点与难点是否突出；教学活动内容的设计必须以《幼儿园教育指导纲要（试行）》和《3—6 岁儿童学习与发展指南》为依据，应该符合幼儿的认知规律和教学规律；教学活动过程的设计必须使教学活动环节清晰、有条理，围绕活动目标层层递进，教师要分析哪些环节需要多媒体作品的辅助，以什么方式来辅助；教学方法的设计必须符合幼儿园教学理论和幼儿学习的特点，有利于幼儿掌握知识、形成技能；多媒体作品的设计必须符合教学媒体的使用规律和信息传播理论，在完成教学活动设计时，多媒体作品的基本设计思路也应该一起完成。

三、收集多媒体素材 »»»»»»»»»»»»»»»»»»»»»»»

在选择好教学媒体并进行教学活动设计之后，需要收集大量的素材来支持多媒体作品制作。多媒体作品制作所需要的素材大致包括文字、图形、图像、声音、视频、动画等。理想的素材是制作优秀多媒体作品的基础，多媒体作品素材使用的优劣直接关系作品的优劣。教师可以利用网络收集所需要的素材；在时间与精力允许的条件下，教师也可以尝试使用一些软件来自己制作常用的素材。教师应建立个人素材库，平时注意积累制作多媒体作品所需的素材。例如，用数码相机摄制幼儿园环境或幼儿园举办活动的素材，留心记录提供大量素材的网站与网址，使用时需注意著作权问题，不要侵犯他人的版权。

四、制作多媒体作品 »»»»»»»»»»»»»»»»»»»»»»»»»

素材准备好之后，根据教学活动内容的不同以及素材的类别，教师要通过选择适合表现作品内容的制作工具对这些素材进行加工与合成。教师可以用Photoshop、ACDSee、CorelDRAW、Fireworks 等软件对图形图像素材进行编辑加工；用 Adobe Audition、WaveStudio、Cakewalk、MidiSoft 等软件编辑声音素材；用 Flash、Ulead GIF Animator 等软件制作编辑简单的动画；用格式工厂、会声会影等软件编辑视频文件；用秀米、易企秀等编辑制作微信页面，然后选择PowerPoint、Flash、Dreamweaver 等合适的软件平台整合成辅助教学活动的多媒体作品。在整合的过程中要遵循幼儿的认知规律，充分发挥多媒体计算机的优势，做到界面美观舒适、操作灵活方便，增强作品的交互性，提升作品的视听效果，以发挥多媒体作品的最大优势。

五、评价与修改多媒体作品 >>>>>>>>>>>>>>>>>>>>>>>>>>>>>

　　多媒体作品制作完成之后，教师需要对多媒体作品进行演示播放，并按照多媒体课件制作评价标准对多媒体作品进行评价，然后对多媒体作品进一步地修改与完善，以达到更好的效果。

拓展学习

　　教学课件的评审标准可从功能性、可靠性、使用方便性、程序设计技巧、商品化程度五个方面进行，该标准对于多媒体教学课件有很强的参考价值。

一、功能性

对课件综合评分中的功能性进行评分时需要考虑以下因素。

第一，教学目标适当、达到预定的教学目标程度。

第二，符合科学性要求。

第三，符合幼儿园教学规律和因材施教的教学原则。

第四，能够体现计算机的特点，取得其他教学方法和教学手段无法取得的成果。

第五，有利于激发幼儿的学习兴趣、主动性和积极性，有利于培养幼儿的学习能力。

二、可靠性

可靠性要求幼儿园作品程序足够稳定，不受误操作的影响。

三、使用方便性

多媒体课件综合评分的使用方便性表现在以下两个方面。

第一，教师和幼儿的操作简单易学。

第二，屏幕提示的含义清楚、表达明确、意思简单明了，过程符合幼儿学习习惯。

四、程序设计技巧

教学课件综合评分的程序设计技巧表现在以下几个方面。

第一，充分利用计算机系统的各种资源，且深度合理。

第二，要充分发挥多媒体教学的优势，综合利用文字、声音、图像、动画等媒体信息，使用得当、协调配合。

第三，画面应该美观清晰。

第四，动画与教学内容要紧密配合，有较好的动态教学效果。

五、商品化程度

　　要想有较高的商品化程度，课件需要较为详细的文档资料进行功能说明、安装使用说明，文字要通顺、易懂、准确。除此之外，作为商品课件应有好的包装，比如用光盘发行，便于幼儿园之间的教育资源交换和流通。

思考与练习

一、基础练习

1. 什么是幼儿园多媒体作品？

2. 幼儿园多媒体作品分为几种类型？分别是什么？

3. 幼儿园多媒体作品设计与制作应遵循哪些基本原理？

4. 幼儿园多媒体作品设计与制作可通过哪些工具来完成？

5. 幼儿园多媒体作品设计与制作的具体要求是什么？

6. 幼儿园多媒体作品设计与制作的流程是什么？

二、提高练习

1. 在什么情况下需要使用幼儿园多媒体作品？幼儿园多媒体作品在教学活动中起什么作用？

2. 通过网络浏览和查找优秀的幼儿园多媒体作品，并分析其类型、设计思路和优缺点。

3. 选择幼儿园五大领域教学活动中合适的主题，进行需要分析、教学活动设计和结构设计，并制作完成多媒体作品。

项目二
音频作品设计与制作

学习目标

1. 能有意识地在幼儿园活动中运用音频作品。

2. 能辨识音频文件的格式并对其进行转换。

3. 能合成、转换各种数字声音文件。

4. 会使用 Adobe Audition 3.0 软件的基本工具。

5. 能利用 Adobe Audition 3.0 中的编辑视图和多音轨视图两种录音功能进行录音。

6. 具有使用 Adobe Audition 3.0 编辑和处理声音的技能。

思维导图

认知音频
音频素材的常见格式
声音素材的获取及其格式转换
声音素材的处理
声音处理软件
Adobe Audition 3.0简介

初识数字音频作品

制作幼儿园配乐讲故事作品

音频作品设计与制作

制作幼儿园课间操音乐

制作卡拉OK作品

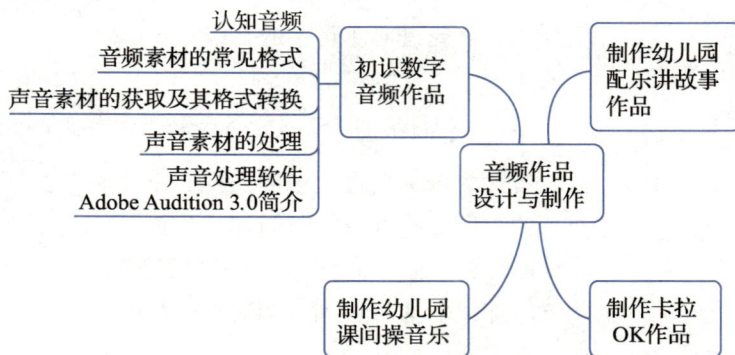

在幼儿园教育教学活动中恰当使用音乐能够有效地促进幼儿生理、心理、情感、智力、个性等方面健康发展。在幼儿每日入园、课间操、课外活动等幼儿园常规活动中，都会运用到音频作品。音频的使用有利于集中幼儿学习注意力，陶

冶幼儿情操，激发幼儿学习潜力。根据幼儿园实际需要设计制作音频作品是幼儿教师的一项基本技能。本项目中学习者将学习运用下载、截取、录制、编辑、合成等方法制作各种形式的音频作品。

任务一
初识数字音频作品

在幼儿园各类活动中，音频的使用非常广泛。例如，为了更好地让幼儿掌握普通话的要领，可在活动中进行示范朗读；为了调动幼儿听觉接受知识，需要安排富有情感的故事讲解环节。制作音频作品首先要收集声音素材，从各种渠道获取的声音素材往往存储格式不一致，无法进行编辑，需要转换为统一的格式后才能进行编辑处理。

任务描述与分析

本任务主要让学习者了解数字音频的格式，掌握数字音频素材获取的方式以及各种数字音频格式之间的转换，了解处理数字音频的软件 Adobe Audition 3.0 的基本功能和操作方法。

学习与操作

声音是多媒体技术采用的一种媒体形式，在某些需要讲解或活跃主题气氛的场合中，声音是必不可少的。

一、认识音频 >>>>>>>>>>>>>>>>>>>>>>>>>>>>>>>>>>>>>

音频的数字化过程包括采样、量化两个步骤。采样就是每隔一段时间读一次声音的幅度，将读取的时间和波形振幅记录下来。量化是将采样得到的在时间上连续的信号(通常为反映某一瞬间声波幅度的电压值)加以数字化，使其变成在时间上不连续的信号序列，即通常的数模转换。

数字音频的编码方式就是数字音频格式，我们所使用的不同的数字音频设备一般都对应着不同的音频文件格式。

二、音频素材的常见格式 >>>>>>>>>>>>>>>>>>>>>>>>>>>>>>

幼儿园多媒体作品中常用的声音素材种类多样，格式丰富，主要有以下几种。

（一）MP3 格式

MP3 是一种音频压缩技术，全称为"Moving Picture Experts Group Audio Layer-

3"，将音乐以 1∶10 甚至 1∶12 的压缩率进行压缩，能够在音质丢失很小的情况下把文件压缩到较小的程度。

MP3 格式以其体积小、音质高的特点成为在网络上较为流行的声音格式之一。MP3 格式的音乐，每分钟只有 1 MB 左右，这样大部分歌的大小只有 3～4 MB。

（二）WMA 格式

WMA 的全称是"Windows Media Audio"，WMA 格式是微软公司力推的一种音频格式。WMA 格式是以减少数据流量，但保持音质的方法来达到更高的压缩率的，其压缩率一般可以达到 1∶18，生成的文件大小大约只有相应 MP3 文件的 1/2。

此外，WMA 格式还可以通过 DRM(Digital Rights Management，数字版权管理)方案加入防止拷贝，或者加入限制播放时间和播放次数，甚至限制播放机器，可有力地防止盗版。

（三）WAV 格式

WAV(Wave Audio Files)格式是微软公司开发的一种声音文件格式，也被称为波形声音文件，是最早的数字音频格式，被 Windows 平台及其应用程序广泛支持。

WAV 格式支持许多压缩算法，支持多种音频位数、采样频率和声道，采用 44.1 kHz 的采样频率，16 位量化位数，音质与 CD 相差无几，但其存储较大，不便于交流和传播。

（四）MIDI 格式

MIDI 是"Musical Instrument Digital Interface"的缩写，又称为乐器数字接口，是数字音乐/电子合成乐器的统一国际标准。它定义了计算机音乐程序、数字合成器及其他电子设备交换音乐信号的方式，规定了不同厂家的电子乐器与计算机连接的电缆和硬件及设备间数据传输的协议，可以模拟多种乐器的声音。

在 MIDI 文件中存储的是一些指令，把这些指令发送给声卡，由声卡按照指令将声音合成出来。

（五）MP3Pro 格式

MP3Pro 是 MP3 编码格式的升级版本。MP3Pro 是由瑞典 Coding 科技公司开发的，在保持相同的音质下同样可以把声音文件的文件量压缩到原有 MP3 格式的 1/2 大小，而且可以在基本不改变文件大小的情况下改善原先的 MP3 音乐音质。它能够在用较低的比特率压缩音频文件的情况下，最大限度地保持压缩前的音质。

（六）其他格式

1. ASF 格式

ASF(Advanced Streaming Format，高级串流格式)，是微软公司制定的一种媒体播放格式，适合在网络上播放。Windows Media On−Demand Producer 是制作 ASF 档案的免费软件，即使是初学者，也能很轻易地利用现成的 WAV 或 AVI (Audio Video Interleaved，音频视频交错)档案制作 ASF 文件。

2. AAC 格式

AAC(Advanced Audio Coding，高级音频编码)是由诺基亚和苹果公司等共同

学习笔记

开发的一种音频格式，它是 MPEG-2 规范的一部分。AAC 的音频算法在压缩能力上远远超过了以前的一些压缩算法(如 MP3 等)。它还可以支持 48 个音轨(包括 15 个低频音轨)，具有多种采样率和比特率、多种语言的兼容能力、更高的解码效率。总之，AAC 可以在 MP3 文件缩小 30％的前提下提供更好的音质。

三、声音素材的获取及其格式转换 >>>>>>>>>>>>>>>>>>>

制作音频作品首先要收集声音素材，收集声音素材的方法有以下几种。

（一）从网络音频库中采集声音素材

使用搜索引擎的音频搜索功能，或者通过音频素材库网站(如音效网站)，将声音素材的关键字输入，搜索并下载需要的声音素材。国内常用的音频搜索引擎主要有百度音乐、酷我音乐等。

（二）利用声卡及软件进行录制和编辑

利用 Windows 系统中的"附件"自带的"录音机"，只要连接话筒就可以进行简单的录制和编辑了，但是录制时要注意时间的限制，因为此录音机一次最多只能录制一分钟。若要长时间的录制和较复杂的编辑，可选用专业声音处理软件如 GoldWave、Adobe Audition 等。

（三）从其他声音文件获取

用超级解霸、格式工厂等软件从 CD 唱片中抽取声音和分离电影文件中声音，也可从网上下载其他软件。

（四）录音

通过手机、录音笔等设备进行录音获取声音素材。

从各种渠道获取的声音素材存储格式往往不一致，无法进行编辑，需要转换为统一的格式后才能编辑处理。目前常用的音频格式转换软件有"格式工厂""魔影工厂"等。

"格式工厂"是由上海格式工厂网络有限公司开发的面向全球用户的互联网软件。主要功能是将所有类型视频转换为 MP4、MPG、AVI、WMV、FLV、SWF、RMVB 等常用格式，声音素材常用的格式为 MP3 格式。

"魔影工厂"是全世界享有盛誉的 WinAVI 视频转换器的升级版，更加贴近中国人的使用习惯。它几乎支持所有流行的视频格式，如 AVI、MPEG/1/2/4、RMVB、WMV、DVD、DAT、VOB、MOV、MP4、MKV、ASF、FLV 等，常用操作是把视频转换成 MP3 格式。

四、声音素材的处理 >>>>>>>>>>>>>>>>>>>>>>>>>>>>>>

（一）用 Windows 自带的"录音机"软件进行录音和编辑处理

单击"开始"—"附件"—"娱乐"—"录音机"，打开"录音机"，可以录制并保存相应的音频格式文件。

（二）利用 Adobe Audition 3.0 处理音频文件

Adobe Audition 3.0 具有灵活的工作流程，使用非常简单并配有绝佳的工具，可以制作出音质饱满、细致入微的高品质音效。

五、声音处理软件 Adobe Audition 3.0 简介 >>>>>>>>>>>>

Adobe Audition 3.0 软件原名为 Cool Edit Pro，被 Adobe 公司收购后，改名为 Adobe Audition，是专门为音频和视频专业人员设计的音频处理软件，提供了专业化音频编辑和混合环境，具有先进的音频混音、编辑和效果处理等功能。Adobe Audition 3.0 用户界面如图 2-1 所示。

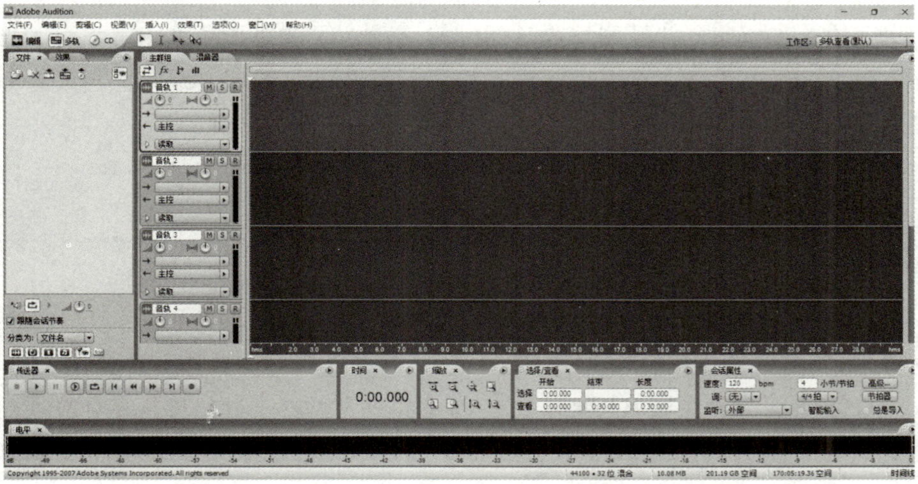

图 2-1　Adobe Audition 3.0 用户界面

Adobe Audition 3.0 的操作视图分为单轨编辑视图及多轨编辑视图。单轨编辑视图可以对声音进行编辑和效果处理，多轨编辑视图主要用于声音的处理与合成。

（一）声音的插入、删除、混合粘贴等基本操作

Adobe Audition 3.0 对声音的编辑比较简单，如同 Word 对文字的编辑一样。首先选中要编辑的部分，然后进行编辑操作(如分离、插入、剪切、复制、删除等)，操作后即可在窗口看到编辑效果。

如将声音文件的某一段删除，操作步骤为将播放头放置在要删除的声音段上，选择"剪辑"菜单中的"分离"命令(或者右键选择"分离"命令)。在音频 1 轨道上单击分离好的声音段，选择"剪辑"菜单中的"移除"命令(或者按快捷键 Delete)。

（二）声音的放大、降噪、添加混响等效果处理

如果下载或录制的声音音量太小，可以在编辑视图和多音轨视图中进行音量的调整。通过"效果"—"滤波器"—"参数均衡器"，可以去掉原声中的杂声。还可以对原声添加效果，美化声音，使声音听起来有力度和感染力。下面通过三个具体的任务学习掌握 Adobe Audition 3.0 的声音处理与合成。

任务二
制作幼儿园课间操音乐

扫码看课间
操音乐制作

幼儿园早操、课间操是幼儿一日活动的重要环节，是增强幼儿体质的有效手段。为了有效地组织幼儿开展早操、课间操活动，促进幼儿身体正常发育、增强体质，幼儿园教师需要一段十分钟左右的课间操音乐，要求该课间操合成音乐快慢节奏搭配合理。

任务描述与分析

下载《健康歌》《葫芦娃》《我爱洗澡》音乐，用 Adobe Audition 3.0 合成课间操音乐《健康歌》+《我爱洗澡》+《葫芦娃》，并使各段音乐响度一致。

将《健康歌》《我爱洗澡》《葫芦娃》三首音乐分别插入多音轨编辑窗口的第一音轨和第二音轨，使前后两段音乐首尾相接。Adobe Audition 3.0 单音轨编辑窗口和多音轨编辑窗口均可以设置音频块的渐强渐弱，把前面一个音乐设置为淡出，后面一个音乐设置为淡入，并调整前后两段音乐的音量，使其相近，三个音频块总时间为十分钟左右，最后把三段音乐合成输出为"课间操.mp3"。

学习与操作

第一步：从酷狗、酷我等音乐网站下载《健康歌》《葫芦娃》《我爱洗澡》音频文件，备用。

第二步：导入音频文件素材。运行 Adobe Audition 3.0，单击资源管理器窗格中的"导入文件"按钮，把下载的三首歌曲导入 Adobe Audition 3.0 中，单击"传送器"中的"播放"按钮可以听音乐声音。

第三步：拖动三个音乐文件按播放顺序放入第一音轨和第二音轨，首尾相接，如图 2-2 所示。

第四步：调整每个音频块的音量，使四个音频块的音量相近。右击音频块选择剪辑属性可以改变该音频块的音量，也可以让该音频块静音，如图 2-3 所示。

如果上面音量调整不满意，还可以直接调节音轨选区波段中的音量控制按钮，如图 2-4 所示。

小贴士

按住鼠标右键可以上下左右移动音块。

按空格键播放与暂停音频。

按 Shift + Home 快速键选取当前位置至开始部分。

按 Shift + End 快速键选取当前至结尾部分。

按 Home 键返回开始部位。

按 End 键跳至结束部位——多轨、单轨窗口均有效。

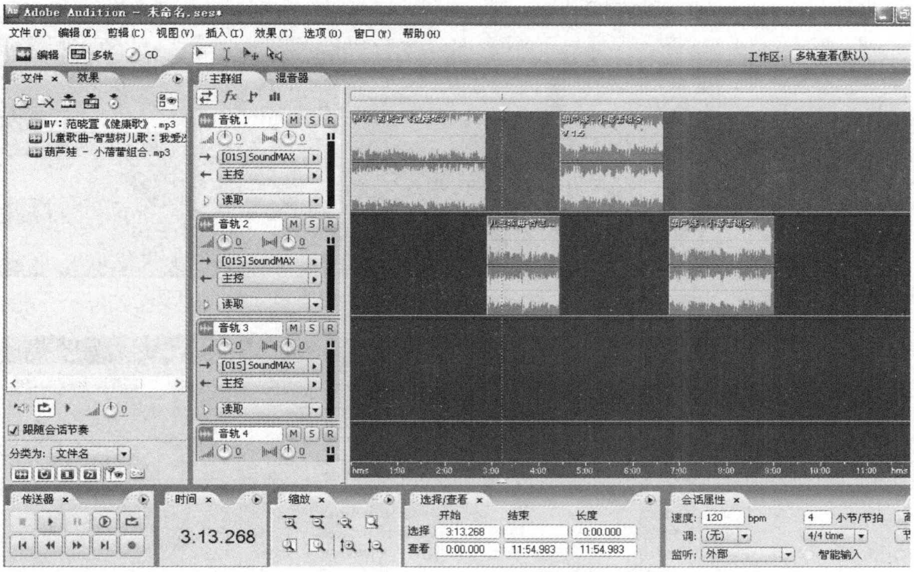

图 2-2　音乐课间操音轨示意图

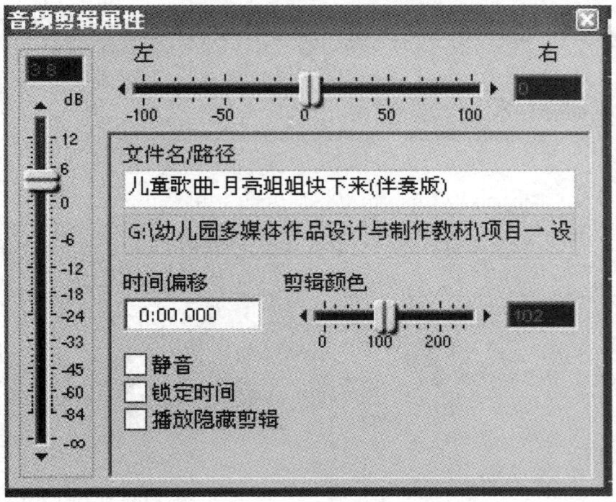

图 2-3　音频剪辑对话框

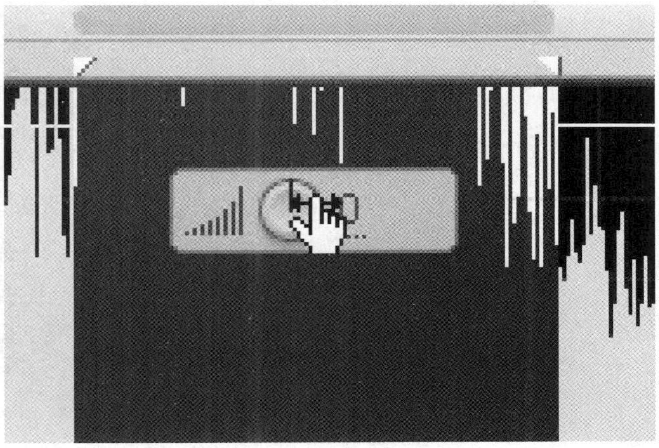

图 2-4　音轨选区中的音量控制按钮

第五步：调整音频块的音量包络，使每个音频块具有淡出淡入效果，音乐的隐去和出现比较柔和，没有突然的感觉。

第六步：单击视图菜单，打钩显示剪辑音量包络，这时在每条音轨的上部会出现亮绿色的音量控制包络线，添加白色控点，拖动控点，可以使声音淡出和淡入，如图 2-5 所示。

第七步：两条音轨四个音频块的排列和音量包络调整好，《葫芦娃》用了两遍，如图 2-6 所示。

第八步：输出混合的音乐，取名"课间操.mp3"。选择"文件"—"导出"—"混缩音频"，选择"mp3"格式输出，如图 2-7 所示。

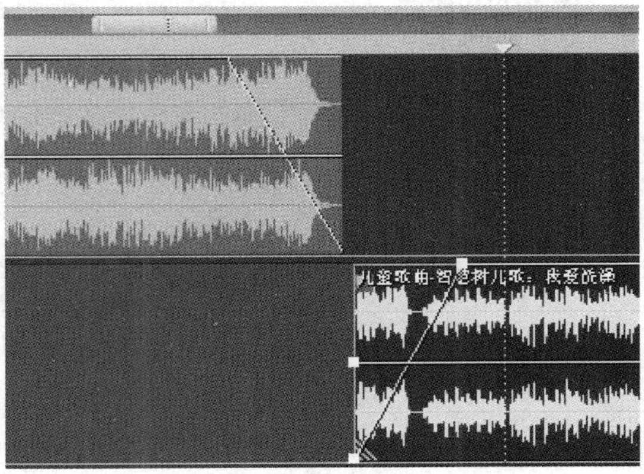

图 2-5　淡出淡入音量包络线

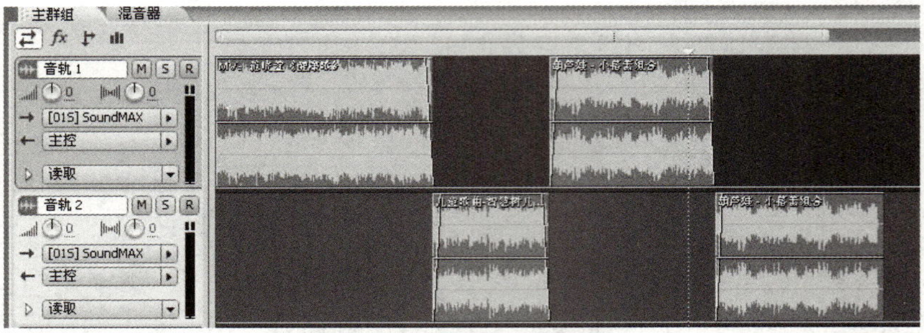

图 2-6　音频块音量包络示意图

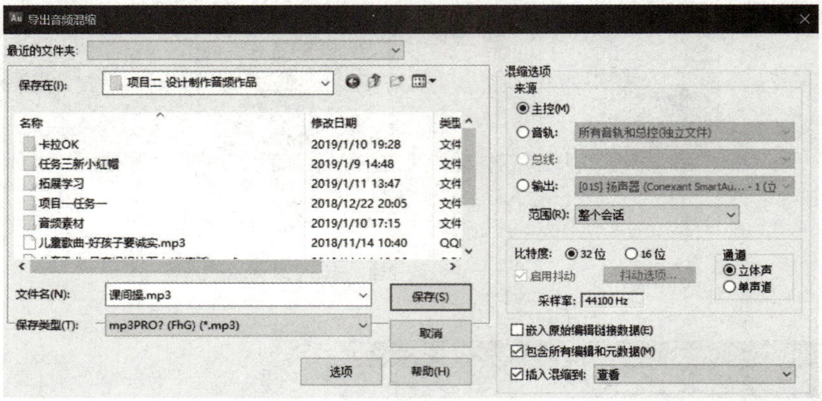

图 2-7　混缩音轨输出音频文件

任务三
制作幼儿园配乐讲故事作品

扫码看配乐
故事制作

不能轻信陌生人的话，不能跟陌生人走，正确与陌生人交流，是开展幼儿安全教育，提高幼儿自我保护能力的重要内容。为配合幼儿园安全教学活动，设计制作包含对话、旁白、背景音乐以及流行儿童歌曲的配乐故事——《新小红帽》。配乐故事中有节奏的音乐能激发幼儿动一动的兴趣，让幼儿在愉快、有趣的活动中培养自我保护意识和能力。

任务描述与分析

下载背景音乐《小夜曲》和儿童歌曲《我不上你的当》，录制四个角色的对话声音，利用 Adobe Audition 3.0 剪辑合成《新小红帽》配乐故事音频作品。

本任务要求运用 Adobe Audition 3.0 的准确录音方法，将四个人的对话声音录制下来，并对四个人物角色的声音进行编辑处理，下载背景音乐和流行儿童歌曲，将歌曲、背景音乐进行淡化处理，最后合成输出为配乐故事"新小红帽.mp3"。

🐢 学习与操作

第一步：下载故事《新小红帽》中需要的背景音乐《小夜曲》和儿童歌曲《我不上你的当》。

第二步：录制四个人的对话声音并单独保存为".mp3"格式文件。

如果在安装 Windows 10 系统环境的台式计算机上录制声音，首先要设置麦克风的相关属性参数才能将声音录制下来。右击任务栏中的"音量"图标（任务栏右下角的小喇叭），弹出如图 2-8 所示的菜单，打开声音设置，选择"声音"—"录制"，双击麦克风，选择"级别"，调节麦克风录音音量，如图 2-9 所示。

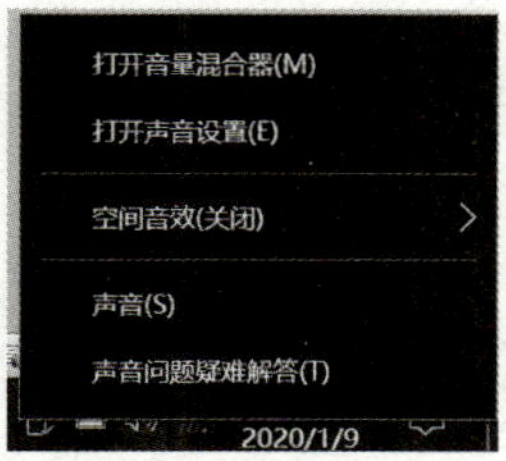

图 2-8　任务栏右击"音量"菜单

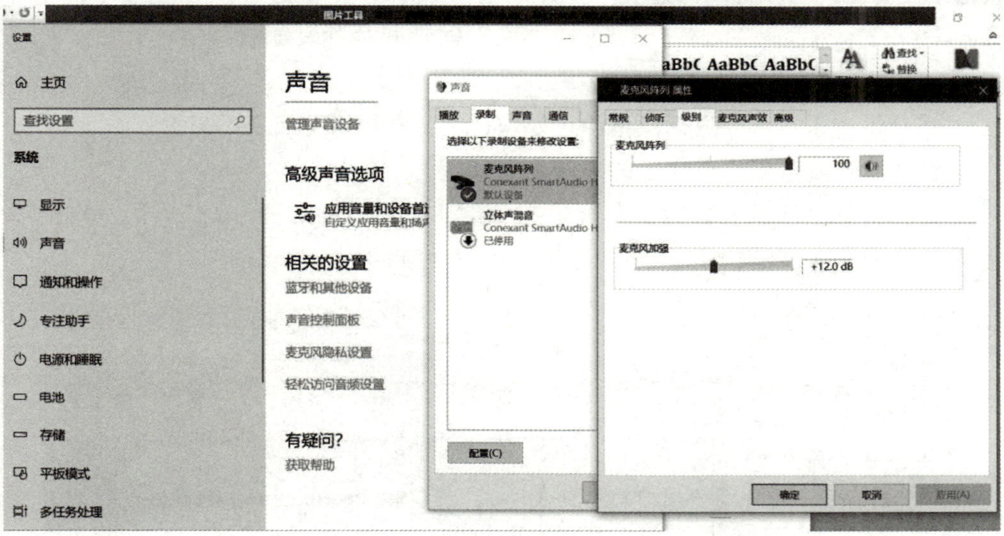

图 2-9　调节麦克风录音音量窗口

> 🔗 **小贴士**
>
> 笔记本电脑不需要外接话筒，利用笔记本电脑自带的迷你话筒就可以录制清晰度很高的声音，也可以用手机话筒插头接入笔记本电脑的话筒插孔进行录制，这样录制的清晰度更高。

Adobe Audition 3.0 可以用单音轨编辑视图和多音轨视图两种方式录制外部的声音。单独录制人物对话声音选择在编辑视图下录制。

在单音轨编辑视图中单击"文件"—"新建"，出现新建波形的对话框，选择默认的 44100 Hz、立体声、16 位波形文件。单击传送器上的录音按钮，将四个人的对话声音录制下来，并分别保存为".mp3"格式文件，如图 2-10 所示。

第三步：处理并合成对话与背景音乐。

单击多音轨视图按钮切换到多音轨视图，将三个对话声音文件以及背景音乐文件打开，双击背景音乐，在编辑视图中选择背景音乐的片段保存。按时间顺序将对话与背景音乐片段拖入到第一、第二音轨，回放声音，比较背景音乐和人物的对话声音之间的响度是否匹配，如不匹配，则单独调整各个音频块的音量。单击小女孩与陌生叔叔对话音频块，选择"剪辑"—"剪辑属性"，弹出"音频剪辑属性"调整对话框，调整音频块的音量，如图 2-11 所示。

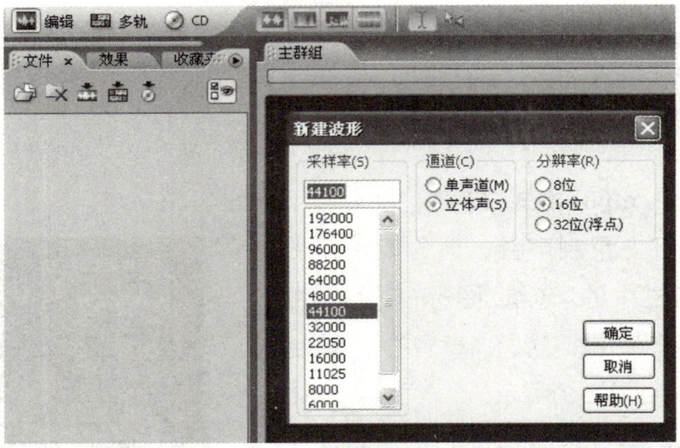

图 2-10 新建波形文件对话框

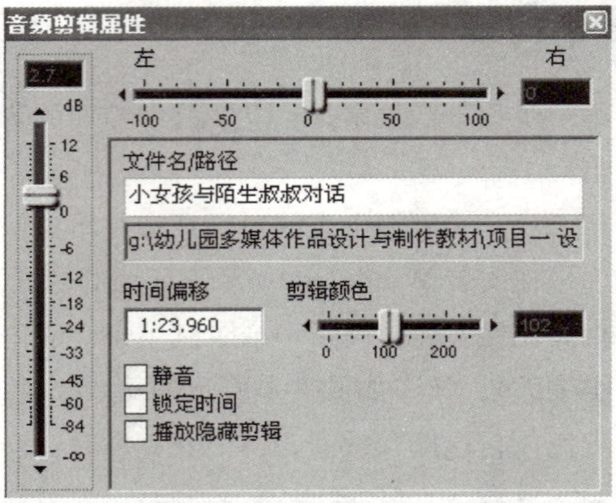

图 2-11 音频剪辑属性对话框

将背景音乐音频块进行淡出淡入处理，使背景音乐听起来不突然。

第四步：混合输出音轨上的声音。

整个音频文件中人物对话和背景音乐最后经过调整如图 2-12 所示，单击"文件"—"导出"—"混缩音频"，将音频混合输出为"新小红帽.mp3"文件。

图 2-12 《新小红帽》音频合成图

任务四
制作卡拉 OK 作品

扫码看卡拉 OK
作品制作

歌是人们的心声，歌是时代的呼唤，童年的歌声更是人生中回味不尽的彩色梦。为了激发幼儿对音乐活动的兴趣，为幼儿提供展示自我的艺术舞台，提高孩子们的艺术水平和综合素质，现需要给孩子们录制自己的卡拉 OK。

任务描述与分析

　　主班教师与配班教师相互配合，现场录制合成小朋友演唱的卡拉 OK 音频文件。本任务利用 Adobe Audition 3.0 多音轨播放和录制同时完成的功能，在录制演唱的过程中，可以同时播放其他音轨上的声音，从而达到演唱与伴奏的同步。将 Adobe Audition 3.0 两个音轨中的一个音轨用来播放伴奏，另一个音轨录制幼儿的演唱声，并分别处理两个音轨的音量、效果，给演唱音轨加入混响效果，使人声听起来有余音缭绕的感觉，最后合成输出文件"祖国祖国我们爱你卡拉 OK.mp3"。

学习与操作

　　第一步：下载儿童歌曲《祖国祖国我们爱你》《粉刷匠》的伴奏音乐。

　　在网络搜索引擎中输入歌曲的名字进行搜索，也可以在专门的伴奏网，如 99 伴奏网、UU 伴奏网等，搜索找到相应的下载地址，下载保存到笔记本电脑中。

　　第二步：设置笔记本电脑的录音音量。

　　右击笔记本电脑系统右下角"音量"图标，打开音量设置对话框，设置麦克风的音量。这里使用手机的话筒与耳机一体插头接入笔记本电脑的话筒插孔进行录制，这样录制的清晰度更高。

　　第三步：在多音轨视图中录制演唱声。

　　运行 Adobe Audition 3.0，在多音轨状态下，每一音轨都有"R""S""M"三个键。"R"键是录音键，按下"R"键，该音轨用于录音；"S"键是独听该音轨；"M"键是该音轨静音，按下"M"键，这个音轨不出声。

　　(1)选择第一音轨，点击"插入"—"音频"，在第一音轨中插入伴奏音乐，或将伴奏音乐文件从资源管理器拖至第一音轨上，按住鼠标右键拖动音块可以前后移动音块。

　　(2)在第二音轨上按下"R"键，这时第二音轨就作为录音音轨。按下播放器窗格里的录音按钮，演唱者根据所听伴奏演唱，在播放第一音轨上伴奏的同时，把演唱的声音录制到第二音轨上，如图 2-13 所示。

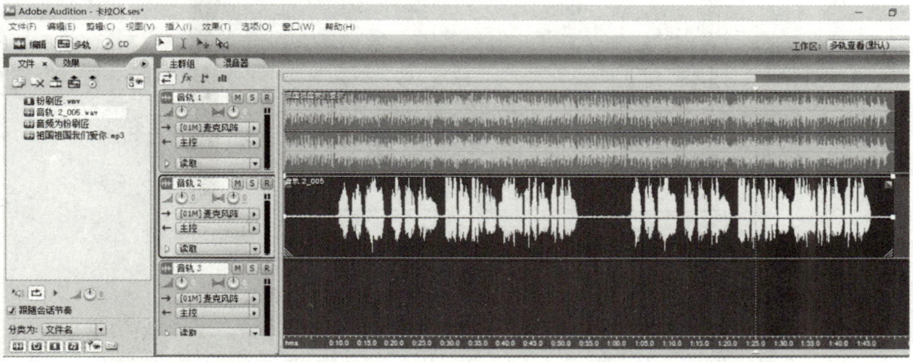

图 2-13　多音轨录制卡拉 OK

　　录制完成以后，双击第二音轨进入演唱音频的编辑视图，单击"文件"—"保存"，将演唱音频单独保存为一个文件。

学习笔记

第四步：分别右击第一音轨和第二音轨，选择剪辑属性，调整第一音轨和第二音轨的音量，使伴奏和演唱的音量初步匹配，如图 2-14 所示。

调整演唱音量有两种方法：在多音轨编辑窗中右击音轨出现快捷菜单，选择剪辑属性，在剪辑属性对话框中调整增益；双击演唱音轨进入该音轨声音的波形编辑窗口，选择"效果"—"振幅和压限"—"标准化"。调整两个音轨音量后试听匹配程度，如图 2-15 所示，还可以通过多音轨视图中的音轨音量旋钮调整音轨音量。

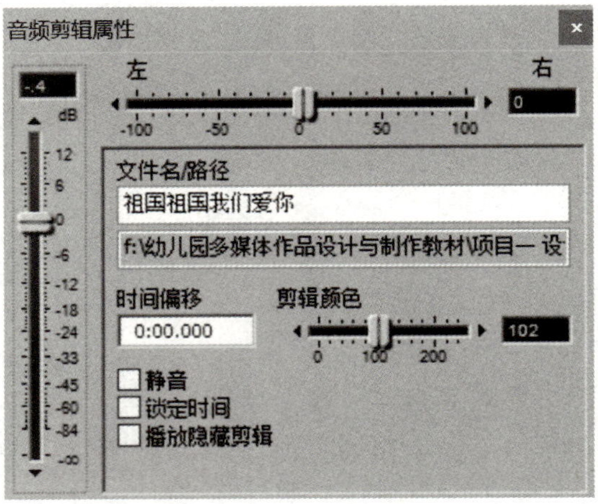

图 2-14 音频剪辑属性

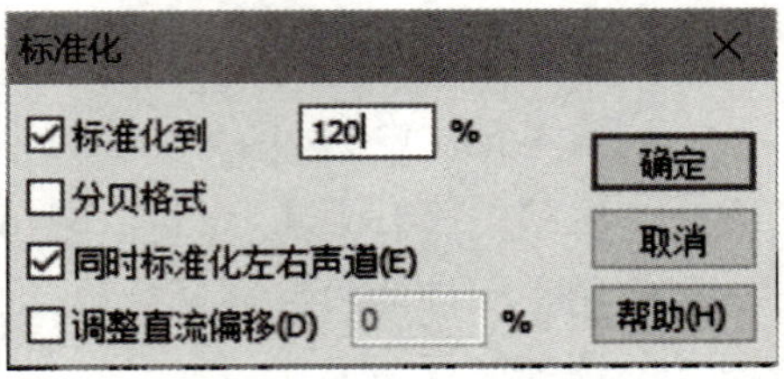

图 2-15 音量标准化对话框

第五步：设置演唱音频的混响效果。单击"效果"—"混响"—"简易混响"，利用简易混响的预设效果进行混响处理，本样例中选择了"Resonant Room Modes"共振模式，可以单击混响面板中的预览按钮试听混响效果，如图 2-16 所示。

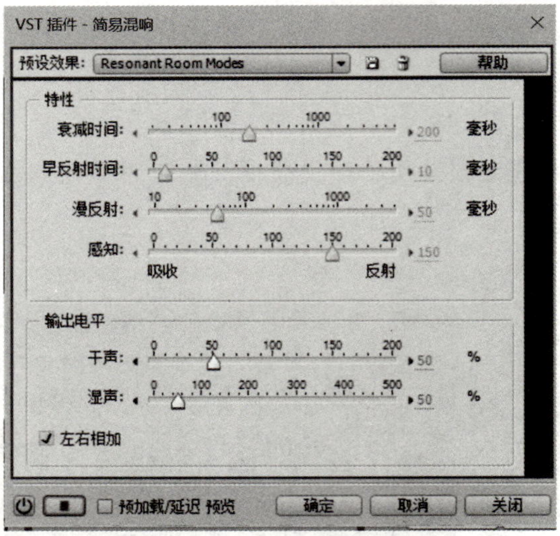

小贴士

在处理歌唱人声的时候，一般可以先进行人声均衡处理，调整高、中、低音的响度，然后进行混响的处理。注意在处理过程中，要保持声音的原味和不失真。

图 2-16 简易混响中的共振模式混响效果

第六步：双击"演唱"音轨进入编辑视图，保存处理后的人声。

第七步：输出两个音轨的声音，混缩另存为".mp3"格式的音频文件。

选择"文件"—"导出"—"混缩音频"，保存为"祖国祖国我们爱你卡拉OK.mp3"。

拓展学习

　　随着手机越来越智能化，用手机 App 进行录音和音频处理的软件也越来越多，有音乐剪辑、喜马拉雅、荔枝 FM、为你诵读等。这些软件都具有标准专业的工作流程，操作快捷方便，支持音频剪切、分割、拼接、叠加合成、录音等功能，并能编辑合成输出效果非常好的音频作品。下面以"荔枝 FM"为例说明录制《这就是朋友》儿童故事的过程和方法。

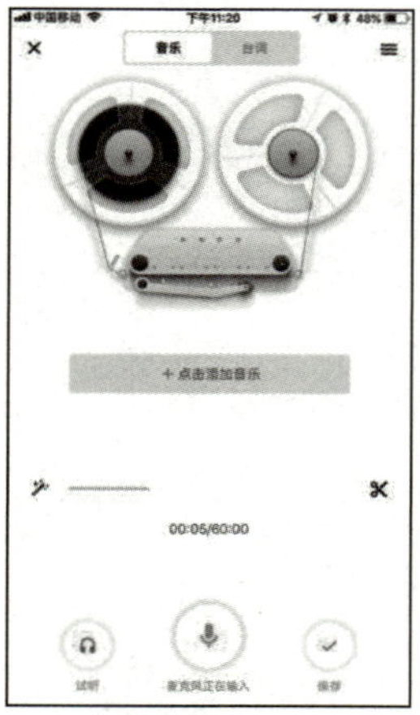

一、打开手机应用市场下载"荔枝 FM"App，录制音频

　　注册登录账号后，单击右上角头像图标，出现"我的"页面，单击"录音"，进入音频录制页面，单击主页下方"录音已暂停"圆键，录音键闪烁显示"麦克风正在输入"即开始录制，如图 2-17 所示。

二、音频剪辑

图 2-17　手机录音界面

　　在录制的过程中，可根据需要单击进度条右端的"剪辑"键进入剪辑页面，剪辑区域为选中时间至声音末尾，可根据需要单击页面下方的"剪掉""试听""返回"按键进行剪辑操作。剪辑完成后，可选择"稍后"录制或"继续录制"进行接下来的录制，如图 2-18 所示。

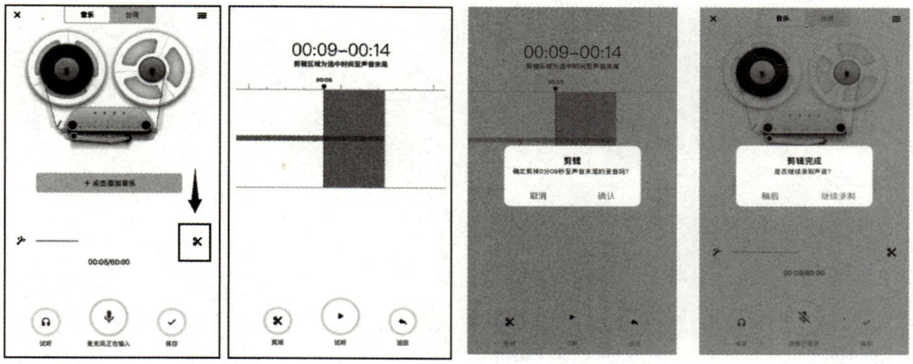

图 2-18　手机剪辑音频界面

三、音频试听

　　录制过程中可随时单击"试听"键对已录入的声音进行试听。

四、音频保存

　　声音录制完成后，单击"保存"弹出输入框输入声音名称即录制完成，如图 2-19 所示。

五、音频发布

　　保存成功后将自动弹出"草稿箱"页面，单击"发布"进入发布页面，可进一步丰富音频内容，如上传声音封面、编辑声音名称、介绍、选择分类、播单、标签等。单击右上角"发布"后通过审核即发布成功。

六、音频分享

　　音频可分享至微信、腾讯 QQ、微博等平台。

图 2-19　保存界面

思考与练习

一、基础练习

1. 常见的音频文件格式有哪些？如何进行格式转换？

2. 获取音频素材的方法有哪些？

3. 搜索并下载幼儿教学中常用的音效、音频文件。

4. 录制一段不少于 1 分钟的幼儿故事或儿歌，运用 Adobe Audition 3.0 编辑、处理音频，给音频加混响效果，并配上背景音乐。

二、提高练习

1. 上网探究音频编辑软件的种类及特点，比较它们的功能。

2. 运用手机音频编辑软件 App 录制一首自己的卡拉 OK 文件。

3. 利用 Adobe Audition 3.0 将歌曲中的原唱去掉制作成伴奏音乐 MP3 文件，并利用这段伴奏录制一首自己演唱的卡拉 OK 文件。

项目三
Photoshop 图像作品设计与制作

学习目标

1. 了解 Photoshop 图片设计功能在幼儿园教育教学中的应用。
2. 了解图片素材的格式。
3. 能完成选框、魔棒、快速选择等工具的使用，能够对素材中的元素进行选取。
4. 能完成 Photoshop 文字工具的使用，能够编辑和美化图片标题。
5. 能使用羽化、蒙版、图层样式等功能制作图片效果。
6. 掌握运用 Photoshop 编辑和美化照片的常用技术。

思维导图

图片素材常用格式
图片素材的获取 —— 初识Photoshop图像作品
图片素材的处理

制作"龟兔赛跑"封面图像

制作阳光桌面图像

Photoshop图像作品设计与制作

制作莲花池图像

制作"山林小鸟"图像

处理幼儿园春游活动照片

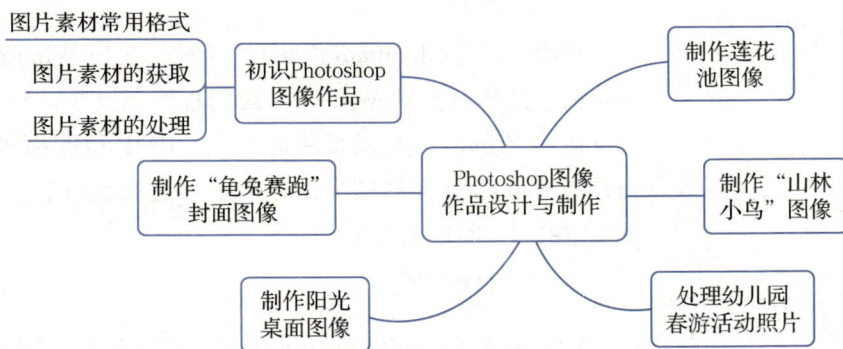

图片是数字化教学中应用较多的媒体元素，也是学习者较易接收的信息形式之一。一幅图片能够生动、直观、形象地表现出大量的信息，可以提供非常有效的感知材料。利用图形图像素材，并以标注的形式将重要的信息标识出来，图文并茂地展现教学活动内容，可以大大地提高幼儿的学习兴趣。因此，图形图像素

材是幼儿学习时最容易接收的信息表现元素。学习者可利用 Photoshop 进行基本的图像处理以及图像合成，综合运用这些功能设计制作幼儿教学活动图片。

任务一
初识 Photoshop 图像作品

幼儿园教育教学活动中，数字图片的使用非常广泛。例如，语言领域的绘本故事教学活动中，经常需要使用与绘本相关的图片，激发幼儿兴趣；科学领域中的计数学习，可以通过各种图片给幼儿提供直观的感受，创设良好的活动情境。

制作图片作品首先要掌握如何获取各种格式的图片资源，然后根据需要利用 Photoshop 对图片进行处理，达到教学活动的目标。

任务描述与分析

本任务主要让学习者了解图片处理软件 Photoshop CS5，掌握数字图片素材获取的方式以及图片的常用格式。

学习与操作

一、图片素材常用格式 >>>>>>>>>>>>>>>>>>>>>>>>>>>>>>>>

（一）BMP 格式

BMP 是英文 Bitmap(位图)的简写，它是 Windows 操作系统中的标准图像文件格式，能够被多种 Windows 应用程序所支持。随着 Windows 操作系统的流行与丰富的 Windows 应用程序的开发，BMP 位图格式被广泛应用。这种格式的特点是包含的图像信息较丰富，几乎不进行压缩，所以占用磁盘空间很大。目前 BMP 在单机上比较流行。

（二）GIF 格式

GIF 是英文 Graphics Interchange Format(图形交换格式)的缩写。顾名思义，这种格式是用来交换图片的。20 世纪 80 年代，美国一家著名的在线信息服务机构 CompuServe 针对当时网络传输带宽的限制，开发出了这种 GIF 图像格式。GIF 格式的特点是压缩比高，磁盘空间占用较少，同时图像文件短小、下载速度快，所以这种图像格式得到了广泛应用。最初的 GIF 只是简单地用来存储单幅静止图像(称为 GIF87a)，后来随着技术发展，可以同时存储若干幅静止图像进而形成连续的动画，这使之成为当时支持 2D 动画为数不多的格式之一。而在 GIF 图像中可指定透明区域，使图像具有非同一般的显示效果，制作多媒体时可作为动画显示。目前网络上大量采用的彩色动画文件多为这种格式的文件。

（三）JPEG 格式

JPEG 是常见的一种图像格式，它由联合照片专家组（Joint Photographic Experts Group）开发并被命名为"ISO 10918-1"，是面向连续色调静止图像的一种压缩标准，JPEG 格式是最常用的图像文件格式之一。JPEG 文件的扩展名为".jpg"或".jpeg"，其压缩技术十分先进，它用有损压缩方式去除冗余的图像和彩色数据，获得极高的压缩率的同时能展现十分丰富生动的图像，也就是用最少的磁盘空间得到较好的图像质量。

JPEG 还是一种很灵活的格式，具有调节图像质量的功能，允许用不同的压缩比例对文件进行压缩，比如，我们最高可以把 1.37MB 的 BMP 位图文件压缩至 20.3KB。当然我们完全可以在图像质量和文件尺寸之间找到平衡点。由于 JPEG 优异的品质和杰出的表现，它的应用也非常广泛，特别是在网络和光盘读物上用得很多。目前各类浏览器均支持 JPEG 这种图像格式，因为 JPEG 格式的文件尺寸较小，下载速度快，使得网页以较短的下载时间提供大量美观的图像，JPEG 成为网络上最受欢迎的图像格式之一。

（四）PNG 格式

PNG（Portable Network Graphics）是一种新兴的网络图像格式。PNG 是目前保证最不失真的格式，它汲取了 GIF 和 JPG 二者的优点，存储形式丰富，兼有 GIF 和 JPG 的色彩模式。它的特点是能把图像文件压缩到极限以利于网络传输，并且能保留所有与图像品质有关的信息。PNG 采用无损压缩方式来减少文件的大小，这一点与牺牲图像品质以换取高压缩率的 JPG 有所不同。PNG 显示速度很快，只需下载 1/64 的图像信息就可以显示出低分辨率的预览图像。PNG 同样支持透明图像的制作，透明图像在制作课件、视频等多媒体作品的时候很有用，可以把图像背景设为透明，用多媒体作品本身的颜色信息来代替设为透明的色彩，这样可让图像和背景很和谐地融合在一起。

（五）PSD 格式

PSD（Photoshop Document）是 Adobe 公司的图像处理软件 Photoshop 的专用格式，就是通常所说的源文件。PSD 其实是 Photoshop 进行平面设计的一张"草稿图"，它里面包含有各种图层、通道、遮罩等多种设计的样稿，以便于下次打开文件时可以修改上一次的设计。在 Photoshop 所支持的各种图像格式中，PSD 的存取速度比其他格式快很多，功能也很强大。由于 Photoshop 被广泛应用，这种格式也逐步流行起来。

二、图片素材的获取　>>>>>>>>>>>>>>>>>>>>>>>>>>>>>>>>>>>>>

（一）屏幕捕捉或屏幕硬拷贝

利用 HyperSnap 或者 Snagit 等屏幕截取软件，可以捕捉当前屏幕上显示的任何内容，也可以使用 Windows 提供的 Alt＋Print Screen，直接将当前活动窗口显示的画面置入剪贴板中。

（二）扫描输入

这是一种常用的图像采集方法。如果我们希望把教材或其他书籍中的一些插图放在多媒体课件中，可以通过彩色扫描仪将图扫描转换成计算机数字图像文件，对这些图像文件，还要使用 Photoshop 进行一些如颜色、亮度、对比度、清晰度、幅面大小等方面的调整，以弥补扫描时留下的缺陷。

（三）数码摄影

数码摄影是近年来被广泛使用的一种图像采集方法，数字照相机拍摄下来的图像是数字图像，它被保存到照相机的内存储器芯片中，然后通过计算机的通信接口将数据传送到多媒体计算机上，再在计算机中使用 Photoshop、iSee 等软件进行处理之后应用到我们制作的多媒体作品。使用这种方法可以方便、快速地制作出实际物体，如旅游景点、实验仪器器具、人物等的数字图像，然后插入多媒体作品中。此外，利用手机拍摄图像也被广泛地应用到教学活动中。

（四）网络搜索下载图片资源

利用百度图片等搜索引擎搜索图片，注意使用的图片素材要选用大图。目前很多网站也提供了设计用图和 PSD 源文件下载，如昵图网、千图网、爱图网、站长素材、素材中国。

三、图片素材的处理 >>>>>>>>>>>>>>>>>>>>>>>>>>>>>>>>

图片处理软件中使用最多的是 Adobe Photoshop，简称 PS，是由 Adobe Systems 开发和发行的图像处理软件。Photoshop 主要处理以像素构成的数字图像。使用其众多的编修与绘图工具，可以有效地进行图片编辑工作。Photoshop 有很多功能，在图像、图形、文字、视频等各方面都有涉及。

Photoshop 的专长在于图像处理，而不是图形创作。图像处理是对已有的位图图像进行编辑加工、处理以及运用一些特殊效果，其重点在于对图像的处理加工；图形创作软件是按照自己的构思创意，使用矢量图形等来设计图形的。

从功能上看，该软件可分为图像编辑、图像合成、校色调色及特效制作等部分。图像编辑是图像处理的基础，可以对图像做各种变换，如放大、缩小、旋转、倾斜、镜像、透视等；也可进行复制、去除斑点、修补、修饰图像的残损等。

图像合成则是将几幅图像通过图层操作、工具应用合成完整的、传达明确意义的图像，这是美术设计的必经之路；该软件提供的绘图工具让外来图像与创意很好地融合。

校色调色可方便快捷地对图像的颜色进行明暗、色偏的调整和校正，也可在不同颜色间进行切换以满足图像在不同领域如网页设计、印刷、多媒体等方面的应用。

特效制作在该软件中主要由滤镜、通道及工具综合应用完成，包括图像的特效创意和特效字的制作，如油画、浮雕、石膏画、素描等常用的传统美术技巧都可以由该软件的特效完成。

双击 Photoshop 图标可以启动 Photoshop 软件，Photoshop 工作区域如图 3-1 所示。

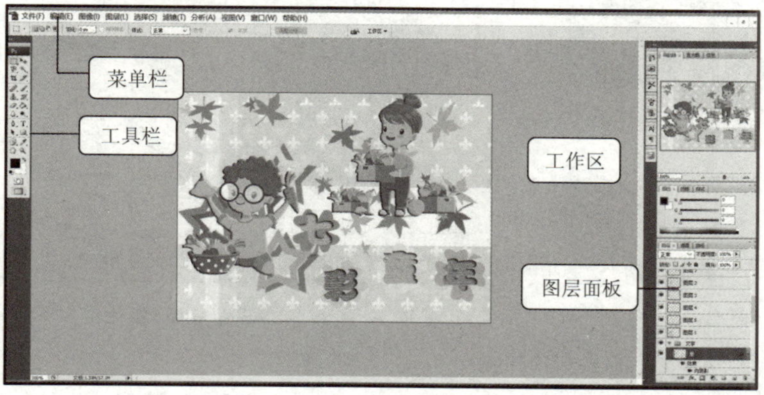

图 3-1 Photoshop 软件界面

小贴士

在使用面板查看时，可以隐藏或显示所有面板。要隐藏或显示所有面板(包括工具面板和控制面板)，只需按 Tab 键。要隐藏或显示所有面板(除工具面板和控制面板外)，可以按 Shift＋Tab 快捷键。

任务二
制作“龟兔赛跑”封面图像

幼儿园语言教学活动大量运用到各种图片资源。网络下载的图片经常会出现主题形象不符合要求、不能单独使用、像素较低等问题，因此需要独立制作符合活动主题的像素较高的图片。同时运用抠图功能，将活动所需的对象保存成相应的图片格式方便在活动中连贯使用，也可制作动画，丰富多媒体辅助教学的形式。

扫码看封面图像制作

任务描述与分析

制作中班语言活动《龟兔赛跑》多媒体作品封面。使用 Photoshop CS5，运用魔术棒工具抠图，将“乌龟”放入背景图相应位置。使用磁性套索工具抠图，将“兔子”图像放入背景图中。添加图层样式，给动物加上阴影效果，设计界面主题文字的字体、颜色、特效。主题文字是活动的标题，要根据幼儿年龄层次选择颜色和编排，要求设计得醒目、美观。

学习与操作

第一步：魔术棒工具的使用。

(1)启动 Photoshop，选择“文件”—“打开”，打开“乌龟”素材，右击工具栏选择“工具”，选择“魔棒工具”。(图 3-2)

(2)在鼠标变成魔棒后，在白色区域右击鼠标，弹出快捷菜单选择“选择反向”。(图 3-3)

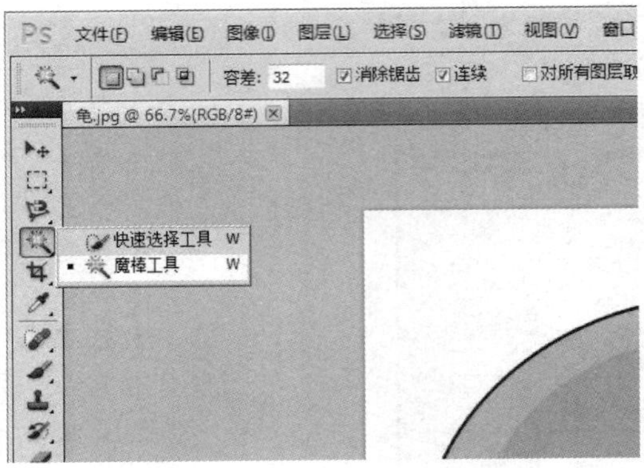

图 3-2   选择"魔棒工具"操作

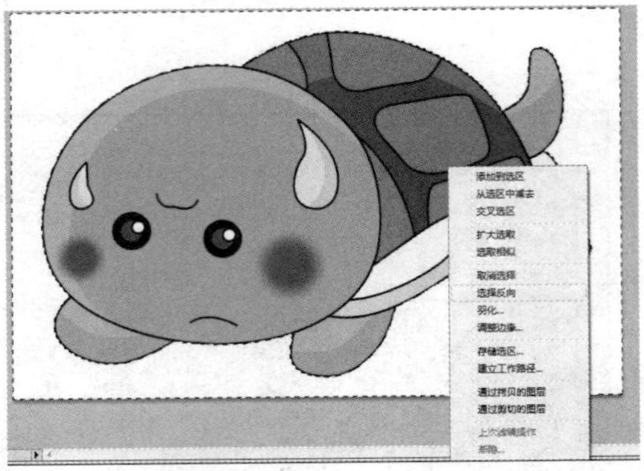

图 3-3   "选择反向"操作

(3)选择"编辑"—"拷贝",这时就把"乌龟"复制到粘贴板了。(图 3-4)

(4)打开"背景.jpg",选择"编辑"—"粘贴"(快捷键 Ctrl＋V),将"乌龟"复制到背景图。

(5)选择"编辑"—"自由变换"(快捷键 Ctrl＋T),调整"乌龟"的大小,按 Enter 键确定。(图 3-5)

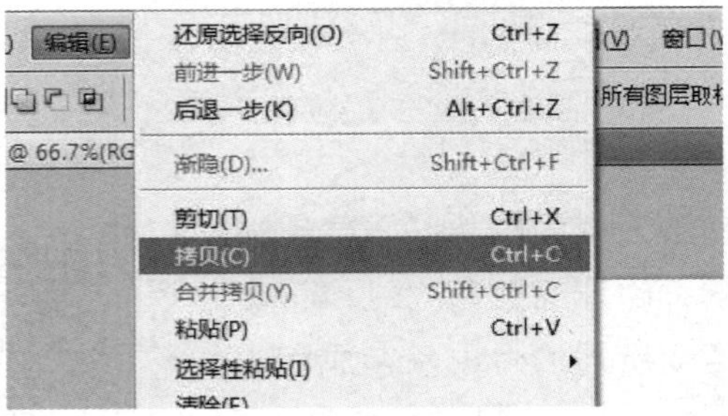

图 3-4   "编辑"—"拷贝"操作

图 3-5   "自由变换"操作

(6)选中"乌龟",将"乌龟"拖动到画面合适的位置。(图 3-6)

第二步:磁性套索工具的使用。

(1)选择"文件"—"打开",打开"兔子"素材,右击工具栏套索工具,选择"磁性套索工具"。(图 3-7)

图 3-6   "乌龟"素材调整后的界面

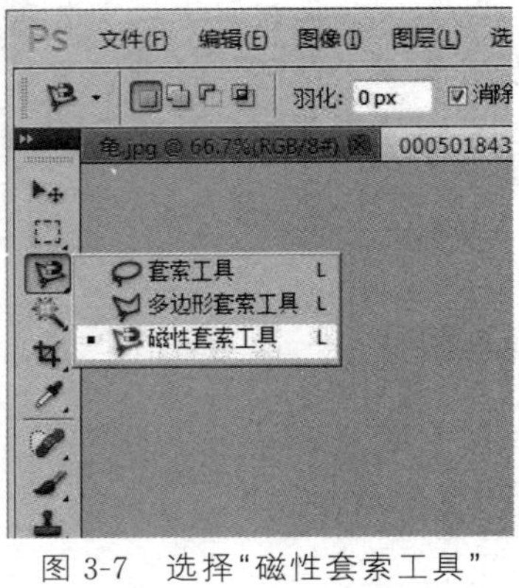

图 3-7   选择"磁性套索工具"

(2)按住左键不松手沿着"兔子"边沿移动,磁性套索自动吸附边沿(注意经过线条结点时,单击鼠标),回到起始位置,单击"兔子",选中"兔子"。(图 3-8)

（3）选择"编辑"—"拷贝"，复制"兔子"。

（4）选择"编辑"—"粘贴"，将"兔子"粘贴到背景中，调整"兔子"的大小和位置。（图 3-9）

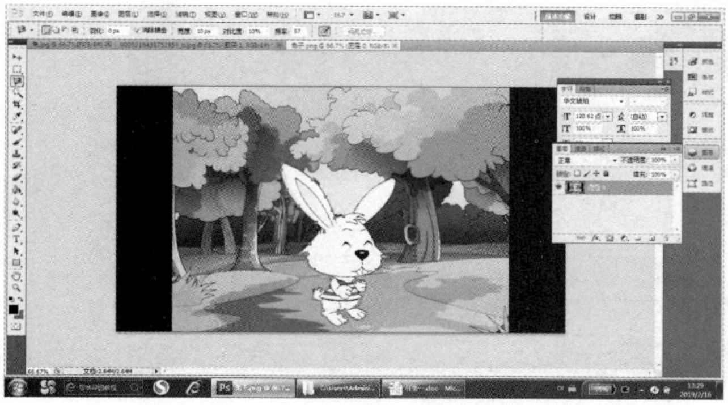

图 3-8　使用磁性套索选中"兔子"

图 3-9　"兔子"素材调整后的界面

第三步：添加图层效果。

（1）选中图层 1（"乌龟"图层），单击图层效果按钮，选择投影效果。（图 3-10）

（2）调整投影距离与角度。（图 3-11）

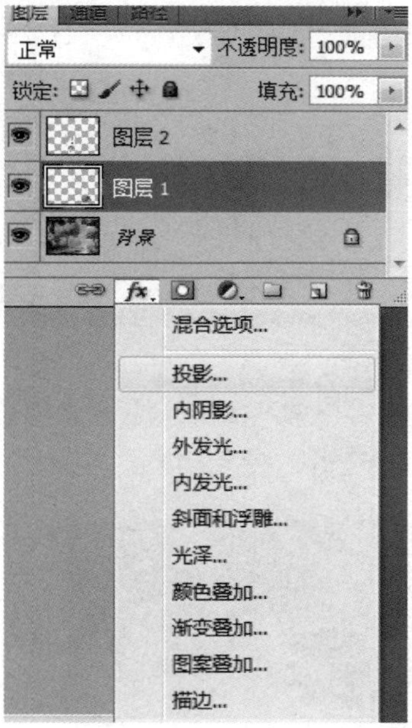

图 3-10　"图层效果"按钮

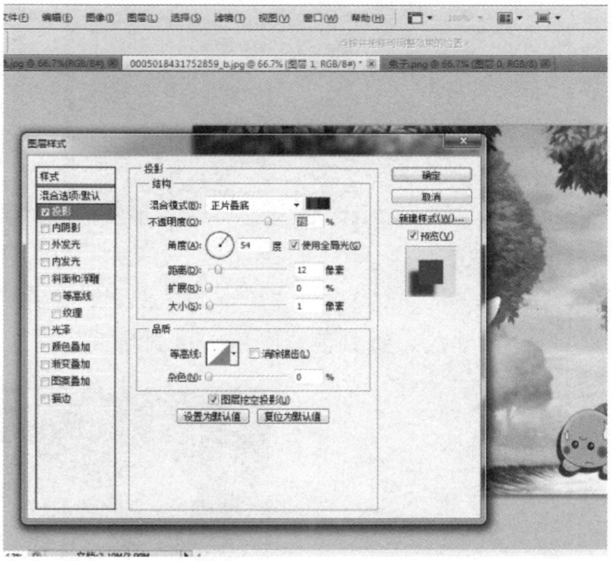

图 3-11　"投影效果"参数调整界面

（3）选中图层 2（"兔子"图层），重复上述两步，设置兔子阴影。（图 3-12）

第四步：添加活动主题文字。

（1）选择文字工具 。

（2）输入文字"龟"，调整大小为"120 点"，字体选择"华文琥珀"，颜色为"＃05fd16"。（图 3-13）

图 3-12 添加"阴影"后效果图

图 3-13 字体属性窗口

(3)选中"龟"文字图层，选择"图层效果"—"描边"，调整描边效果参数：大小为"9 像素"，颜色为"白色"。(图 3-14)

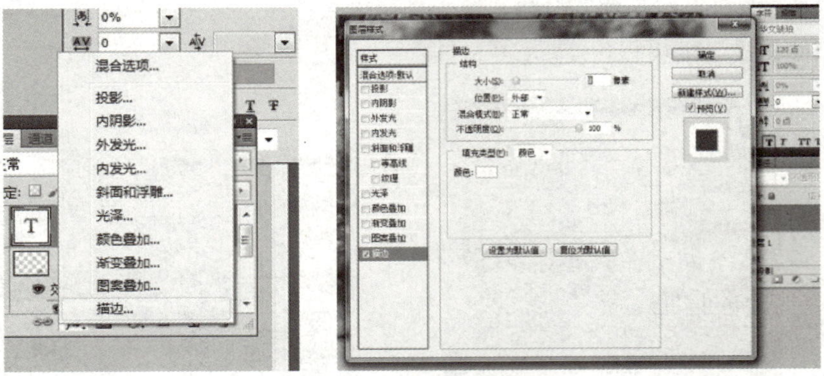

图 3-14 图层效果参数调整

(4)重复上述三个步骤，在不同图层输入"兔""赛""跑"，注意文字选择不同颜色，做到色彩鲜艳，排版活泼，适应幼儿感官特点。(图 3-15)

图 3-15 封面最终效果图

小贴士

新建透明背景，将抠图的"乌龟"复制进去，保存成".png"格式图片，可以直接在 PowerPoint 演示文稿中使用，与幻灯片背景融合。

最后选择"文件"—"保存"，分别选择".psd"和".jpg"格式保存图片。

任务三
制作阳光桌面图像

　　幼儿园教室的一体机桌面背景需要经常更换，以提高幼儿兴趣。使用 Photoshop 的椭圆选框工具，运用羽化、渐变等功能设计制作炫彩的桌面背景，以引起幼儿的注意。

扫码看桌面
图像制作

任务描述与分析

　　首先运用 Photoshop 的填充渐变功能制作出渐变的背景，接着设置羽化，画圆填充制作出太阳模糊光晕的效果，接下来，设置羽化值运用画圆描边功能，绘制出彩虹的模糊效果。最后运用反选功能选中素材中的向日葵，多次复制并进行旋转，改变方向，缩放，改变大小，调整好向日葵在画面中的位置。

学习与操作

　　第一步：在昵图网图库下载向日葵素材图像。

　　第二步：新建宽 30 cm，高 20 cm，分辨率为 100 像素/英寸，背景内容为白色的文件。

　　第三步：选择渐变工具，属性设置为"前景色到背景色"的"线性渐变"。

　　选择相应的前景色（参考色号"＃40599a"）和背景色（参考色号"＃a29bc7"），在工作区从上到下拖拽，做出天空的渐变，如图 3-16 所示。

图 3-16　背景效果图

学习笔记

第四步：使用椭圆选区工具，设置羽化值 40 像素，新建图层，新建正圆形选区（按住 Shift 键），使用"油漆桶"做出太阳的橙色光晕。

使用椭圆选区工具，设置羽化值 20 像素，新建图层，新建正圆形选区（按住 Shift 键），使用"油漆桶"做出太阳的黄色光晕。

使用椭圆选区工具，设置羽化值 10 像素，新建图层，新建正圆形选区（按住 Shift 键），使用"油漆桶"做出太阳的白色光晕，效果如图 3-17 所示。

第五步：使用椭圆选区工具，画出彩虹位置，新建图层，使用"编辑"—"描边"命令，设置宽度为 5 像素，设置颜色，模式"正常"，位置"居中"，不透明度 40％。

使用导航键，调整选区位置，做出彩虹的其他几个颜色（颜色参考值为"＃feabab""＃fee2a6""＃abfebb""＃ac5dfd"），如图 3-18 所示。

图 3-17　太阳光晕效果图

图 3-18　彩虹效果图

第六步：打开向日葵素材图片，选择"魔棒工具"，设置容差为 50，点选背景。使用"选择""反向"命令，选择向日葵，复制向日葵，如图 3-19 所示。

第七步：在阳光桌面文件中，粘贴向日葵，并使用自由变换调整向日葵的大小和角度（按住 Shift 键为等比例缩放）。多次粘贴向日葵并调整大小至满意的效果。阳光桌面效果如图 3-20 所示。

图 3-19　向日葵素材效果

图 3-20　阳光桌面效果图

任务四
制作莲花池图像

幼儿园数学教学活动经常运用到具体实物数数，通过 Photoshop 软件将实物和背景完美统一，同时运用图层拷贝，复制合适的图像，通过多媒体展示，创设良好的活动情境。

扫码看莲花池图像制作

任务描述与分析

首先运用椭圆工具和羽化功能选出荷花，然后通过蒙版工具、画笔工具涂抹，将荷花和背景融合。

学习与操作

学习笔记

第一步：用百度图片搜索功能搜索并下载水、白花、莲花图片保存到计算机中。分别打开这三个素材文件，如图 3-21 所示。

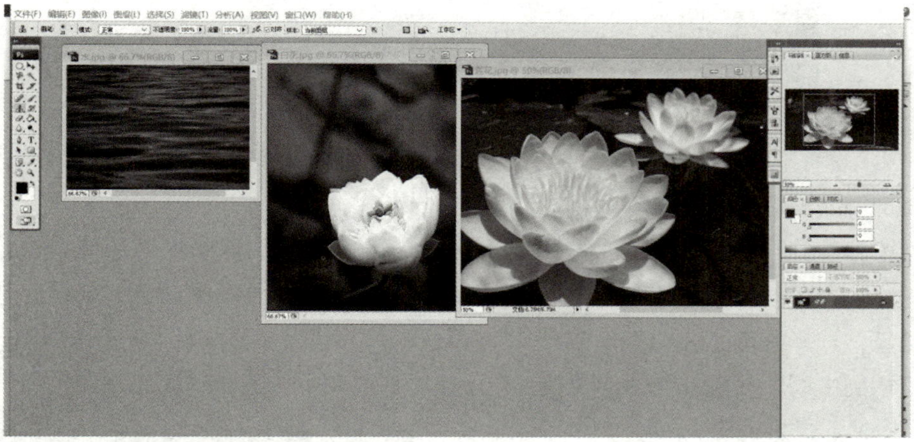

图 3-21　任务素材

第二步：在白花文件中，设置羽化值为 10，用椭圆工具选出白花，用移动工具把选中的白花拖至“水 .jpg”文件中。并执行“编辑”—“变换”—“缩放”操作，调整白花的大小和位置。(图 3-22)

第三步：利用 Photoshop 的图层蒙版功能，涂抹白花的边缘使白花图像与水融合没有分界。

(1)单击右下角图层面板上添加图层蒙版按钮，给白花图层加上蒙版。

(2)设置前景色为黑色，选择画笔工具，设置画笔的直径为 27，不透明度为 30%，流量为 100%。

（3）在白花图像的边缘慢慢涂抹，使白花与下面图层的水融合，如图 3-23 所示。

图 3-22　白花复制至水中

图 3-23　白花图层蒙版涂抹效果

第四步：重复步骤三，在水池中增添几朵白花，调整它们的大小和方向，如图 3-24 所示。

第五步：把莲花复制到水池中。这里也是运用相同的复制白花和涂抹方法制作。首先把莲花椭圆选出，复制到水池中，设置莲花图层蒙版功能，前景色设置为黑色，选择画笔工具，画笔直径 27，不透明度 30%，用画笔涂抹莲花周围，把莲花移到中间，使莲花与水融合在一起，如图 3-25 所示。

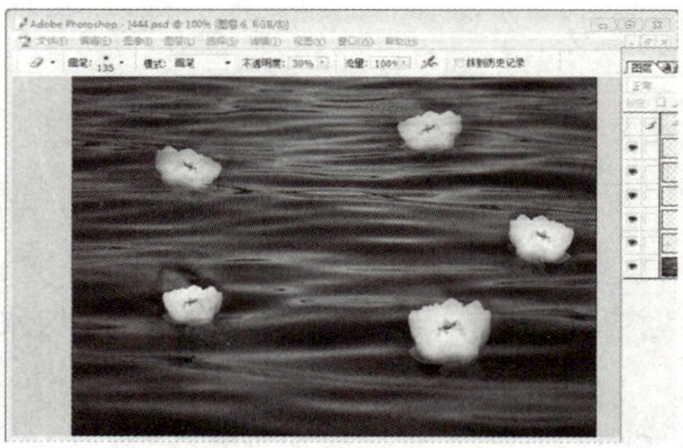

图 3-24　水池中复制几朵白花效果

图 3-25　莲花池整体效果

任务五
制作"山林小鸟"图像

在制作辅助教学活动的多媒体作品时，教师需要一幅小鸟在天空中玩耍的画面，但从网上搜寻的图片效果以及内容都不符合教师的要求。教师需要利用 Photoshop 的绘图功能，自己绘制一幅山林小鸟的画面。

扫码看山林
小鸟图像制作

任务描述与分析

写出绘制"山林小鸟"图像文字稿本，创设一个意境，蓝天白云，翠绿的山坡上有房子，有小鸟自由自在地飞翔，有花、有树、有草。使用 Photoshop CS5 图像处理软件中的钢笔工具、自定义形状工具和画笔工具等绘制图形，也可以先手动绘制图形，再利用 Photoshop 的复制功能和自由变换功能合成图像。通过综合实例"山林小鸟"的学习，提高即兴创作的能力，体验创作的乐趣。

学习笔记

学习与操作

第一步：执行"文件"—"新建"命令，弹出"新建"对话框，输入名称"山林小鸟"，设置宽为 800 像素，高为 600 像素的文件，如图 3-26 所示。

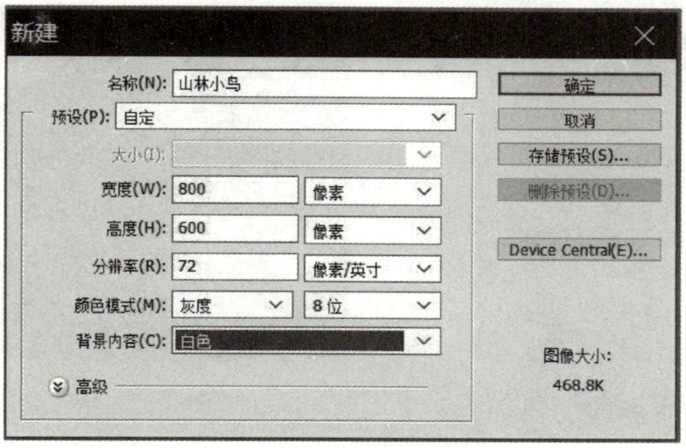

图 3-26　"新建"对话框

第二步：新建图层 1，单击"渐变工具"，打开"渐变编辑器"，设置左端的"颜料桶"颜色为"♯0909d9"，右端的"颜料桶"为白色，如图 3-27 所示。在"舞台"中按住 Shift 键从上往下拖动，画出背景，如图 3-28 所示。

第三步：新建图层 2，用画笔工具，前景色为白色，绘制白云，选中白云，按住 Alt 键拖动复制白云，如图 3-29 所示。

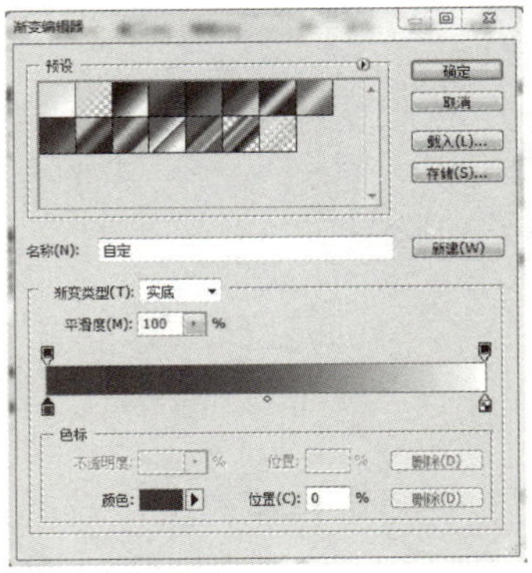

图 3-27　"渐变编辑器"对话框

图 3-28　背景效果图

第四步：新建图层 3，用钢笔工具绘制山的轮廓，如图 3-30 所示的路径，按住 Alt 键，再按回车键，把路径变选区，把选区作用到图层 3 中，打开"渐变编辑器"，如图 3-31 所示，左端颜料桶颜色为"♯015401"，右端颜料桶颜色为"♯0ad600"，从右下往左上角拖动鼠标，填充效果如图 3-32 所示。

图 3-29　白云效果

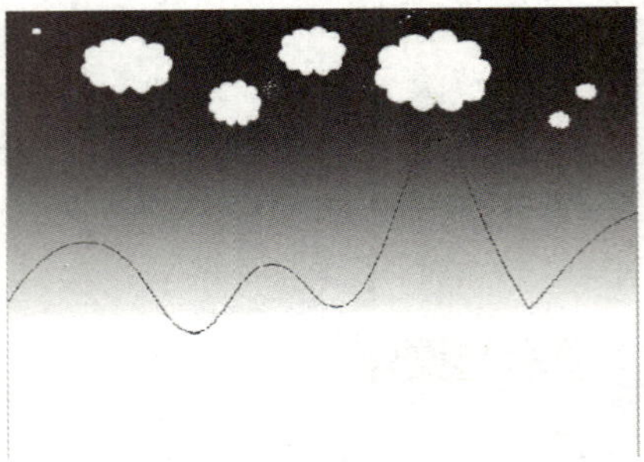

图 3-30　山的轮廓路径

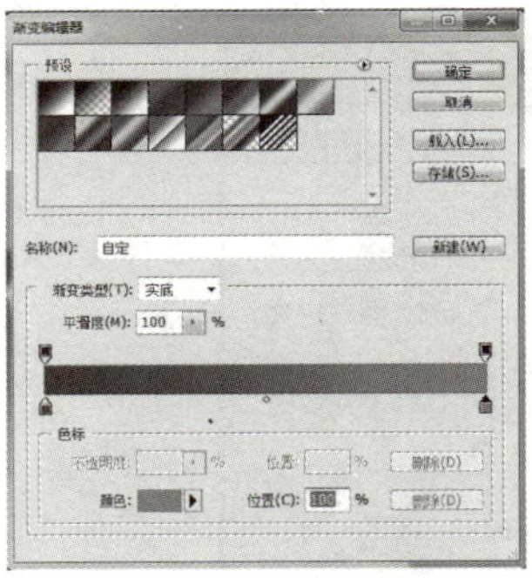

图 3-31　"渐变编辑器"对话框

图 3-32　填充效果

第五步：新建图层 4，单击"自定义形状工具"，单击属性选项中的"填充像素"，单击形状右边的"向下"箭头，打开"自定义形状拾色器"，单击"向右"箭头，单击"全部"，弹出如图 3-33 所示的对话框，单击"追加"。分别单击如图 3-34 所示的"草 1""草 2"和"草 3"，分别对应前景色"♯aef2c4""♯097e2f"和"♯16681b"，依次在山坡上绘制草，如图 3-35 所示。

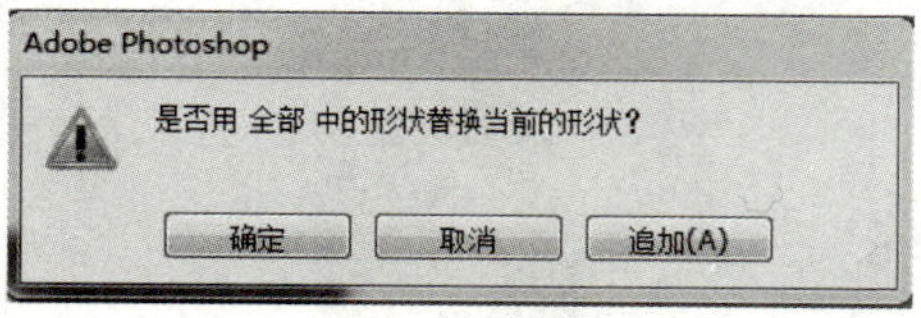

图 3-33　"追加"对话框

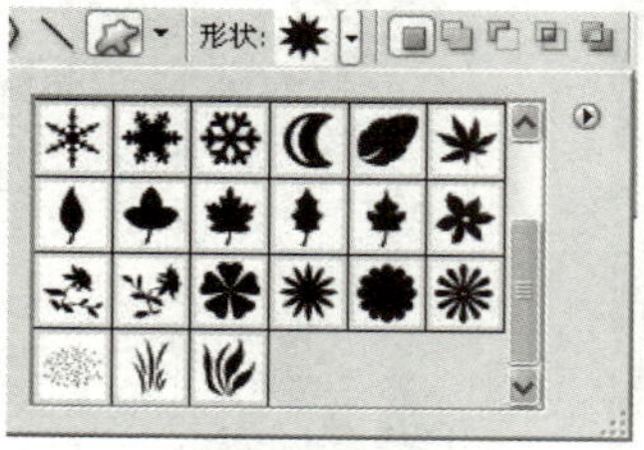

图 3-34　草的形状

图 3-35　已填色的草

第六步：新建图层 5，打开"自定义形状拾色器"，单击"树"，如图 3-36 所示。设置前景色为"#115a29"，在山坡上绘制树，如图 3-37 所示。

图 3-36　选择树的形状

第七步：新建图层 6，打开"自定义形状拾色器"，单击"花 1""花 2""花 3"和"花 6"，颜色分别对应"#b027c0""#e016aa""#cf83d8"和"#ffff00"，在山坡上分别绘制花，如图 3-38 所示。

图 3-37　树的效果

图 3-38　花的效果

第八步：新建图层 7，打开"自定义形状拾色器"，选择"小鸟"，如图 3-39 所示，前景色设置为"#ffff8e"，绘制"小鸟"，用移动工具，按住 Alt 键拖动"小鸟"实现复制功能，利用 Ctrl＋T 改变大小和方向，效果如图 3-40 所示。

第九步：新建图层 8，打开"自定义形状拾色器"，单击"主页"，在山坡上绘制"房子"，颜色自定，如图 3-41 所示。

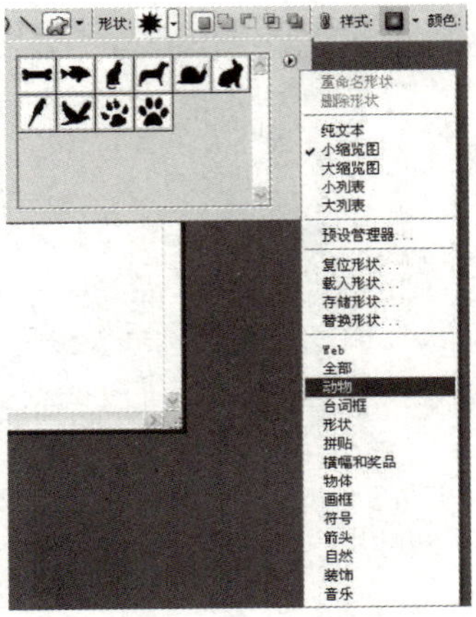

图 3-39   小鸟形状

图 3-40   鸟的效果

第十步：新建图层 9，单击文字工具 **T**，设置文字属性，字体为"华文新魏"，大小为"60"，颜色为"♯450438"，输入文字为"山林小鸟"，如图 3-42 所示。

图 3-41   房子的效果

图 3-42   "山林小鸟"文字效果

第十一步：执行"文件"—"存储为"命令，输入名称"山林小鸟"，格式为". psd"，存储选项中勾选"图层"，这样就能保存图层信息，便于今后修改，如图 3-43 所示。

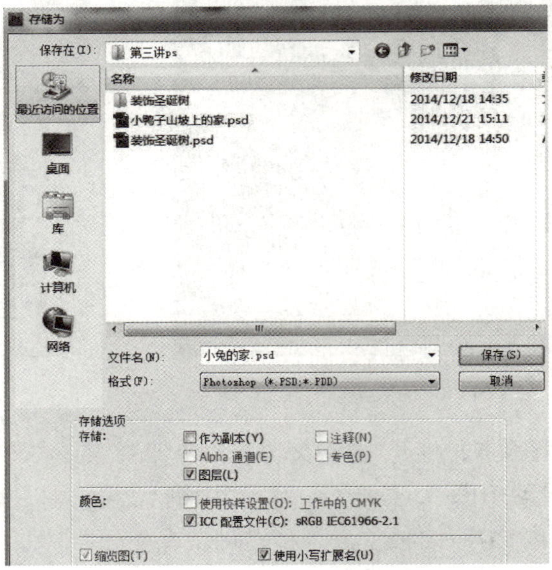

图 3-43   "存储为"对话框

任务六
处理幼儿园春游活动照片

幼儿园做了一个展示幼儿班级博客的平台，可以展示班级活动情况，记录每位小朋友的成长。这个平台上，每年春游活动的照片必不可少，为了让小朋友和家长都能看到欢乐春游的照片，展示出来的照片自然要拍得好些，有些照片需要美化修饰，还有的照片要有很好的创意，需要加上标题说明。

扫码看春游
照片处理

任务描述与分析

拍摄的照片存在过亮、过暗或者色阶误差等问题，运用"曲线"和"色阶"功能调整照片的亮度和对比度，同时利用抠图工具将多张图片整合在一起，添加主题文字。

学习与操作

第一步：选择"文件"—"打开"—"照片1"图片。

第二步：单击菜单选择"图像"—"调整"—"曲线"，或者按快捷键 Ctrl＋M，打开曲线调整窗口，如图 3-44 所示。

第三步：鼠标左键点住曲线拖动，调整亮度，上拉调亮，下拉调暗。

第四步：单击菜单"图像"—"调整"—"色阶"，或者按快捷键 Ctrl＋L，打开色阶调整窗口，增加照片对比度，通道 RGB，色阶"25，2.51，255"，实际操作中根据不同情况选择色阶，如图 3-45 所示。

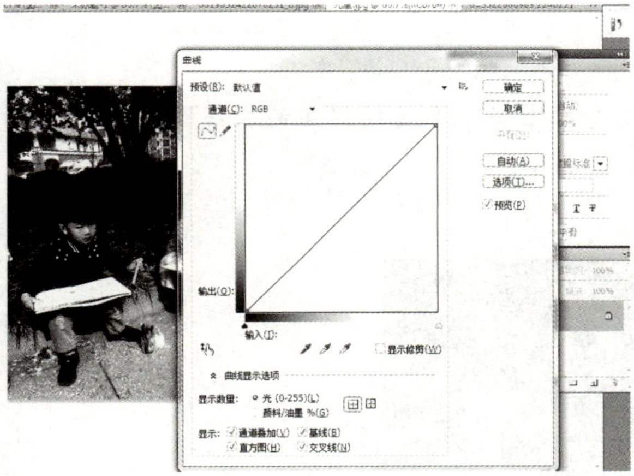

图 3-44 "曲线"调整窗口

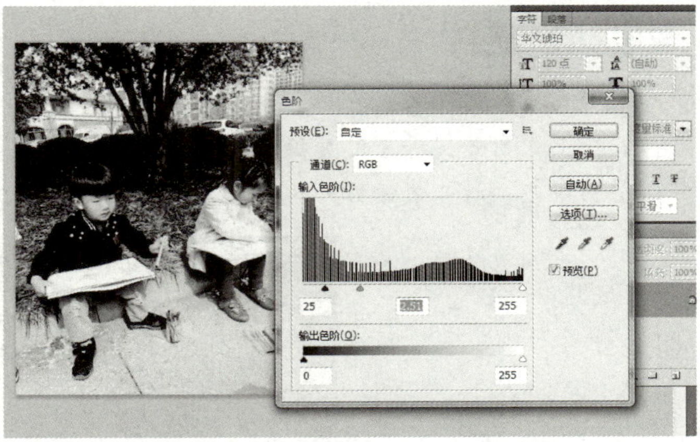

图 3-45 "色阶"调整窗口

调整前后效果对比，如图 3-46、图 3-47 所示。

图 3-46　调整前图片 　　　　图 3-47　调整后图片

第五步：利用曲线和色阶功能将照片 2、照片 3 做相应调整。

第六步：打开相册背景图片，利用选择工具将三幅照片粘贴到相框中，如图 3-48 所示。

图 3-48　电子相册最终效果图

拓展学习

　　随着技术的发展，为了更加方便用户处理照片，开发者推出了很多简单好用的在线图片处理软件，下面采用美图秀秀网页版制作幼儿园拼图照片。

　　第一步：打开美图秀秀网页版，如图 3-49 所示。

图 3-49　美图秀秀网页版操作界面

第二步：单击拼图按钮。

第三步：选择拼图的样式，界面左侧单击可选择合成图片的样式，如图 3-50 所示。

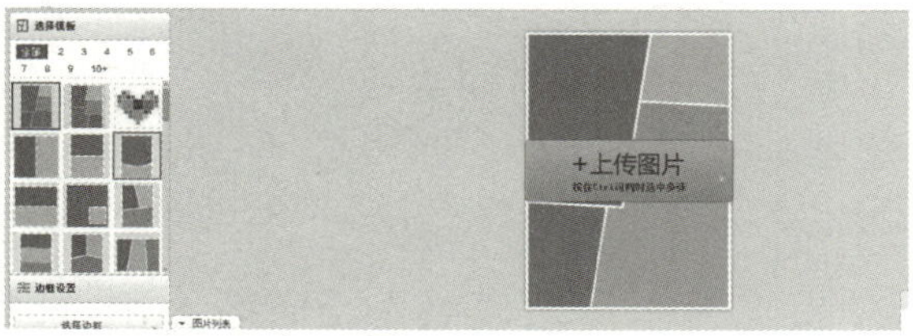

图 3-50　拼图样式选择界面

第四步：上传图片，根据样式选择上传图片的数量。

第五步：单击保存与分享，设置保存路径或者分享，如图 3-51、图 3-52 所示。

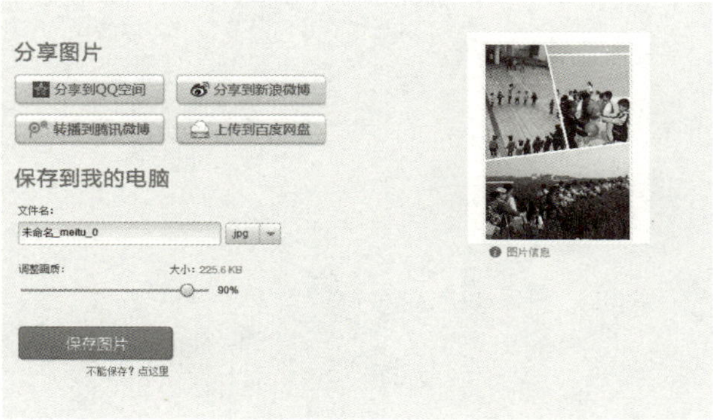

图 3-51　"分享图片"操作界面

图 3-52　照片拼图最终效果图

思考与练习

一、基础练习

1. 常见的图片文件格式有哪些？比较它们的不同之处。

2. 搜索并下载幼儿园教学活动中相关像素高的图片文件、PSD 文件和矢量图。

3. 制作儿童秋季保健知识海报，使用 Photoshop 抠图工具、文字工具，运用蒙版、图层样式等功能，制作符合儿童认知水平的海报。

二、提高练习

1. 上网探究图片设计制作软件的种类及特点，比较它们的功能。

2. 运用美图秀秀网页版，快速制作儿童画面相册。

3. 利用 Photoshop 将图片中的元素抠出，保存成透明背景的".png"格式图片，并运用到 PowerPoint 演示文稿中与幻灯片背景融合。

项目四
Flash 动画作品设计与制作

学习目标

1. 掌握 Flash CS5.5 文档的基本操作、界面中各面板的布局方式和使用方法。

2. 掌握 Flash CS5.5 工具栏的使用，能够使用常用工具绘制图形，能够进行文本编排，能够使用色彩工具及色彩调整工具对颜色进行编辑。

3. 理解元件、时间轴、帧、关键帧、图层等概念，掌握元件类型以及元件的创建与编辑，掌握图层以及关键帧的编辑操作。

4. 掌握逐帧动画、补间动画、变形动画、沿路径移动动画的创建方法。

5. 掌握动画中添加声音的操作方法以及动画声音属性的设置方法。

6. 理解骨骼动画的原理，了解"骨骼工具"的使用方法，掌握骨骼的添加与骨骼动画的创建。

7. 了解 Flash CS5.5 交互事件与动作的概念，能使用 Flash CS5.5 的常用事件和动作创建具有简单控制功能的动画作品。

8. 掌握导出与发布 Flash 动画的方法，能够准确设置 Flash CS5.5 动画作品的发布格式。

思维导图

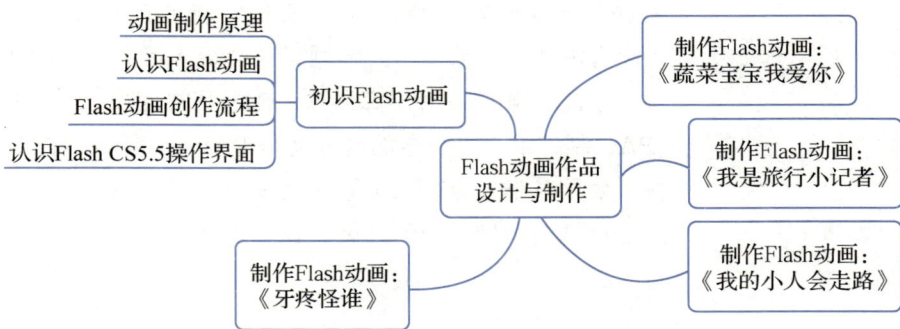

　　Flash 动画目前广泛应用于制作动画短片、音乐 MV、电子贺卡、多媒体课件和交互式游戏等。Flash 动画作品在幼儿园教学活动中，能用来创设情境，化抽象为具体，变静态为动态，通过它实现信息共享、人机交互和及时反馈，使幼儿学得乐意，学得满足。而要发挥这种优势关键在于作品设计要具有科学性，要符合幼儿年龄认知特点，具有启蒙性和趣味性，应用在幼儿教学活动中能达到促进幼儿身心发展的目的。本项目通过由浅入深四个动画的作品设计与制作，初步掌握设计与制作 Flash 动画的基础知识和常用技巧。

任务一
初识 Flash 动画

📝 学习笔记

　　Flash 早期是美国 Macromedia 公司(现在已被 Adobe 公司收购)开发的一款集多种功能于一体的多媒体矢量动画编辑软件，用户不但可以在动画中加入声音、视频和位图图像，还可以制作交互式影片或功能完备的网站。设计制作幼儿园 Flash 动画作品首先要理解动画制作的原理，熟悉 Flash 动画的特点、Flash CS5.5 界面的组成元素及其基本功能，了解制作 Flash 动画的一般步骤。

📖 任务描述与分析

　　本任务主要让学习者了解动画的制作原理，熟悉二维动画软件 Flash CS5.5 的界面以及它的基本功能，了解 Flash 动画的类型以及制作 Flash 动画的流程。

📚 学习与操作

一、动画制作原理 ＞＞＞＞＞＞＞＞＞＞＞＞＞＞＞＞＞＞＞＞＞＞＞＞＞＞＞＞＞＞＞＞

　　动画通过连续播放一系列画面，给视觉造成连续变化的图画。它的基本原理与电影、电视一样，都是视觉原理。人类具有"视觉暂留"的特性，就是说人的眼睛看到一幅画或一个物体后，它在 1/24 秒内不会消失。利用这一原理，在一幅画还没有消失前播放出下一幅画，就会给人造成一种流畅的视觉变化效果。

　　因此，电影采用了每秒 24 幅画面的速度拍摄播放，电视采用了每秒 25 幅 (PAL 制，中央电视台的动画就是 PAL 制)或 30 幅(NTSC 制)画面的速度拍摄播放。如果以低于每秒 24 幅画面的速度拍摄播放，人体就会出现停顿感觉。在 Flash 中默认帧频每秒 24 帧，这个速度也适合于网络。

二、认识 Flash 动画 >>

（一）什么是 Flash 动画

Flash 动画是目前网络上较为流行的一种交互式动画，这种格式的动画必须用 Adobe 公司开发的 Flash Player 播放器才能正常观看。Flash 动画之所以受到广大动画爱好者的喜爱，主要有以下几个方面的原因。

第一，Flash 动画一般由矢量图制作，无论将其放大多少倍都不会失真，且动画文件较小、利于传播，因此无论在计算机、DVD 还是手机等设备上播放 Flash 动画，都可以获得非常好的画质与动画体验效果。

第二，Flash 动画具有交互性，即用户可以通过单击、选择、输入或按键等方式与 Flash 动画进行交互，从而控制动画的运行过程与结果。

第三，Flash 动画采用先进的"流"式播放技术，用户可以边下载边观看，完全适应当前网络的需要。

第四，Flash 支持多种文件格式的导入与导出，除了可以导入图片外，还可以导入视频、声音等。可导入的图片及视频格式非常多，如". jpg"". png"". gif"". ai"". psd"". dxf"等，其中导入". ai"". psd"等格式的图片还可以保留矢量元素及图层信息。另外，Flash 的导出功能也非常强大，不仅可以输出". swf"动画格式，还可以输出". avi"". gif"". html"". mov"". exe"等多种文件格式的可执行文件。通过 Flash 的导出功能，可以将 Flash 作品导出为多种版本，用于各种用途。例如，将 Flash 动画导出为". swf"和". html"格式，再将其放到互联网上，人们就可以通过网络观看 Flash 动画；或将 Flash 动画导出为". gif"动画格式，然后发到 QQ 群中，这样 QQ 好友就可以查看动画效果了。

（二）Flash 动画类别

根据计算机制作动画的方式，可将动画分为逐帧动画、补间动画、遮罩动画和交互动画。

逐帧动画原理是把动画分解成很多个动作，然后将这些动作一个个制作出来，再将它们连续播放就形成了动画。

补间动画是补足区间动画的简称。制作补间动画只需设置起始帧和结束帧的内容，就可以创建平滑的动画，中间帧由系统根据关键帧自动生成。补间动画分为动作补间动画和形状补间动画。

遮罩动画是通过一种遮罩层技术实现画面变化的动画。

交互动画由用户操作键盘和鼠标参与动画的执行，用户不再是被动地欣赏，而是参与其中并融入动画角色里。交互动画一般通过动作脚本语言实现。

三、Flash 动画创作流程 >>>>>>>>>>>>>>>>>>>>>>>>>>>>>>>>>>>

在制作一个出色的动画前，需要对该动画的每个画面进行精心策划，然后根据策划一步一步地完成动画。制作 Flash 动画的过程一般分为 6 个步骤。

（一）前期策划

在制作动画之前，首先应明确制作动画的目的、所要针对的顾客群、动画的风格与色调等。然后根据顾客的需求制作一套完整的设计方案，并对动画中出现的人物、背景、音乐及动画剧情的设计等要素做出具体的安排，以方便素材的收集。

（二）收集素材

在收集素材文件时，要有针对性地对具体素材进行收集，节省制作时间。完成素材的收集后，可以将素材按一定的规格，使用其他软件（如 Photoshop）进行编辑，以便于动画的制作。

（三）制作动画

制作动画是创建 Flash 作品过程中最重要的一步，制作出来的动态效果将直接决定 Flash 作品的效果，因此在制作动画时要注意动画中的每一个环节，要随时预览动画以便及时观察动画效果，发现动画中的不足并及时调整与修改。

（四）后期调试与优化

动画制作完毕后，应对动画进行全方位的调试，调试的目的是使整个动画看起来更加流畅、紧凑，且按期望的效果进行播放。调试动画主要是针对动画对象的细节、分镜头和动画片段的衔接、声音与动画播放是否同步等问题进行调整，以保证动画作品的最终效果与质量。

（五）测试动画

动画制作完成并优化调试后，应对动画的播放及下载等进行测试，因为每个用户的计算机软硬件配置都不相同，所以应尽量在不同配置的计算机上测试动画，然后根据测试结果对动画进行调整和修改，使其在不同配置的计算机上均有很好的播放效果。

（六）发布动画

发布动画是 Flash 动画制作过程中的最后一步，用户可以对动画的格式、画面品质和声音等进行设置。在进行动画发布时，应根据动画的用途、使用环境等对动画进行设置，而不是一味地追求较高的画面质量、声音品质，从而增加不必要的文件，影响动画的传输速度。

四、认识 Flash CS5.5 操作界面 >>>>>>>>>>>>>>>>>>>>>>>>>>

启动 Flash CS5.5 后，并不是直接进入其工作界面，而是先显示 Flash CS5.5 的启动界面，在该界面中可以选择创建模板，也可以选择学习 Flash CS5.5 的相关功能和作用，如图 4-1 所示。

只有在创建好 Flash 动画文件后，才能进入其工作界面，使用各个面板的功能。Flash CS5.5 的工作界面主要由菜单栏、工具栏以及场景和舞台等组成，如图 4-2 所示。

下面重点介绍一下"时间轴"面板，"时间轴"面板如图 4-3 所示。

学习笔记

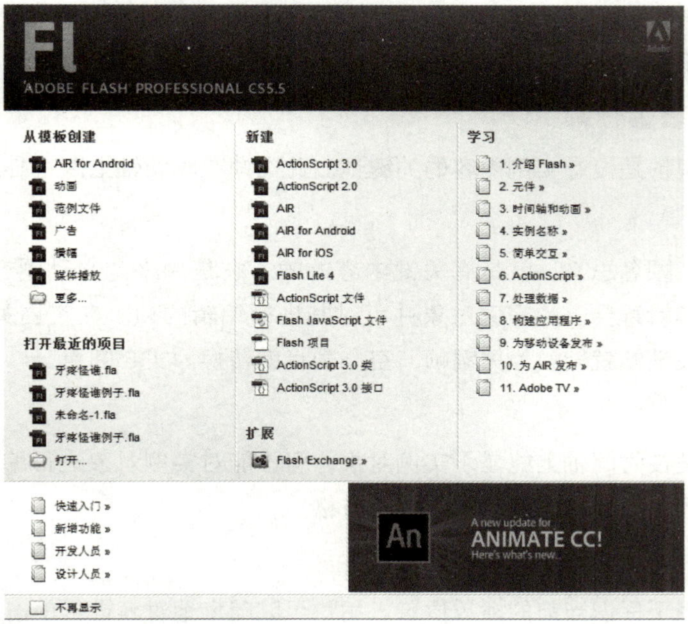

图 4-1 Flash CS5.5 启动界面

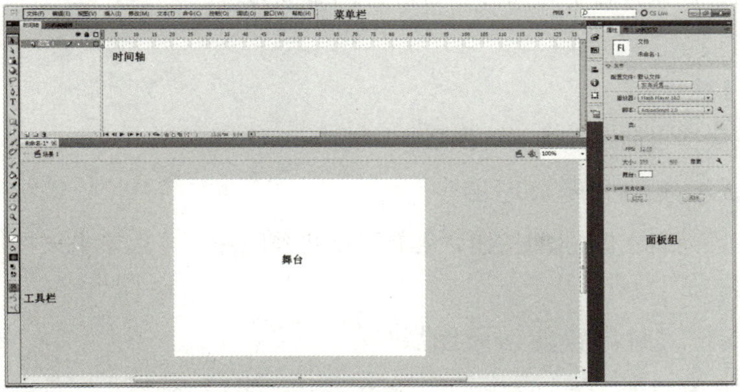

图 4-2 Flash CS5.5 工作界面

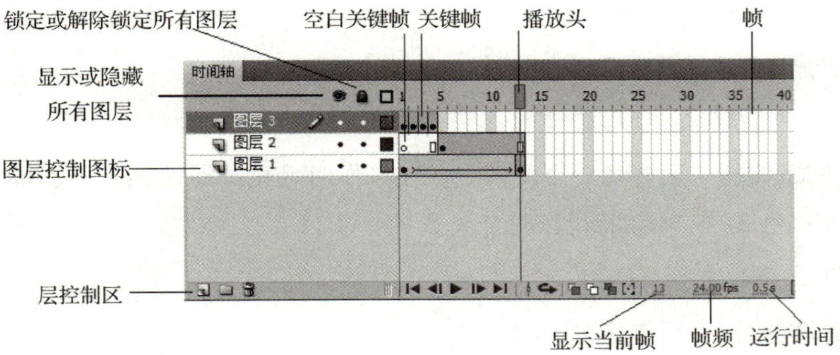

图 4-3 “时间轴”面板

“时间轴”面板中各选项含义如下。

（一）帧

帧是进行 Flash 动画制作的最基本的单位，每一个精彩的 Flash 动画都是由很多个帧构成的，在时间轴上的每一帧都可以包含需要显示的所有内容，包括图形、

学习笔记

声音、各种素材和其他多种对象。播放时 Flash 以帧的排列从左向右依次快速进行。每个帧都是存放在某一图层上的。

（二）空白关键帧

空白关键帧是没有实例内容的关键帧。此类帧在时间轴上以空心圆点显示。

（三）关键帧

关键帧，顾名思义，就是有关键内容的帧。它是用来定义动画变化、更改状态的帧，即编辑舞台上的实例对象并可对其进行编辑的帧。在空白关键帧添加元素后，空白关键帧就转换为关键帧，空心圆点就转换为实心圆点。

（四）普通帧

普通帧是在时间轴上能显示实例对象，但不能对实例对象进行编辑操作的帧。普通帧在时间轴上显示为灰色填充的小方格。

（五）播放头

播放头用于标识当前的播放位置。用户可以随意地对其进行单击或拖动操作。

（六）图层

图层用于存放舞台中的元件，可一个图层放置一个元件，也可一个图层放置多个元件。

（七）当前图层

当前图层指当前正在编辑的图层。

（八）显示或隐藏所有图层

单击图层列表左侧的 ● 按钮，所有图层将被隐藏，再次单击该按钮将会显示所有的图层。

（九）锁定或解除锁定所有图层

单击图层列表左上方的 ● 按钮，所有图层都将不能被操作，再次单击该按钮将解锁所有图层。

（十）新建图层

单击 ◻ 按钮，可新建一个图层。

（十一）新建文件夹

单击 ◻ 按钮，可新建一个文件夹。在制作时将相同属性和一个类别的图层放置在一个文件夹中方便编辑管理。

（十二）删除

单击 ◻ 按钮，可删除选中的图层。

关键帧和空白关键帧上都可以添加帧动作脚本，普通帧上则不能。

应用中要注意：应尽可能地节约关键帧的使用，以减小动画文件的体积；尽量避免在同一帧处过多地使用关键帧，以减小动画运行的负担，使画面播放流畅。

🔗 小贴士

同一图层中，在前一个关键帧的后面任一帧处插入关键帧，是复制前一个关键帧上的对象，并可对其进行编辑操作；如果插入普通帧，是延续前一个关键帧上的内容，不可对其进行编辑操作；插入空白关键帧，可清除该帧后面的延续内容，可以在空白关键帧上添加新的实例对象。

任务二
制作 Flash 动画：《牙疼怪谁》

牙疼怪谁教学活动是围绕小猴子发现蛀牙，并根据牙齿、嘴巴、手、眼睛等一系列对话这一线索开展教学活动的。活动前，组织学生讨论：怎样才能保护好自己的牙齿呢？然后提问小猴子发现了蛀牙，牙齿、嘴巴、手、眼睛等又是怎样的呢？它们之间到底发生了什么？带着这个悬念观看动画，再次组织幼儿讨论：小猴子怎样做才能保护自己的牙齿呢？经过讨论，孩子们思路清晰，懂得多吃糖对牙齿有害的道理，并以此为契机，针对小朋友爱牙意识薄弱来进行思想教育，让他们从小就养成保护牙齿的习惯。为了使活动顺利开展，教师需要在课前设计制作《牙疼怪谁》Flash 动画，以提高孩子们的学习兴趣。

扫码看 Flash
动画制作

任务描述与分析

该任务只是呈现动画标题的进入场景，后续动画情节见本项目的二维码。

首先下载小猴和糖的图片素材，制作"牙""疼""怪""谁""？"五个文字元件，将其分别放入七个图层，注意图层对象的叠放顺序。舞台背景制作成绿黑径向渐变，实例"疼"制作成补间动画，实例"谁"制作成引导线动画，实例"？"制作成放大及旋转效果，以吸引孩子们的注意力。

学习与操作

第一步：在 Flash CS5.5 中新建文件选择 Action Script 2.0 格式，进入到工作页面，选择右上角"传统"选项，使操作界面保持一致。

第二步：在右侧属性面板中可以设置动画的帧频（FPS）为 24，舞台宽度为 550，高度为 400，背景颜色默认白色，如图 4-4 所示。保存文件到合适位置，名称为"牙疼怪谁"，保存类型默认 Flash CS5.5 文档。

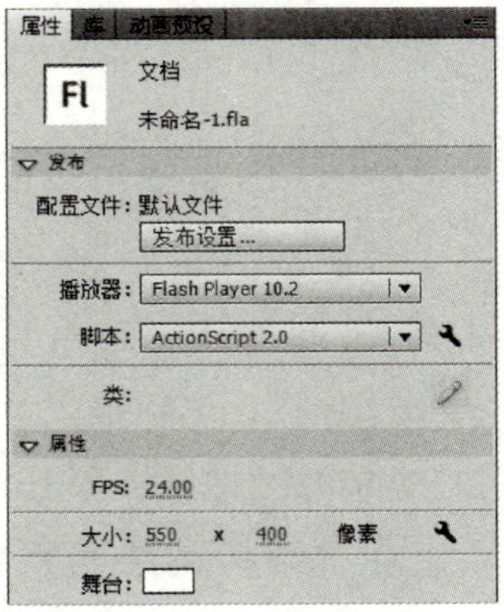

第三步：制作背景元件，单击"插入"—"新建元件"，出现创建新元件对话框，选择类型为"图形"，名称输入"背景"二字，如图 4-5 所示。

第四步：单击"确定"后进入元件编辑界面，单击左侧工具栏中"矩形工具"按钮，在其属性面板上设置填充和笔触。笔触为无，填充为绿黑径向渐变，在白色背景舞台上画一个长方形，在左侧工具栏中切换鼠标为选择工具。单击矩形，在右侧矩形属性面板上设置位置和大小，属性面板如图 4-6 所示。

图 4-4　Flash 文档属性设置

小贴士

如果将帧频调大，则动画播放速度变快，否则变慢。

小贴士

将鼠标移至工具栏上“任意变形工具”按钮上，按下鼠标左键出现菜单，选择“渐变变形工具”，再单击舞台上矩形，在矩形四周会出现调整按钮，适当拖拽可以调整渐变填充效果；单击“窗口”菜单中“颜色”按钮可以调出颜色面板自定义矩形的填充颜色或图案。

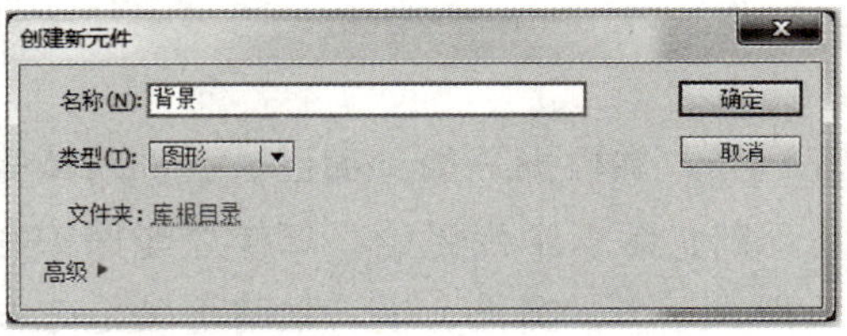

图 4-5 创建新元件

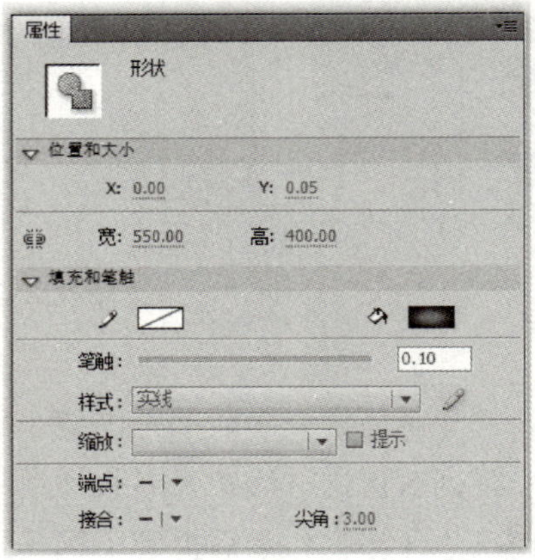

图 4-6 属性面板

第五步：制作文字元件，单击“插入”—“新建元件”，出现创建新元件对话框，选择类型为“图形”，名称输入“牙”，单击确定进入“牙”元件编辑界面，单击工具栏中“文本工具”按钮，在右侧文本工具的属性面板上设置字体系列为隶书、大小130、蓝色，在舞台上输入“牙”字，位置“X：－67，Y：－67”，如图 4-7 所示。

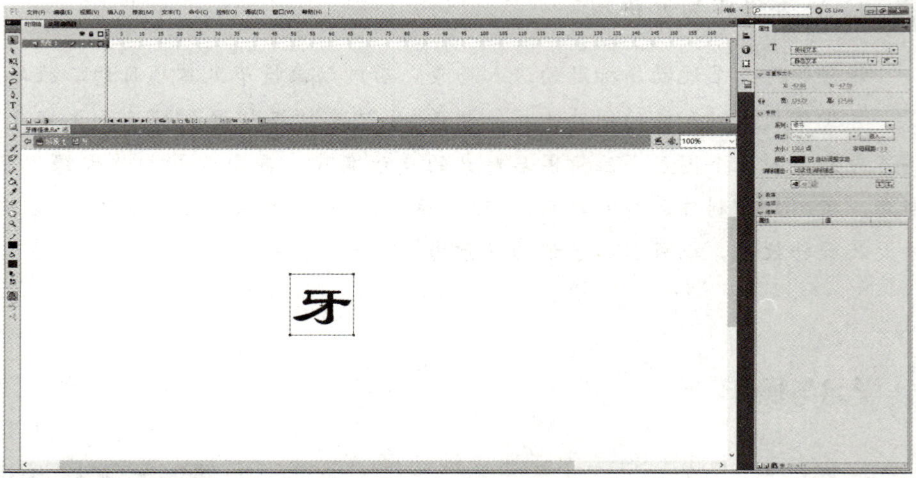

图 4-7 “牙”元件

小贴士

元件保存在库中，单击“窗口”—“库”按钮，打开“库”面板，在面板中找到“牙”元件，右击选择“直接复制 …”按钮，如图 4-8 所示，可以复制四个“牙”元件。然后分别双击各元件进入编辑界面，将“牙”换成相应的汉字即可完成其余元件制作。库面板如图 4-9 所示。

第六步：按照以上操作依次制作“疼”“怪”“谁”“?”四个元件。

第七步：单击“文件”—“导入”—“导入到库 …”按钮，将素材库中猴子图片导入到 Flash 库中；单击“插入”—“新建元件”按钮进入创建新元件对话框，选择类型为“图形”，名称输入“猴子”二字，单击“确定”进入猴子元件编辑界面，单击“窗口”菜单“库”按钮，打开“库”面板找到猴子图片，将其拖拽至舞台，单击猴子图片，在右侧其属性面板中设置位置“X：－67，Y：－67”，大小“X：170，Y：180”。

第八步：按照步骤七中的方法导入糖图片，并制作糖元件，设置位置“X：0，Y：0”，大小“X：130，Y：80”。

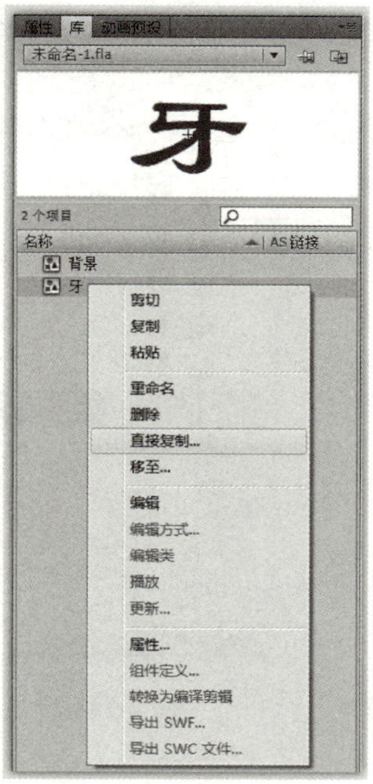

图 4-8 复制"牙"元件

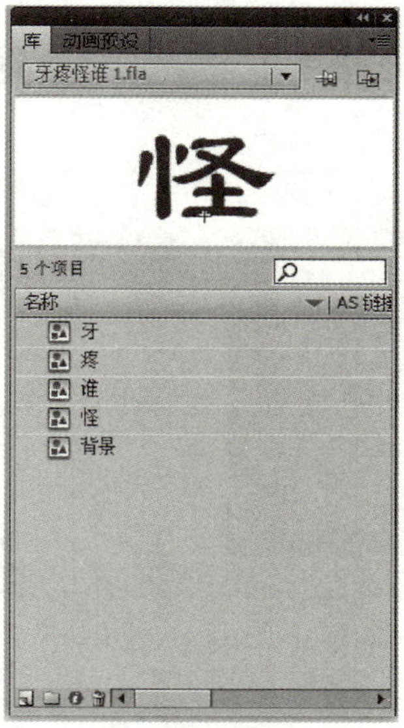

图 4-9 库面板

至此场景 1 中所需元件制作完备，下面进入场景 1 的制作。

第九步：单击左侧"场景 1"按钮，如图 4-10 所示，回到场景 1 的舞台界面。

图 4-10 切换回场景 1

第十步：从库面板中拖拽背景元件到舞台，设置其属性"X：0，Y：0"，使其刚好盖住舞台白色背景，双击时间轴上"图层 1"改名为"背景"，如图 4-11 所示。

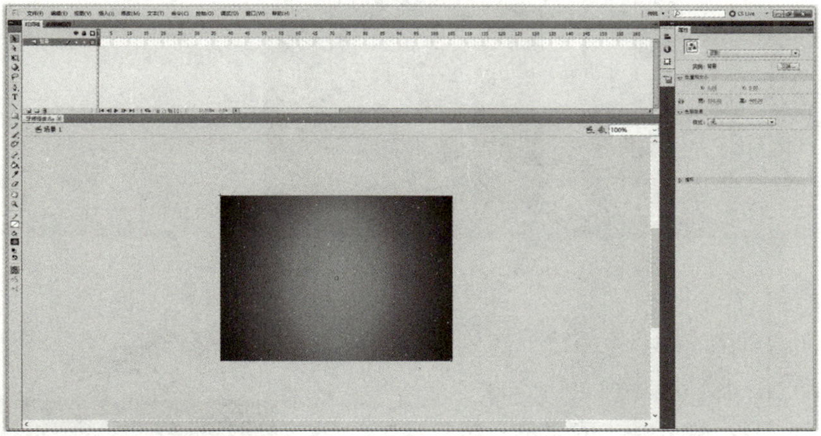

图 4-11 图层重命名

第十一步：单击时间轴上"新建图层"按钮，新建图层 2，重命名为"猴子"，从库面板中拖拽猴子元件到舞台，设置其属性"X：100，Y：200"。

第十二步：按照第十一步，依次制作"糖""牙""疼""怪""谁"五个图层，各元件摆放位置如图 4-12 所示。

> 🔗 **小贴士**
>
> 时间轴上左侧图层上方有三个按钮，分别是"显示或隐藏所有图层""锁定或解除锁定所有图层"以及"将所有图层显示为轮廓"，单击这些按钮可实现所有图层应用效果，而在图层对应位置单击可实现当前图层效果，图层的删除按钮在新建图层按钮的右侧。图层的上下排列顺序决定图层上实例内容的叠放顺序，故背景图层必须放在最下方，如图 4-13 所示。

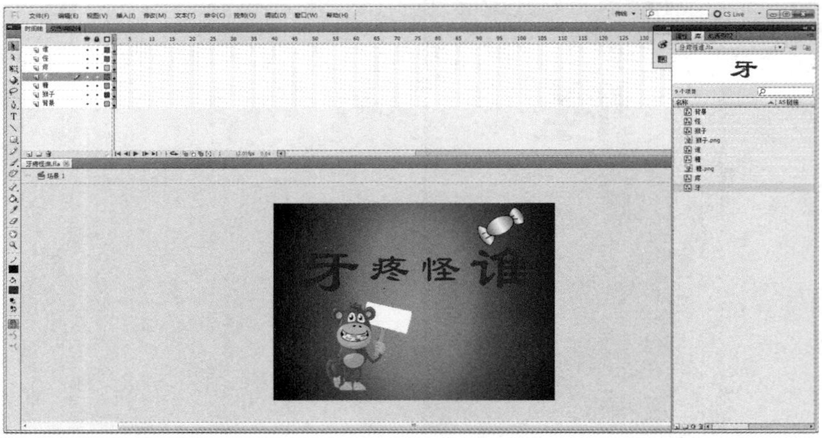

图 4-12　元件排列

图 4-13　图层顺序

　　元件的大小可以任意调整，方法是选中元件后再次单击工具栏上"任意变形工具"按钮，这时元件四周会出现调整手柄，可对元件进行任意变形。

　　第十三步：在"背景"图层上第 40 帧右击选择菜单中的"插入帧"；同理在"猴子""糖""牙"三图层 40 帧处插入帧，如图 4-14 所示。

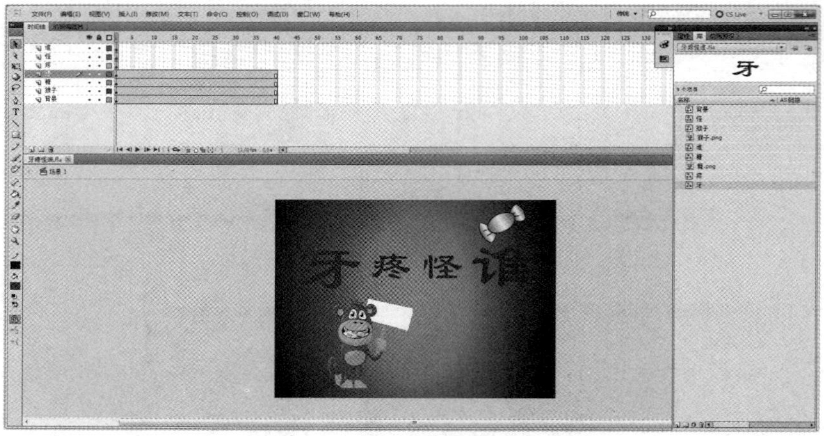

图 4-14　插入帧延续帧内容

　　下面通过第十四步至第十六步制作"疼"元件的平移动画。

　　第十四步：单击"疼"图层第一帧，将鼠标切换为选择工具，拖拽"疼"元件到舞台上方，如图 4-15 所示。

　　第十五步：在"疼"图层上第 20 帧地方右击选择菜单中的"插入关键帧"，拖拽"疼"元件到舞台上，在"疼"图层上第 1 至第 20 帧中间任意一帧上右击选择菜单中的"创建传统补间"，在"疼"

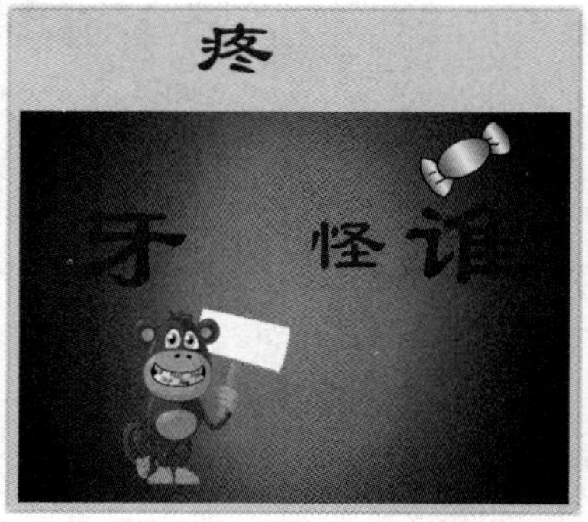

图 4-15　"疼"元件拖至舞台

图层上第 40 帧上右击选择菜单中的"插入帧",如图 4-16 所示。

图 4-16 "疼"图层的帧

第十六步:单击"控制"—"测试影片"—"测试",可以生成".swf"格式动画并预览效果。

第十七步:参照第十四步至第十六步,对"怪"元件制作平移动画。

下面制作"谁"元件的沿路径运动。

第十八步:在"谁"图层上右击选择菜单中的"添加传统运动引导层",单击引导层第一帧,选择左侧工具栏"铅笔工具",单击工具栏下侧"铅笔模式",选择"平滑",如图 4-17 所示,这样利用铅笔绘制的路线比较平滑。

第十九步:在舞台上绘制"谁"元件运动轨迹,如图 4-18 所示。

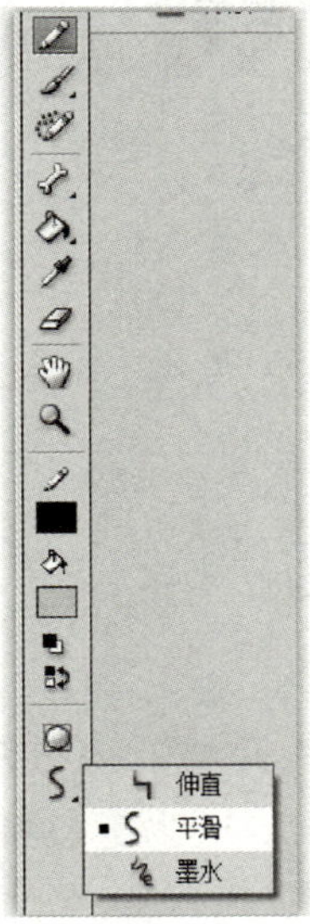

图 4-17 平滑铅笔

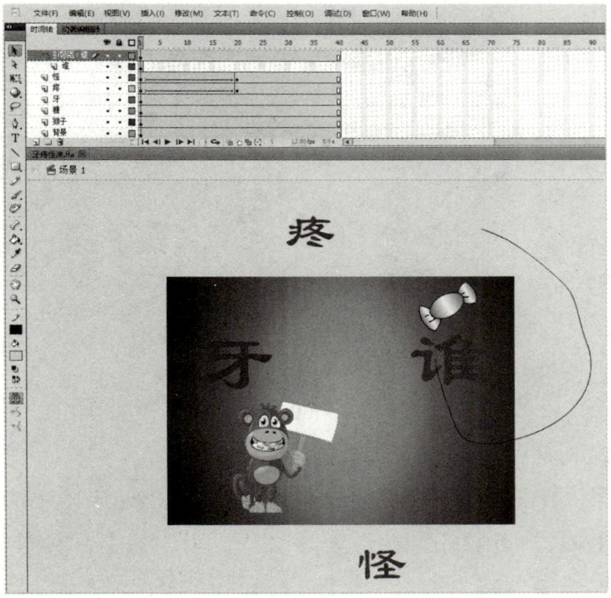

图 4-18 绘制运动轨迹

第二十步:单击"窗口"—"工具栏"—"主工具栏",按下主工具栏中的"贴近至对象"按钮,如图 4-19 所示。

第二十一步:单击"谁"图层第 1 帧,将鼠标切换成选择工具,拖拽"谁"元件

小贴士

在制作过程中,随时可以使用快捷键 Ctrl＋Enter 对影片进行测试,及时修改。第一次按下测试按钮后,在文件保存目录下会生成".swf"格式的文件,该文件为 Flash 的生成文件,即我们常说的 swf 动画。

图 4-19   主工具栏"贴近至对象"按钮

使其刚好吸附到轨迹的起点，如图 4-20 所示。

第二十二步：右击"谁"图层第 30 帧，选择菜单中的"插入关键帧"，拖拽"谁"元件使其刚好吸附到轨迹的终点，如图 4-21 所示。

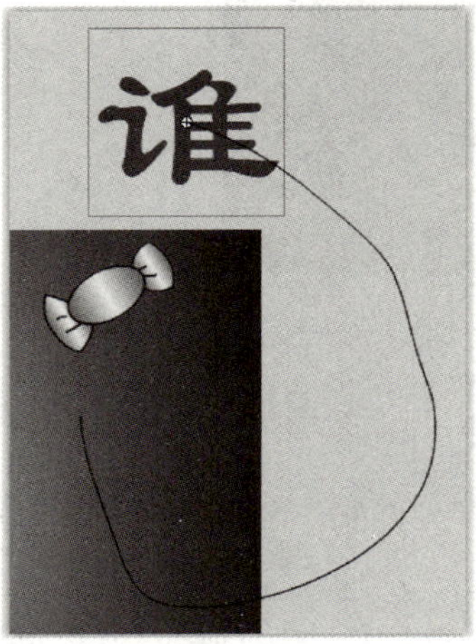

图 4-20   "谁"元件吸附至路径

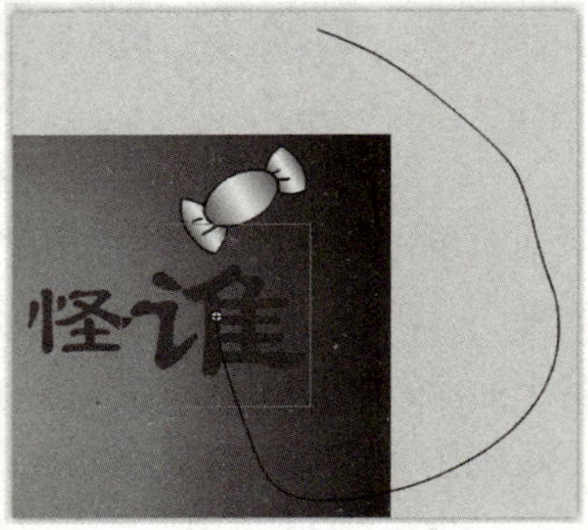

图 4-21   "谁"元件吸附至路径终点

第二十三步：在"谁"图层上第 1 至 30 帧中间任意一帧上右击选择菜单中的"创建传统补间"，在"谁"图层第 40 帧上右击选择菜单中的"插入帧"，如图 4-22 所示。

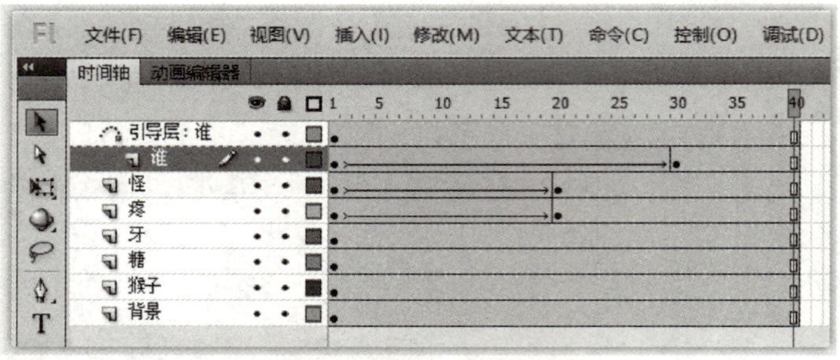

图 4-22   "谁"图层中的帧

下面制作"?"元件的放大及旋转效果。

第二十四步：新建图层并重命名为"?"，选择"?"图层第一帧，从库中将"?"元件拖拽到舞台，调整大小如图 4-23 所示。

第二十五步：右击"?"图层第 20 帧，选择菜单中的"插入关键帧"，单击"?"图层第 1 帧，利用"任意变形工具"将"?"元件缩小，右击"?"图层第 1 至第 20 帧里任意一帧选择菜单中的"创建传统补间"，实现"?"元件放大的效果。

第二十六步：右击"?"图层第 40 帧，选择菜单中的"插入关键帧"，右击"?"图层第 21 至 40 帧里任意一帧选择菜单中的"创建传统补间"，选择"?"图层第 21 至第 40 帧里任意一帧，找到"帧"面板"旋转"选项选择"顺时针"，次数输入"5"，如图 4-24 所示。

图 4-23　"?"元件拖拽至舞台

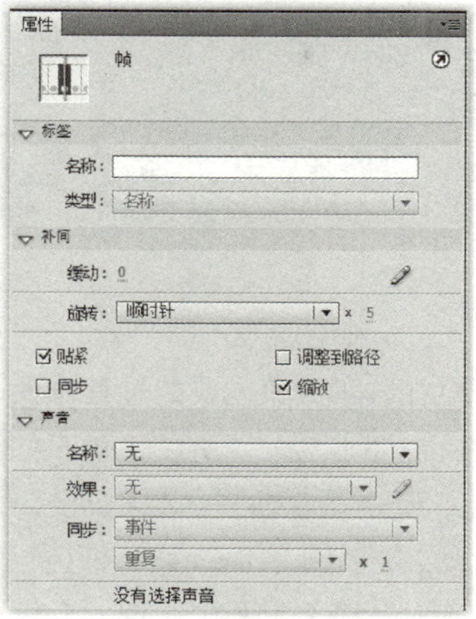

图 4-24　顺时针旋转 5 次

第二十七步：按下快捷键 Ctrl＋Enter 进行测试，如图 4-25 所示。

第二十八步：发布动画。

用户在完成动画的制作、测试、优化后，可以利用"发布"命令将 Flash 动画文件进行发布，以便于动画的宣传和推广。选择"文件"—"发布设置"命令，打开"发布设置"对话框，如图 4-26 所示。在其中选择 FLA 可发布的格式类型，具体包括".swf"".html"".gif"".jpg"".png"".exe"和 Macintosh 放映文件。

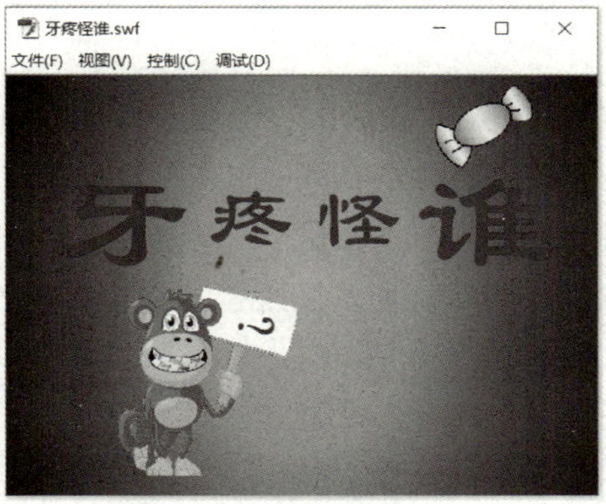

图 4-25　测试动画效果

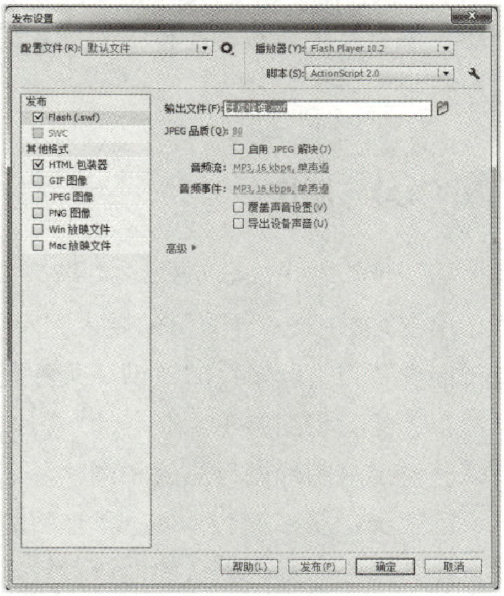

图 4-26　发布动画

Flash 和 HTML 默认为选择状态，要发布为其他格式的文件，可以直接选中该格式的复选框。默认情况下，影片的发布会使用与 Flash 文档相同的名称，如果要修改，可以在"文件"文本框中输入要修改的名称。不同格式的文件扩展名不一样，在自定义文件名称时不能修改扩展名。单击"使用默认名称"按钮，可以还原默认文件名和扩展名。在完成发布设置后，单击"确定"按钮。

任务三
制作 Flash 动画:《蔬菜宝宝我爱你》

扫码看 Flash
动画制作

蔬菜在孩子健康成长的过程中具有十分重要的意义,它们是让孩子保持身体健康的关键要素之一。所以,孩子们很有必要认识蔬菜以及蔬菜的营养价值。为开展幼儿园科学活动——蔬菜宝宝,需要制作《蔬菜宝宝我爱你》Flash 动画,要求动画生动、活泼地展现蔬菜的颜色、形状和价值,让孩子们在轻松、活泼、趣味的环境下对蔬菜有客观的认识,形成正确的饮食观,改掉挑食、厌食的坏习惯。

任务描述与分析

下载蔬菜图片、儿歌《爱吃蔬菜好宝宝》。选几个小朋友扮演蔬菜精灵,将他们朗诵蔬菜的声音录制下来,形成"胡萝卜.mp3""大蒜.mp3""芹菜.mp3"三个声音文件,并将这些素材导入到库。将动画的几个关键页面分别放入几个关键帧中。每一个关键帧都添加动作脚本"stop",使动画每播放到一个关键帧都停止,等待按钮动作的触发跳转到其他帧。将三个声音元件分别拖入对应的蔬菜精灵页面,当跳转到相应的蔬菜精灵的时候同步播放该蔬菜精灵的"自白",给孩子们以亲切感,这样孩子们与蔬菜做朋友,会更爱吃蔬菜。

小贴士

本例中的"首页背景"图片的尺寸正好是宽550,高400,与 Flash 文档默认尺寸一致,故设置其位置为"X:0,Y:0"时,会正好与舞台重合;如果图片尺寸与舞台不一致,可以在不影响图片效果的前提下直接在属性面板中修改宽和高的参数或使用"任意变形工具"调整,也可通过 Photoshop 等第三方图像处理软件进行尺寸的调整。

学习与操作

第一步:在 Flash CS5.5 中新建文件,选择 ActionScript 2.0 格式,参数默认;单击"文件"—"导入"—"导入到库…"命令,将素材库中的"大蒜""胡萝卜""芹菜""栅栏""首页背景"和"认识蔬菜背景"6 张图片导入到 Flash 库,以便后期使用。

第二步:将图层 1 重命名为"图片层",后面将动画所需图片都放在该层的不同帧,便于对图片进行修改和调整。

第三步:从库面板中拖拽"首页背景"图片到舞台,设置其属性"X:0,Y:0",使其刚好与舞台默认的白色背景重合,如图 4-27 所示。

第四步:新建图层 2,并将图层 2 重命名为"文字层",后面将动画所需文字都放在该层的不同帧。选中该层第一帧,单击工具栏中"文本工具"按钮,在右侧文本工具的属性面板上设置字体为黑体、大小 40、字间距 10、橘黄色,拖拽到舞台的上方合适位置,然后输入文字即可。

第五步:新建图层 3,并将图层 3 重命名为"按钮层",后面将动画所需按钮都放在该层的不同帧,通过按钮控制帧与帧之间的跳转。选中该层第一帧,单击"窗口"—"公用库"—"按钮"命令,找到"bar capped orange"按钮,如图 4-28 所示,将其拖拽至场景 1 的任意位置,使用"选择工具"双击该按钮,进入按钮的编辑后台,单击 text 层的第一帧"弹起帧"，使用文本工具将默认的文本"Enter"修改为"开始"，如图 4-29 所示，然后回到场景 1，将该按钮移动至合适位置即可，如图 4-30 所示。

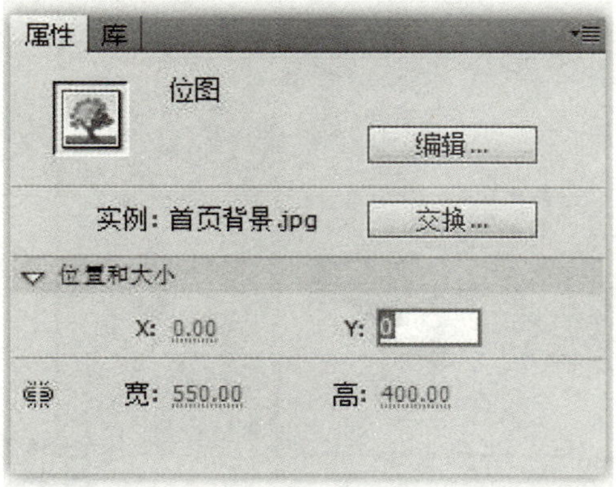

图 4-27　"首页背景"属性面板

图 4-28　选择公用库中的按钮

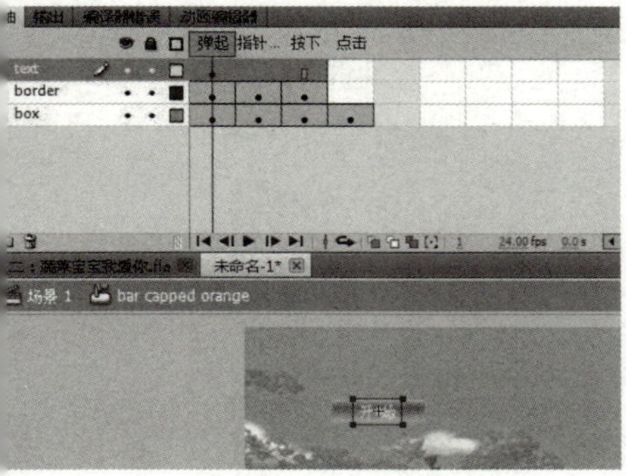

图 4-29　修改按钮中的文本

图 4-30　动画主界面

　　第六步：分别在已有三个图层的第 2 帧按 F7 键，插入空白关键帧，准备设计动画的第 2 个页面。选中图片层第 2 帧，从库面板中拖拽"栅栏"图片到场景 1，按照此前的方法将栅栏图片与舞台重合；选中文字层第 2 帧，输入文本"点我有惊喜哦！"；选中按钮层第 2 帧，从库面板中拖拽"大蒜""胡萝卜""芹菜"三张图片到场景 1，利用任意变形工具调整它们的大小和位置，将其分布在栅栏内的不同区域，效果如图 4-31 所示。

　　为了实现单击某一种蔬菜即可跳转到相应页面的功能，需要将三种蔬菜的图片转换为按钮元件，这就是为什么在此前将三张蔬菜的图片放置在按钮层。以胡萝卜为例，鼠标右击胡萝卜图片，在弹出菜单中选择"转换为元件"，在弹出对话框中修改名称为"胡萝卜按钮"，再单击"确定"即可，如图 4-32 所示。其他两种蔬菜按钮的操作方法一样。

　　第七步：分别在已有三个图层的第 3 帧按 F7 键，插入空白关键帧，准备设计胡萝卜简介页面。选中图片层第 3 帧，从库面板中拖拽"认识蔬菜背景"图片到场景 1 并与舞台重合，拖拽"胡萝卜"图片至场景 1，调整合适的大小和位置；选中文字层第 3 帧，输入关于胡萝卜简介的相关文本并进行简单排版；选中按钮层第 3

学习笔记

帧，单击"窗口"—"公用库"—"按钮"命令，找到"flat blue back"按钮，将其拖拽至场景 1 的右下角位置，以便后期实现帧跳转，效果如图 4-33 所示。

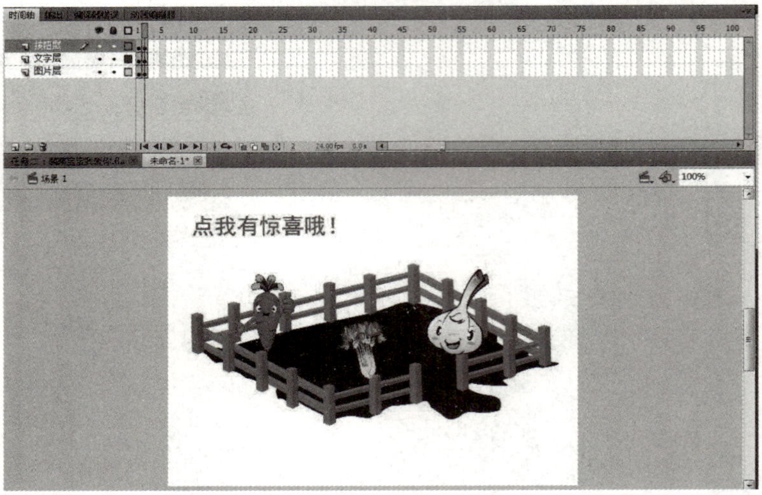

图 4-31　蔬菜分布图

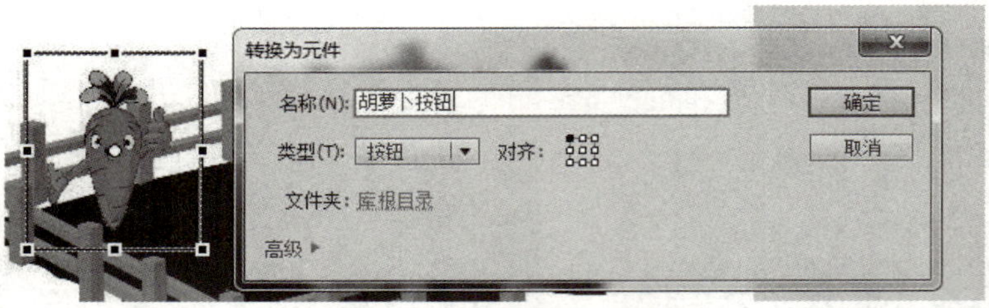

图 4-32　将图片转换为按钮元件

图 4-33　胡萝卜简介界面

第八步：依照此种方法，分别在三个图层的第 4 帧和第 5 帧制作出芹菜和大蒜的简介。效果如图 4-34 和图 4-35 所示。

第九步：为了使蔬菜精灵们更加生动、活泼，吸引小朋友们的注意力，可以给各个蔬菜精灵配上音效，让它们自己"说话"来介绍自己。新建图层 4，并将图层 4 重命名为"声音层"，后面将动画所需的音效文件都放在该层的不同帧。

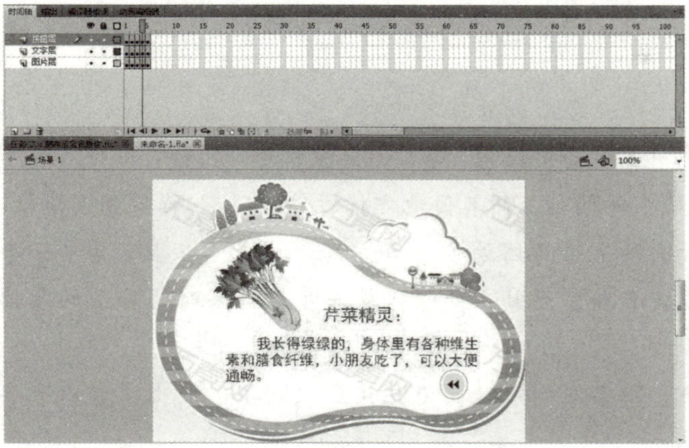

图 4-34　芹菜简介界面

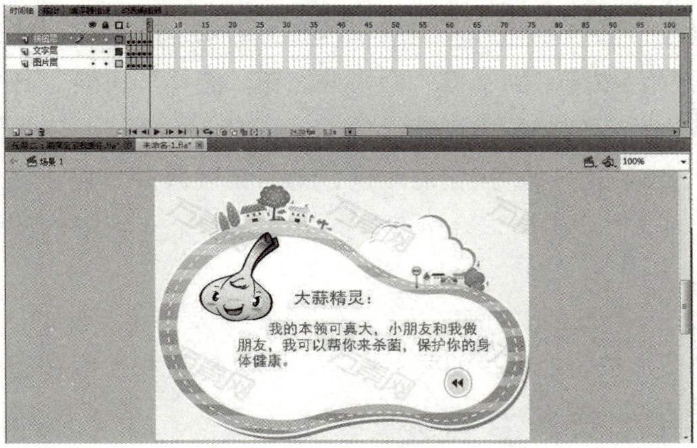

图 4-35　大蒜简介界面

第十步：将素材库中的"胡萝卜.mp3""芹菜.mp3""大蒜.mp3"音乐文件导入Flash 库。

第十一步：依次在声音层的第 3 帧、第 4 帧和第 5 帧按 F7 键，插入空白关键帧。选中第 3 帧，从库中将"胡萝卜.mp3"拖入场景 1；选中第 4 帧，从库中将"芹菜.mp3"拖入场景 1；选中第 5 帧，从库中将"大蒜.mp3"拖入场景 1。这样当跳转到相应蔬菜精灵页面的时候，就会同步自动播放该蔬菜精灵的"自白"了，效果如图 4-36 所示。

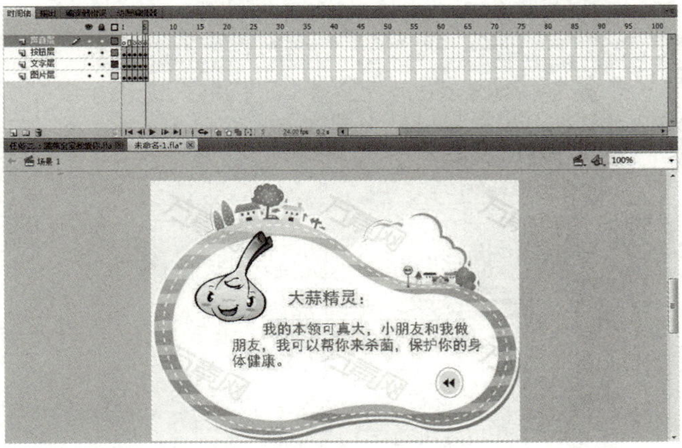

> **小贴士**
>
> 　　如果音乐文件无法成功导入 Flash，可以尝试使用"格式工厂"等软件将音乐文件转换成".mp3"".wma"".wav"等格式重新导入；给蔬菜精灵们的配音可以通过 Windows 自带的"录音机"软件进行录音并保存，也可以通过手机录音、保存，最后导入 Flash。

图 4-36　声音的添加

🔗 **小贴士**

声音的 Flash 同步方式有事件、开始、停止、数据流四种。

事件：事件声音由事件触发，一旦开始就会播放完，事件声音独立于时间轴，不会随影片暂停而暂停。

开始：如果所选择的声音实例已经在时间轴上的其他地方播放过，Flash 将不会再播放这个实例。

停止：使指定的声音停止。在时间轴上同时播放多个事件声音时，可以指定其中一个为静音。

数据流：数据流同步方式会强迫声音和时间轴上的帧保持同步，如果时间轴上的帧播放完成，声音也会立即停止。

一般按钮上的声音要设置为事件。在本案例中，因为把声音放到了一帧上，所以也要将同步方式设置为事件。

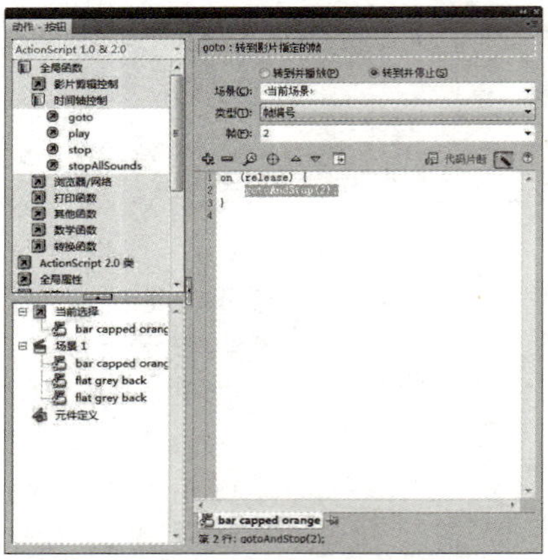

图 4-37　"开始"按钮动作的添加

第十二步：至此，动画的每一帧都制作完毕了，接下来只需要给按钮添加动作，实现不同帧之间的跳转即可。首先，给第一帧"开始"按钮添加动作，右击该按钮，选择"动作"，在弹出对话框中双击时间轴控制面板下的"goto"，并设置如图 4-37 所示的参数，那么当单击"开始"按钮的时候，动画会跳转并且停止在当前场景的第 2 帧。依次类推，给第 3 帧、第 4 帧、第 5 帧中的按钮添加相同的动作。

第十三步：除此之外，还要给按钮层第 2 帧中的三个蔬菜按钮分别添加按钮动作。胡萝卜按钮、芹菜按钮和大蒜按钮的动作分别如图 4-38、图 4-39、图 4-40 所示。

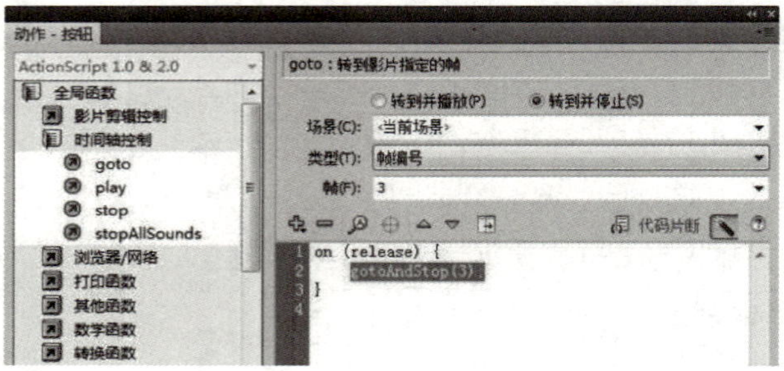

图 4-38　胡萝卜按钮动作

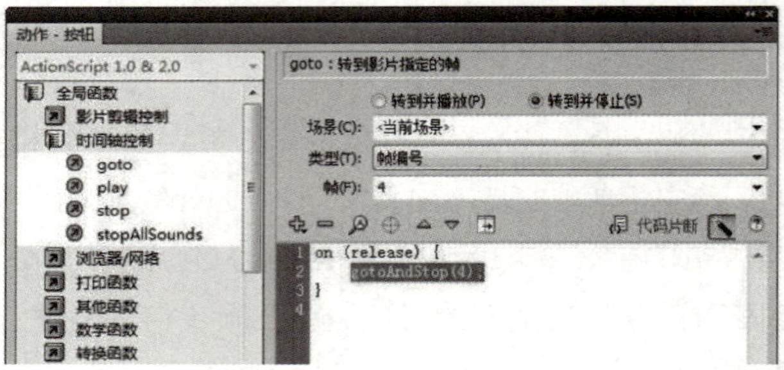

图 4-39　芹菜按钮动作

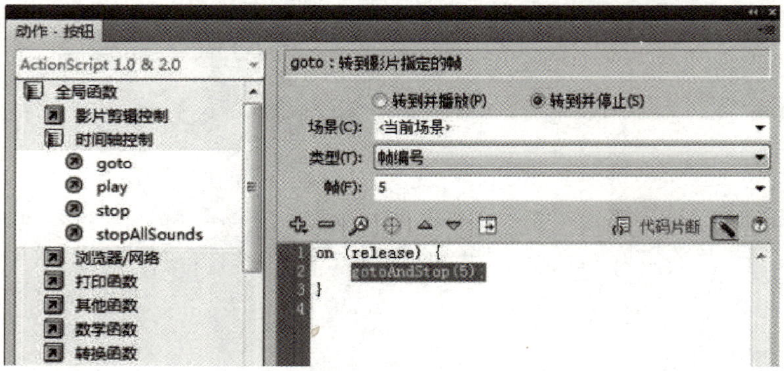

图 4-40　大蒜按钮动作

第十四步：为了保证动画播放时首先停留在第 1 帧，通过单击"开始"按钮才可以进入之后的页面，需要在时间轴任意图层的第 1 帧添加动作，使动画播放开始停留在主界面保持不变。右击图片层第 1 帧，选择"动作"，在弹出对话框中双击时间轴控制面板下的"stop"即可，如图 4-41 所示。

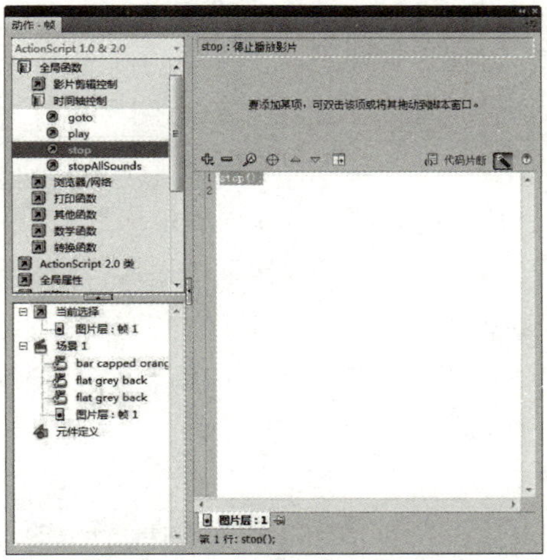

图 4-41　第一帧动作的添加

第十五步：按 Ctrl＋Enter 快捷键测试影片，至此《蔬菜宝宝我爱你》动画制作完毕。

任务四
制作 Flash 动画:《我是旅行小记者》

幼儿具有活泼好动、好奇、模仿力强等特点，是最容易引发交通事故的群体。虽然他们外出一般都有成年人监护，但稍有不慎，就会严重影响幼儿的身心健康，甚至酿成悲剧。为了帮助孩子们养成遵守交通规则的良好意识，提高孩子们自我安全防护的能力，教师需要制作《我是旅行小记者》Flash 动画，让孩子们明白要在交通信号灯的指示下走斑马线过马路、不要在马路中间玩耍、要注意提防高空坠物等常识。

扫码看 Flash
动画制作

任务描述与分析

首先制作"人物走路"影片剪辑元件，人物走路制作成逐帧动画，用 4 帧显示不同的走路状态。"走斑马线篇""马路玩耍篇"以及"高空坠物篇"设计制作成图片按钮，"走斑马线篇"中的人物、"马路玩耍篇"中的汽车以及与小男孩相撞、"高空坠物篇"中易拉罐均设计为补间动画，给在马路中间玩耍导致汽车与踢足球男孩相撞添加声音效果，给场景中三个按钮添加动作脚本，通过按钮跳转到相应的内容。

学习与操作

第一步：在 Flash CS5.5 中新建文件，选择 ActionScript 2.0 格式，参数默认。单击“文件”—“导入”—“导入到库…”命令，将素材库中所有的图片文件和音乐文件导入到 Flash 库，以便后期使用。

> **小贴士**
>
> 在“导入到库…”对话框中，可以按快捷键 Ctrl+A，全选所有素材，一次性将所有素材全部导入 Flash 库。

第二步：将图层 1 重命名为“图片层”，新建图层 2 并命名为“文字层”，再新建图层 3 命名为“按钮层”。

第三步：单击选中图片层第 1 帧，从库面板中拖拽“首页背景”图片到舞台，设置其属性“X：0，Y：0”，使其刚好与舞台默认的白色背景重合，如图 4-42 所示。

第四步：选中文字层第 1 帧，单击工具栏中“文本工具”按钮，在右侧文本工具的属性面板上设置字体为华文新魏、大小 50、红色，拖拽到舞台的上方合适位置，然后输入“我是旅行小记者”文字。

第五步：选中按钮层第 1 帧，利用之前所学方法执行“窗口”—“公用库”—“按钮”命令，找到“bar capped orange”按钮，将其拖拽至场景 1 的合适位置，并将该按钮显示的文本修改为“开始”，至此动画的首页制作完毕，效果如图 4-43 所示。

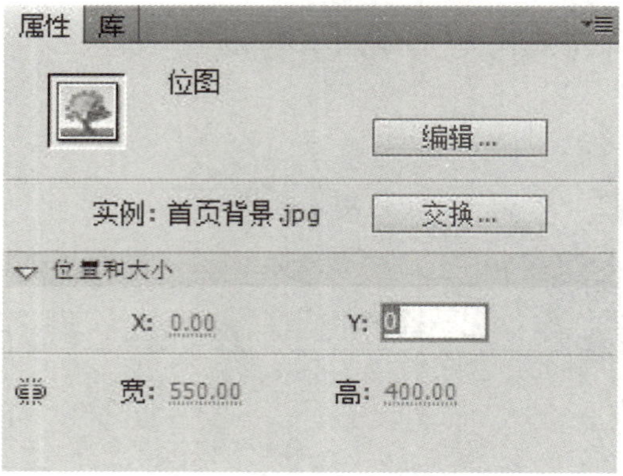

图 4-42 “首页背景”属性面板

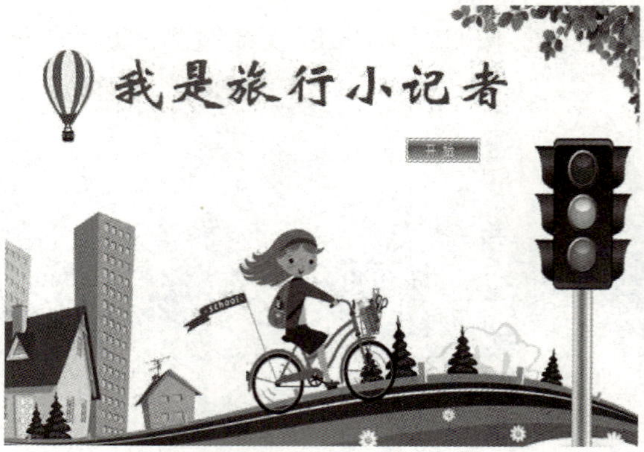

图 4-43 动画首页

第六步：在按钮层的第 2 帧按 F7 键，插入空白关键帧，分别从库中将“走斑马线篇.jpg”“马路玩耍篇.jpg”“高空坠物篇.jpg”三张图片拖拽至场景 1 合适位置，并将这三张图片尺寸都修改为宽 200，高 125，如图 4-44 所示。

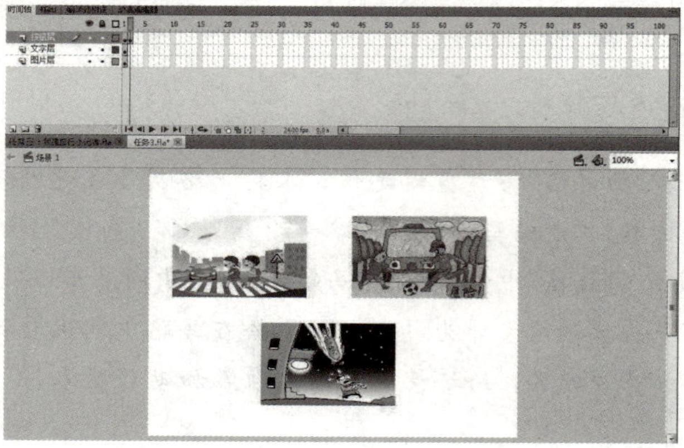

图 4-44 场景 1 中的 3 张图片

第七步：为了实现单击某一张图片可跳转到相应页面的功能，需要将这三张图片都转换为按钮元件。以“走斑马线篇”为例，鼠标右击该图片，在弹出菜单中选择“转换为元件”，在弹出对话框中修改名称为“走斑马线篇按钮”，单击确定即可，如图 4-45 所示。其他两张图片的操作方法一样。

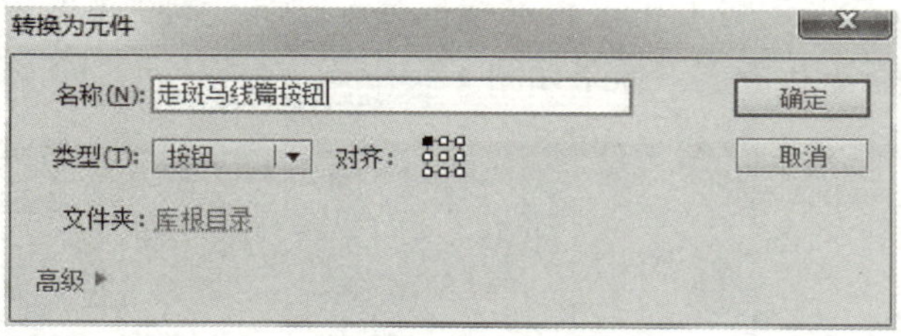

图 4-45 将图片转换为按钮元件

第八步：选中文字层第 2 帧，按 F7 键插入空白关键帧，依次输入如图 4-46 所示的文本。

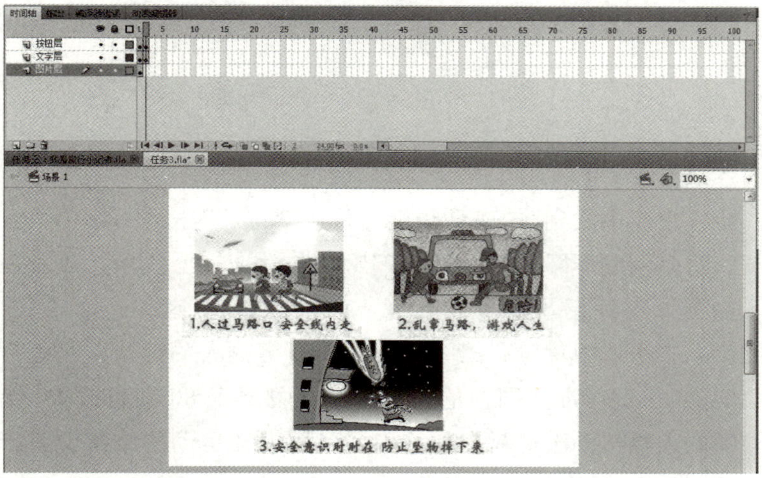

图 4-46 按钮提示文本

第九步：执行“插入”—“新建元件”命令，在弹出对话框中将名称修改为“走斑马线篇影片剪辑”，类型设置为“影片剪辑”，如图 4-47 所示。

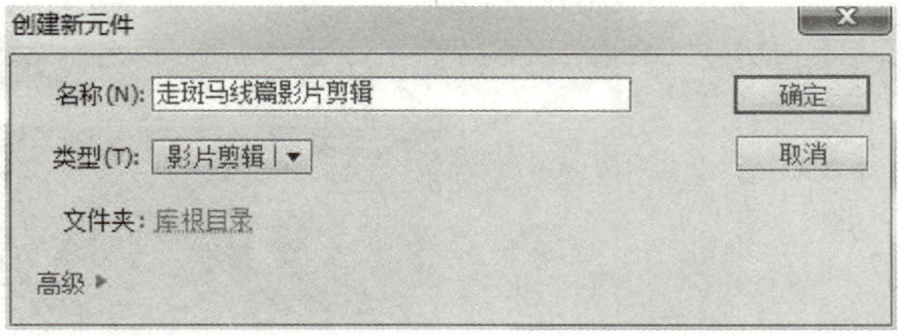

图 4-47 创建走斑马线影片剪辑

第十步：此时进入“走斑马线篇影片剪辑”的编辑后台，在这里将要制作小男孩斑马线过马路的动画。将图层 1 重命名为“背景层”，从库中将“走斑马线篇背景 .jpg”拖拽至该层第 1 帧，设置其属性为“X：0，Y：0”，宽 550，高 365。

第十一步：新建图层 2，命名为“人物层”，但此时还不能将库中的人物图片直接拖拽进该层，因为人物是静止的，我们这里需要人物以“走路的姿态”过斑马线，

小贴士

影片剪辑是可以创建可重复使用的动画元件。影片剪辑拥有它自己独立于主时间轴的多帧时间轴。可以将影片剪辑看作主时间轴内的嵌套时间轴，将某个影片剪辑元件的实例放置在舞台上时，如果该影片剪辑具有多个帧，它会自动按其时间轴进行循环播放。

因此需要单独制作一个人物走路的影片剪辑插入该层第1帧。

第十二步：重复第九个步骤，新建一个名为"人物走路"的影片剪辑，将库中的"走路1.png"拖拽至该影片剪辑第1帧，设置其属性为"X：0，Y：0"，宽70，高140；然后在第2帧、第3帧和第4帧分别按F7键插入空白关键帧，将"走路2.png""走路3.png""走路4.png"依次拖拽至这三帧，属性和第1帧一致，至此人物走路的逐帧动画就生成了。效果如图4-48所示。

<aside>
🔗 **小贴士**

逐帧动画是一种常见的动画形式，其原理是在"连续的关键帧"中分解动画动作，也就是在时间轴的每帧上逐帧绘制不同的内容，使其连续播放而成动画。
</aside>

图4-48　人物走路影片剪辑

第十三步：在库中找到"走斑马线篇影片剪辑"，双击进入编辑后台，选中人物层第1帧，将刚刚制作好的"人物走路"影片剪辑拖拽至该帧，放置在斑马线的起点位置，如图4-49所示。

第十四步：单击选中背景层第80帧，按F6键插入关键帧，保证背景图片从第1帧至第80帧一直存在。同样的方法，在人物层第80帧也按F6键插入关键帧，并将该帧的人物移动出斑马线的终点，代表人物运动的结束位置，最后选中人物层第1帧至第80帧中间的任意一帧，右击鼠标，在弹出菜单中选择"插入传统补间"，如图4-50所示。

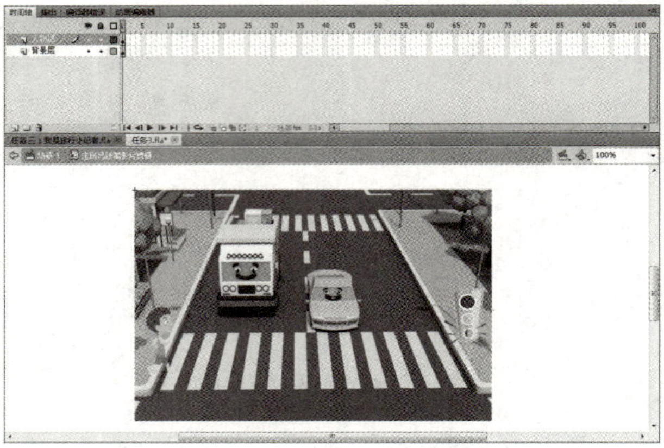

图4-49　插入人物走路影片剪辑

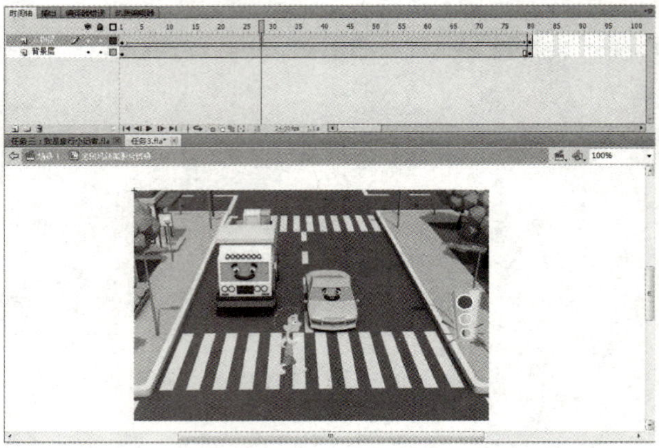

图4-50　创建人物运动传统补间动画

第十五步：为了让动画更加生动，更具警示意义，可以在人物过马路动画结束的时候出现一些警示性文字和旁白。为该影片剪辑添加"文字层"，在第80帧按F7键插入空白关键帧，输入"红灯停，绿灯行，斑马线上安全行！"文本，设置字体为华文新魏、大小为 25、颜色为红色。为该影片剪辑添加"语音层"，在第 80 帧按 F7 键插入空白关键帧，将库中的"案例 1 语音 . mp3"拖拽至舞台。此时，当动画播放到第 80 帧的时候，男孩安全地通过了斑马线，并同步出现警示文字和语音旁白，如图 4-51 所示。

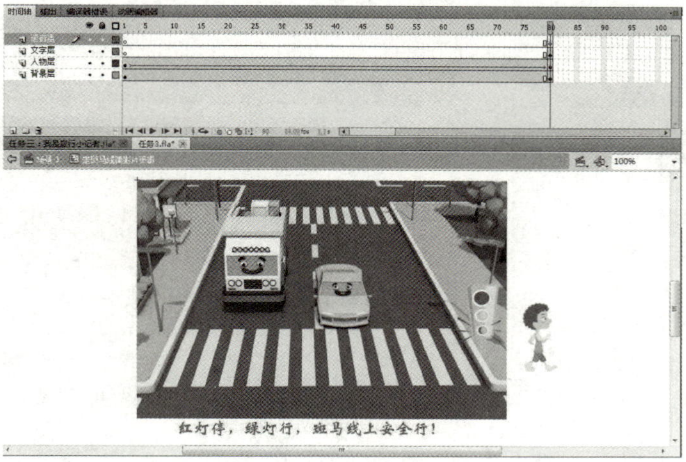

图 4-51 添加警示文字和旁白

小贴士

由于影片剪辑插入在场景中会自动循环播放，因此还需要在该影片剪辑任意图层的最后一帧添加帧动作。右击背景层第 80 帧，选择"动作"，在弹出对话框中双击时间轴控制面板下的"stop"即可，如图 4-52 所示。

第十六步：回到场景 1，在图片层第 3 帧按 F7 键插入空白关键帧，将库中刚刚制作好的"走斑马线篇影片剪辑"拖拽至该帧，并设置其属性为"X：0，Y：0"。至此，第一个走斑马线篇案例动画制作完毕，如图 4-53 所示。

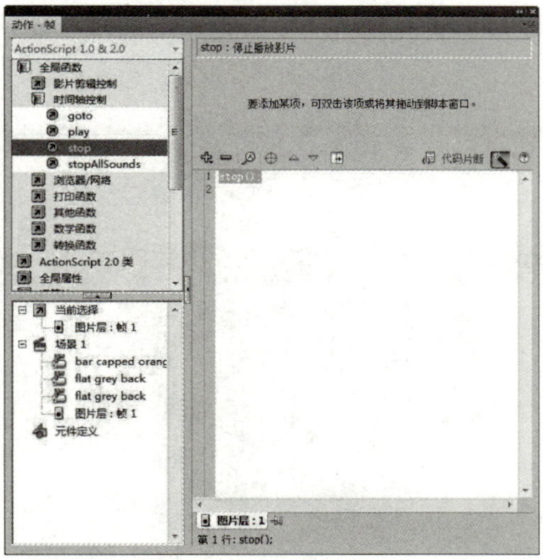

图 4-52 给影片剪辑添加"stop"帧动作

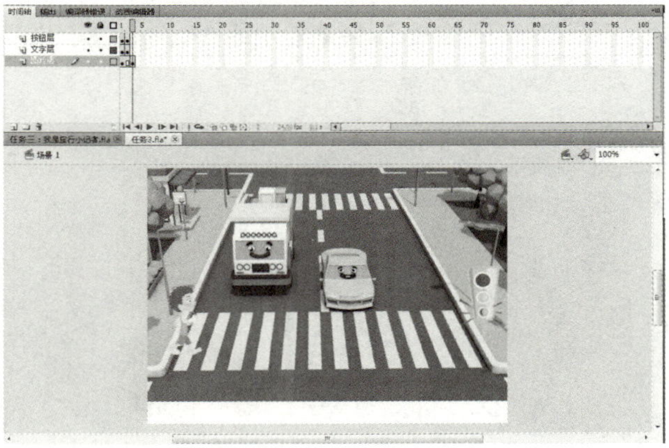

图 4-53 将"走斑马线篇影片剪辑"插入场景

第十七步：接下来创建"马路玩耍篇"影片剪辑。进入该影片剪辑的编辑后台，将第一层修改为"背景层"，从库中将"马路玩耍篇背景 . jpg"拖拽至该层第 1 帧，设置其属性为"X：0，Y：0"，宽 550，高 365。

第十八步：新建图层 2 和图层 3，分别命名为"人物层"和"足球层"，从库中将之前制作好的"人物走路"影片剪辑拖拽至人物层第 1 帧，将"足球 . png"拖拽至足球层第 1 帧，并设置其属性为宽 25，高 25。效果如图 4-54 所示。

第十九步：单击选中背景层第 80 帧，按 F6 键插入关键帧，保证背景图片从第 1 帧至第 80 帧一直存在。在足球层第 40 帧按 F6 键插入关键帧，在人物层第 40

帧按 F6 键插入关键帧，并移动人物至足球旁边，在人物层第 1 帧至第 10 帧中间的任意一帧，右击鼠标，在弹出菜单中选择"插入传统补间"，以上做法代表小男孩利用 40 帧的区间跑到马路中央去捡足球。（图 4-55）

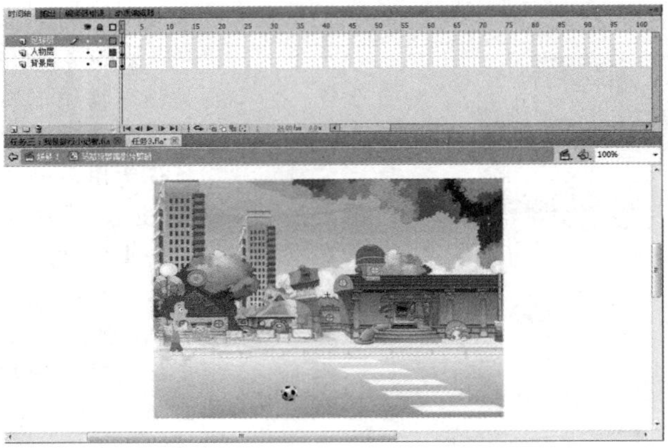

图 4-54　"马路玩耍篇"影片剪辑效果

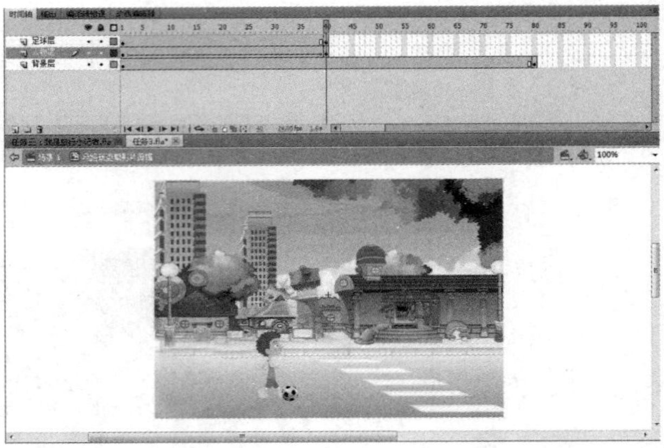

图 4-55　"捡足球"动画

第二十步：新建"汽车层"，在第 25 帧按 F7 键插入空白关键帧，从库中将"汽车.png"拖拽至该帧，并设置其属性为宽 250，高 150，位置在舞台之外，如图 4-56 所示。

第二十一步：在汽车层第 40 帧按 F6 键插入关键帧，并移动汽车至足球和男孩旁边，在汽车层第 25 帧至第 40 帧中间的任意一帧，右击鼠标，在弹出菜单中选择"插入传统补间"，以上做法代表汽车从第 25 帧开始向左行驶，当行驶至第 40 帧的时候，碰撞到在马路中央捡球的男孩，如图 4-57 所示。

图 4-56　汽车层中的汽车

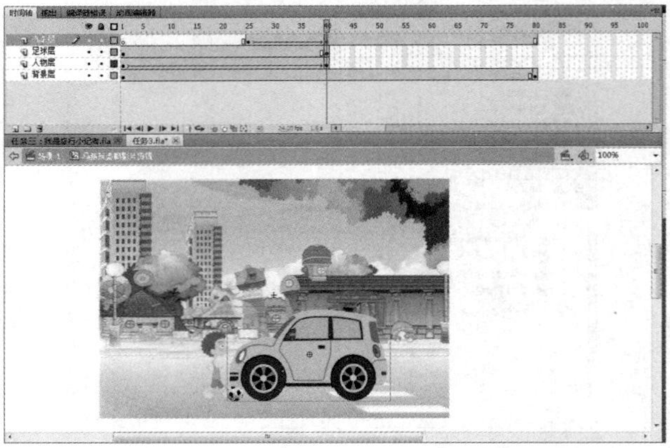

图 4-57　汽车与男孩碰撞

第二十二步：利用相似的方法，在人物层和足球层的第 80 帧按 F6 键插入关键帧，并调整其位置和方向，生成第 40 帧至第 80 帧的传统补间动画，代表男孩和足球被行驶的汽车撞飞，如图 4-58 所示。

第二十三步：为该影片剪辑添加"文字层"，在第 80 帧按 F7 键插入空白关键帧，输入"道路非球场，不要合理冲撞！"文本；添加"语音层"，在第 80 帧按 F7 键插入空白关键帧，将库中的"案例 2 语音.mp3"拖拽至舞台。此时，当动画播放到第 80 帧的时候，画面会同步出现警示文字和语音旁白，如图 4-59 所示。

图 4-58　男孩与足球被撞飞动画

图 4-59　生成"马路玩耍篇"影片剪辑

🔗 小贴士

为了防止影片剪辑循环播放，不要忘记右击背景层第 80 帧，选择"动作"，在弹出对话框中双击时间轴控制面板下的"stop"。

第二十四步：回到场景 1，在图片层第 4 帧按 F7 键插入空白关键帧，将库中刚刚制作好的"马路玩耍篇影片剪辑"拖拽至该帧，并设置其属性为"X：0，Y：0"。至此，第二个马路玩耍篇案例动画制作完毕，如图 4-60 所示。

图 4-60　将"马路玩耍篇影片剪辑"插入场景

第二十五步：创建"高空坠物篇"影片剪辑。制作方法和前两个案例基本一致。这里强调两点。

第一，将"人物走路"影片剪辑拖拽至"人物层"第 1 帧，接着在该层第 79 帧按 F6 键插入关键帧，并将该影片剪辑拖拽至图片右侧被易拉罐砸中的位置，然后创建第 1 帧至第 79 帧之间的传统补间动画；最后在第 80 帧按 F6 键插入关键帧，使用"任意变形工具"逆时针旋转人物的角度，表示人物被砸中的状态。

第二，"易拉罐层"用于制作易拉罐从高空坠落的动画。在该层第 50 帧按 F6键，将库中的易拉罐拖拽至该帧，将易拉罐的属性设置为宽 15，高 20，放置在高空合适位置；在第 80 帧按 F6 键插入关键帧，并拖拽其至人物头部，然后创建传统补间动画即可。

第二十六步：回到场景 1，在图片层第 5 帧按 F7 键插入空白关键帧，将库中刚刚制作好的"高空坠物篇影片剪辑"拖拽至该帧，并设置其属性为"X：0，Y：0"。至此，第三个高空坠物篇案例动画制作完毕。

"高空坠物篇影片剪辑"效果如图 4-61 所示，插入场景后的效果如图 4-62 所示。

图 4-61 "高空坠物篇影片剪辑"效果

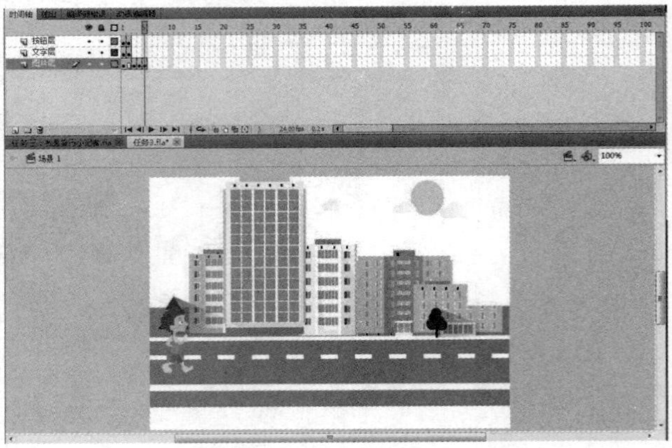

图 4-62 "高空坠物篇影片剪辑"插入场景后的效果

第二十七步：在场景中添加按钮和动作实现帧与帧之间的跳转。在按钮层第 3帧按 F7 键插入空白关键帧，执行"窗口"—"公用库"—"按钮"命令，找到"flat blue back"按钮，将其拖拽至该帧的右下角位置，效果如图 4-63 所示，添加的按钮动作如图 4-64 所示。

图 4-63 插入"flat blue back"按钮

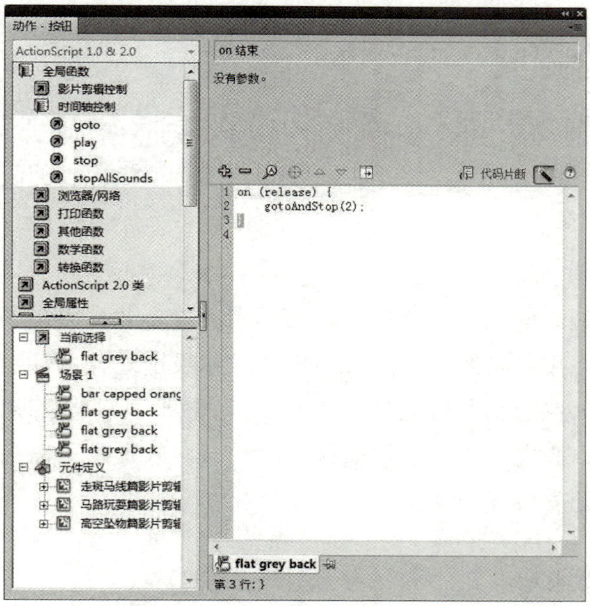

图 4-64　给案例添加按钮动作

第二十八步：在按钮层第 4 帧和第 5 帧按 F6 键，直接插入关键帧，给另外两个案例的右下角也复制出相同的按钮和动作。

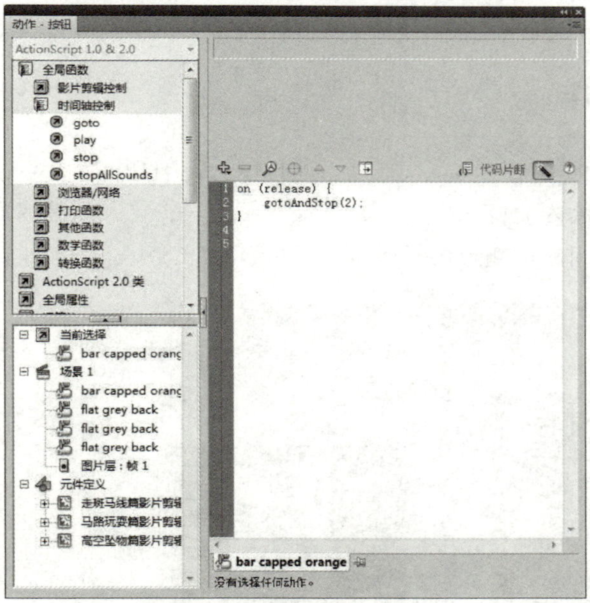

图 4-65　添加"开始"按钮动作

小贴士

　　给按钮层第 1 帧的"开始"按钮添加如图 4-65 所示的动作，确保单击该按钮可以调转到场景第 2 帧。

在场景 1 的第 2 帧分别给三个篇章的按钮添加动作，分别跳转到场景的第 3 帧、第 4 帧和第 5 帧。在场景 1 的任意一层第 1 帧右击，添加帧动作"stop"，使动画播放开始停留在主界面保持不变。

第二十九步：按 Ctrl＋Enter 快捷键测试影片，至此《我是旅行小记者》动画制作完毕。

任务五
制作 Flash 动画:《我的小人会走路》

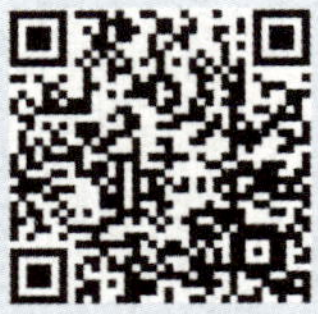

扫码看 Flash 动画制作

学习笔记

在幼儿美术教学活动中，幼儿园教师为了注重幼儿的兴趣和情感的培养，在导入环节，可以使用多媒体导入法，利用多媒体吸引幼儿的注意，提高幼儿的绘画创作欲望。比如在绘制人物这个美术活动中，教师可以将绘制的人物做成动画，吸引幼儿的注意，激发幼儿的学习兴趣。活动以后教师也可以把幼儿的简笔画制作成动画，让幼儿有绘画的成就感。

任务描述与分析

首先由美术教师绘制分关节的人物图片，然后在 Flash 中抠图，使用骨骼命令，为影片剪辑创建骨骼，按照人物走路规律，创建姿势，制作原地走路影片剪辑。在场景中添加背景图片，制作人物在一定场景下走路的补间动画。

学习与操作

第一步：在 Flash CS5.5 中新建文件，选择 ActionScript 2.0 格式，尺寸为 550×400，背景色为蓝色；单击“文件”—“导入”—“导入到舞台”命令，将素材图片导入舞台，使用任意变形工具改变大小。(图 4-66)

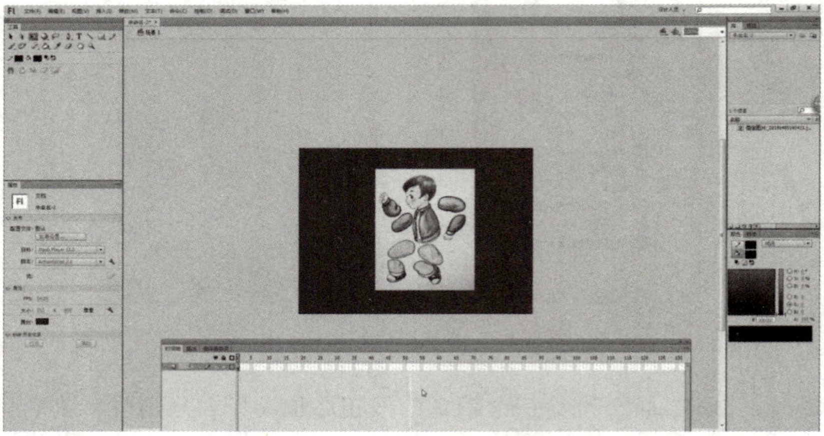

图 4-66　导入图片到舞台

第二步：使用“修改”—“分离”命令，或者使用快捷键 Ctrl+B，将图片打散。单击套索工具，单击魔术棒设置按钮，设置像素值为 15，单击人物图片的白色背景位置，按键盘的 Delete 键，删除白色背景。将显示比例放大，使用橡皮工具沿着边缘擦除毛刺和锯齿，如图 4-67 所示。

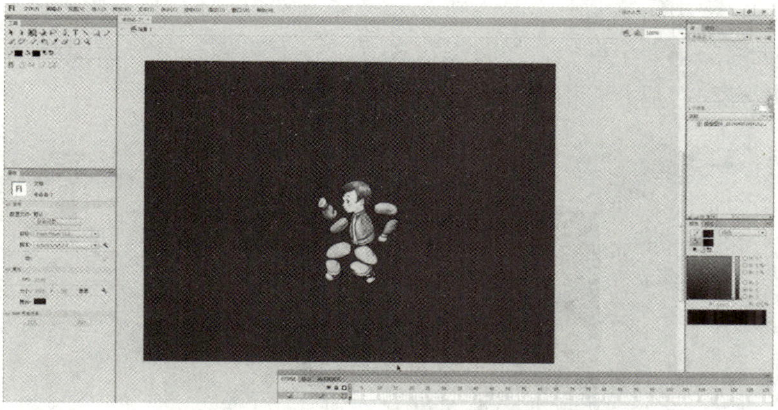

图 4-67　删除图片背景修整人物边缘

第三步：双击身体的各个部件的色块，按 F8 键，将每个部件分别转换为图形元件，如图 4-68 所示，命名为身体、左大臂、左小臂、右大臂、右小臂、左大腿、左小腿、右大腿、右小腿。

学习笔记

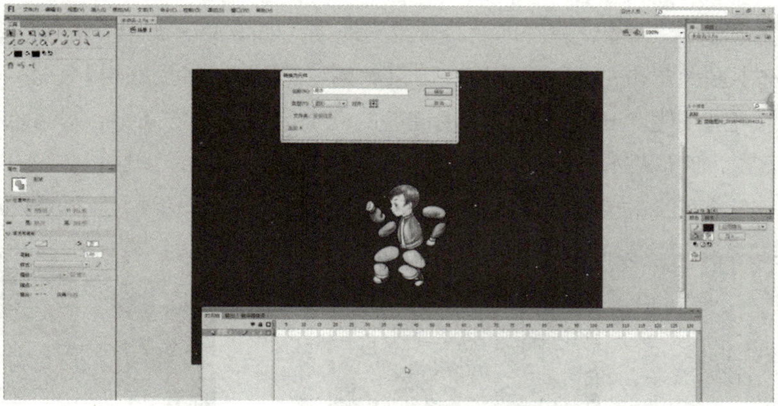

图 4-68　将身体各部分转化为元件

第四步：使用骨骼工具将身体的各个部分连接，为人物创建骨骼，如图 4-69 所示。

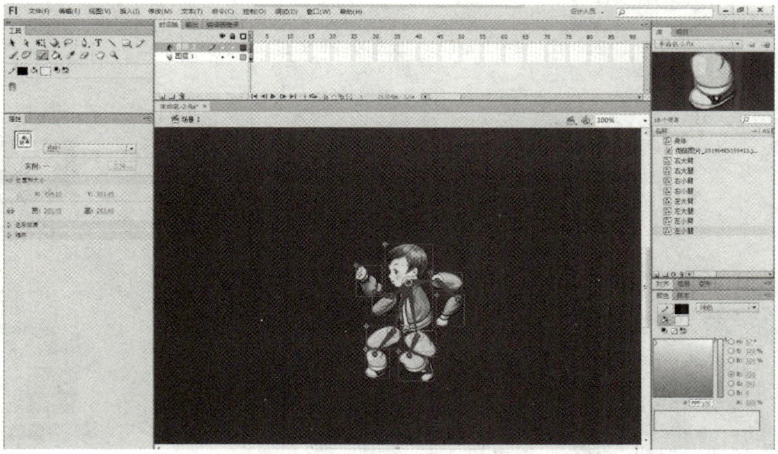

图 4-69　为人物创建骨骼

第五步：使用任意变形工具，将人物身体各部位进行旋转、移动，调整好位置，摆出走路的第一个姿势，如图 4-70 所示。注意右臂在身体后面时，右腿在身体前侧，右臂与右腿方向相反。

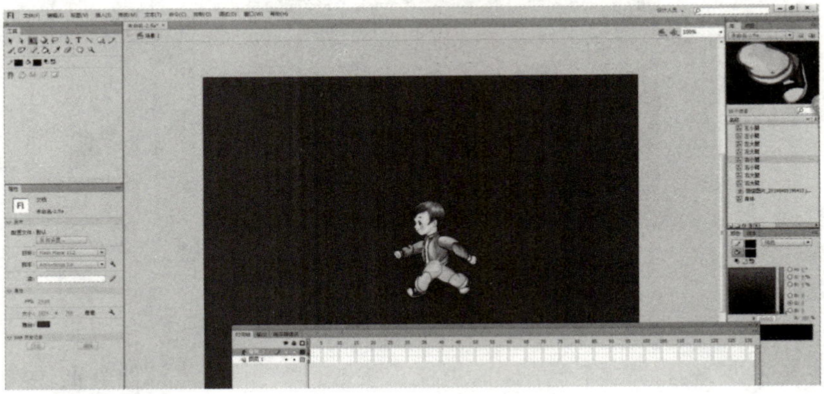

图 4-70　将人物身体摆成走路姿势

第六步：按住 Shift 键，单击鼠标，选中身体、右大臂和右小臂，使用快捷菜单的"排列"—"移至顶层"命令，将身体及右臂放到顶层，如图 4-71 所示。按住 Shift 键，单击鼠标，选中左大臂和左小臂，使用快捷菜单的"排列"—"移至底层"命令，将左臂放到底层。也可以按住 Ctrl 键不放，使用键盘的向上或向下的方向键，对各部位的叠放层次进行调整，调整后的效果如图 4-72 所示，右臂和身体在最顶层，右腿在左腿上一层，左臂是在最底层。调整好身体各部位的层次关系，为下一步做运动做好准备。

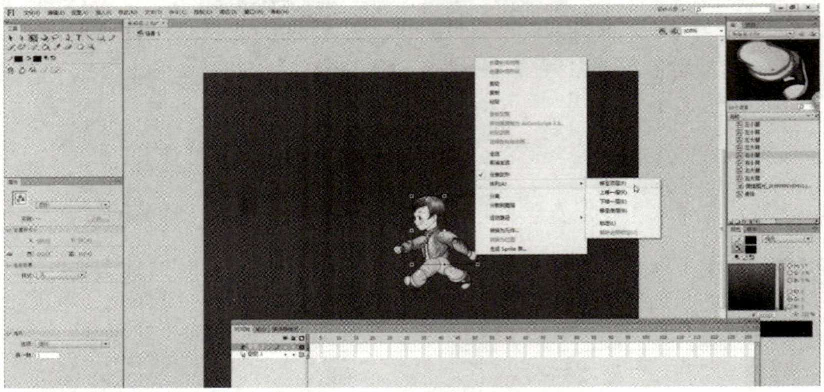

图 4-71　改变各部位的层次

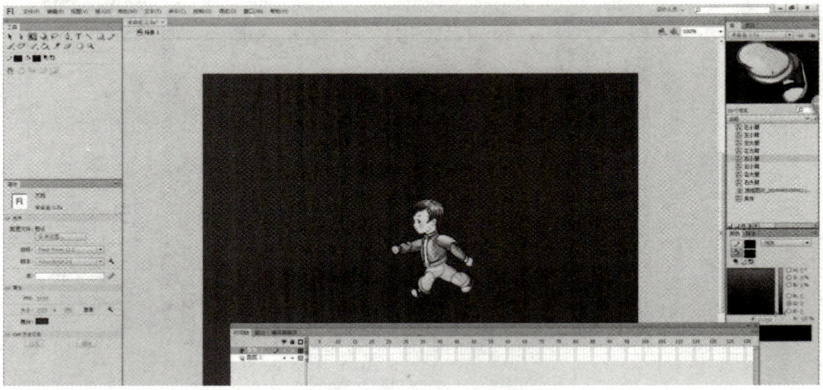

图 4-72　调整人物走路的第一个姿态

第七步：在第 40 帧处按键盘的 F5 键插入帧。鼠标单击第 1 帧，单击右键，单击快捷菜单中的复制姿势，如图 4-73 所示。

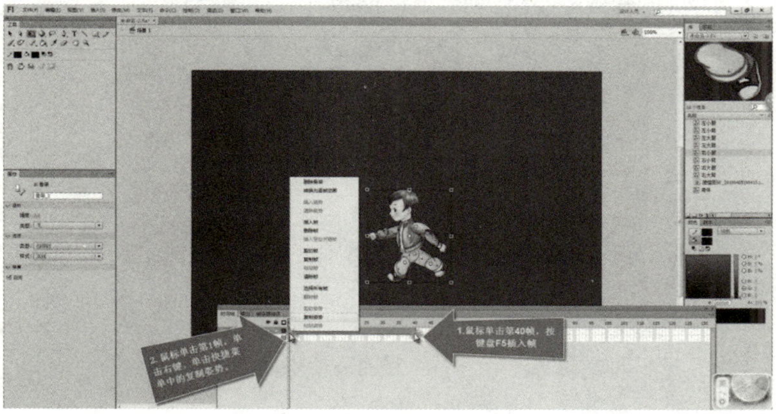

图 4-73　复制姿势

第八步：在第 40 帧处单击右键，单击快捷菜单中的粘贴姿势，如图 4-74 所示。

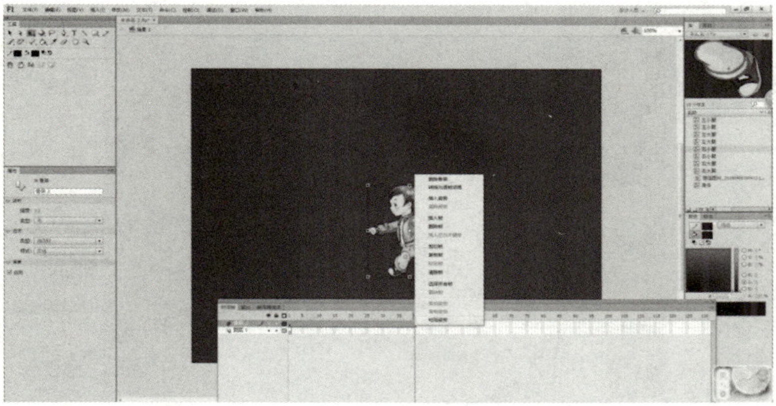

图 4-74　粘贴姿势

第九步：在时间轴指针第 20 帧处，使用任意变形工具调整四肢，使左右手臂与左右腿前后方向互换，如图 4-75 所示。

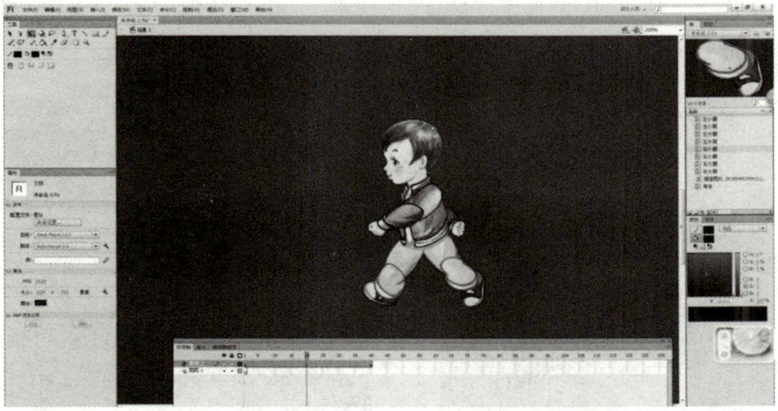

图 4-75　左右手左右腿换位置

第十步：在时间轴指针第 10 帧处，使用任意变形工具调整四肢，使内侧腿做屈腿的动作。按住鼠标左键，画框选择身体及左右手臂，按键盘向上的方向键，

学习笔记

向上微移，如图 4-76 所示。

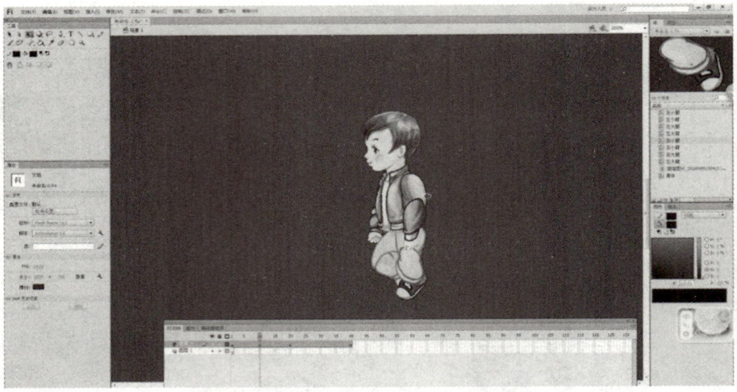

图 4-76　做屈腿动作

第十一步：用上面的方法，在第 30 帧处使外侧的腿做屈腿的动作，将上身向上微移，如图 4-77 所示。

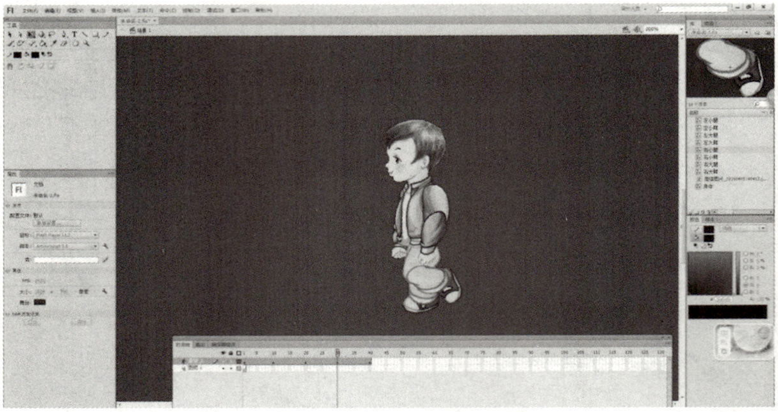

图 4-77　外侧腿做屈腿动作

第十二步：选中骨骼中所有帧，单击鼠标右键，单击"剪切帧"命令，如图 4-78 所示。单击"插入"—"新建元件"命令，设置类型为"影片剪辑"，输入元件名称，如图 4-79 所示。单击影片剪辑的第 1 帧，单击鼠标右键，单击"粘贴帧"命令，如图 4-80 所示。

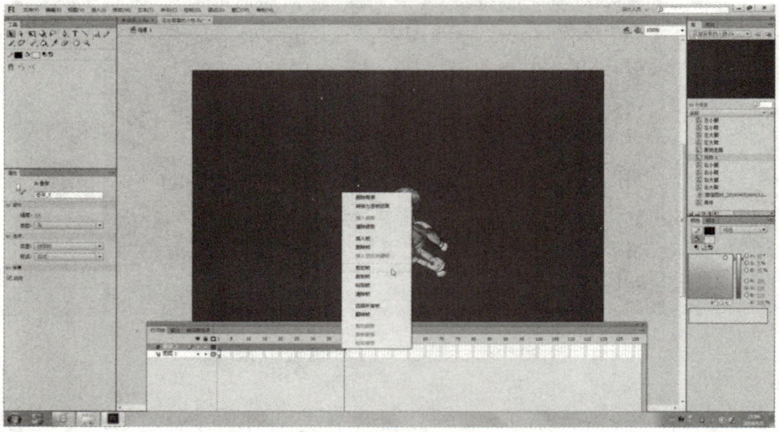

图 4-78　剪切帧

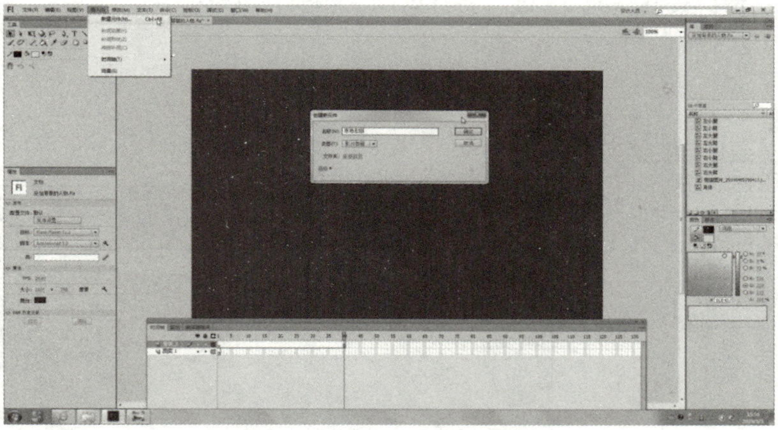

图 4-79　插入影片剪辑

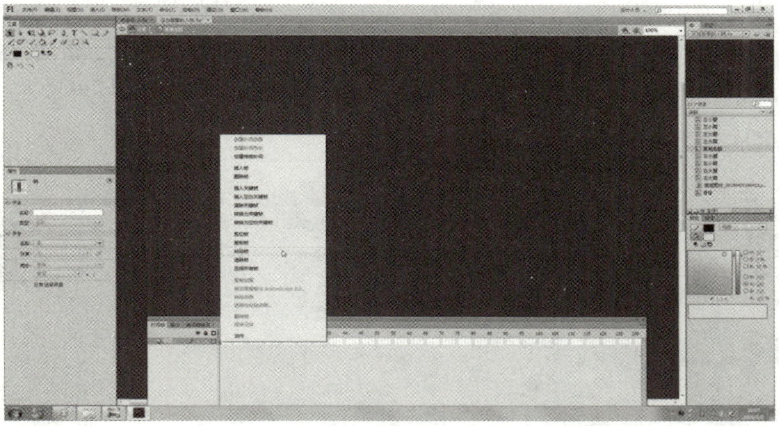

图 4-80　粘贴帧

第十三步：单击场景 1 标签，返回场景。单击图层 1 的第一帧，导入一张背景图到舞台，如图 4-81 所示。

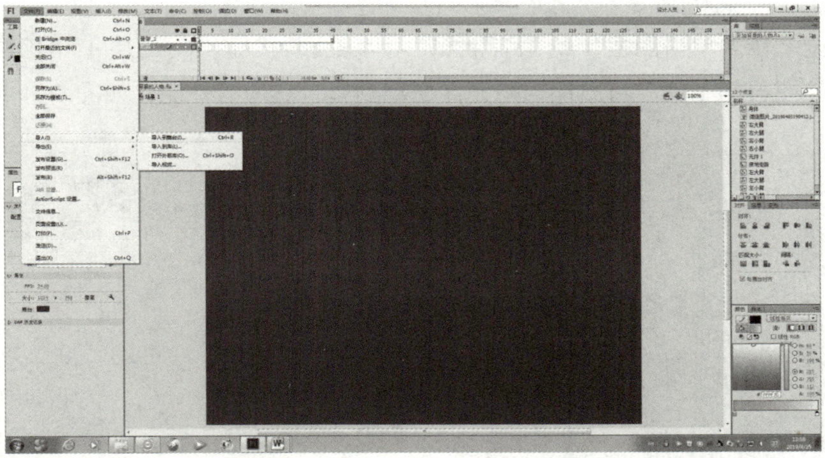

图 4-81　导入素材至舞台

第十四步：设置舞台显示比例为显示全部，用对齐面板勾选“与舞台匹配”，单击“匹配高度”，使图片高度与背景一致，单击“底端对齐”，单击“右对齐”，使背景图片右侧与舞台右侧对齐，如图 4-82 所示。

学习笔记

第十五步：按键盘的 F8 键，将背景图片转换为图形元件，如图 4-83 所示。

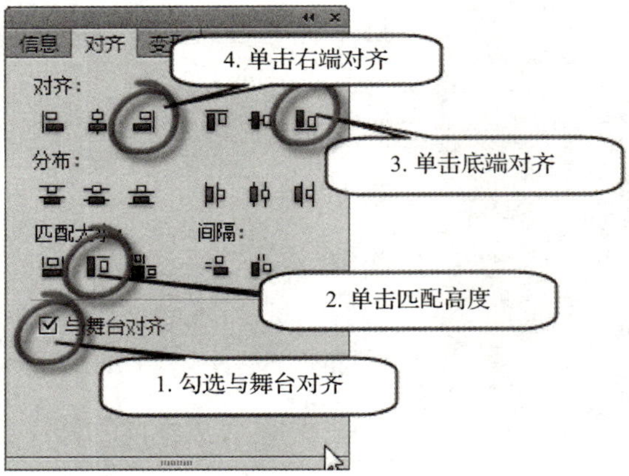

图 4-82　图片与舞台高度相同右侧对齐

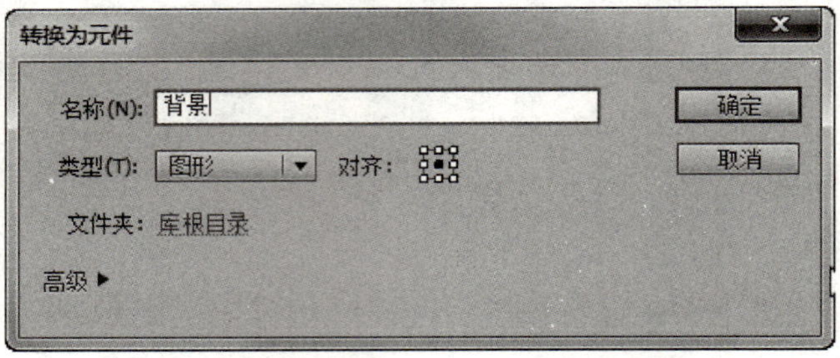

图 4-83　将背景图片转换为图形元件

第十六步：单击图层 1 上的第 150 帧，按键盘的 F6 键插入关键帧，按键盘的向右的方向键，移动背景图片。在图层 1 时间轴的任意一帧，单击鼠标右键，创建传统补间，如图 4-84 所示。

图 4-84　为背景创建传统补间

第十七步：单击图层 1 的"将图层显示为轮廓"按钮，将图层 1 用轮廓显示，单击骨骼图层第 1 帧，将原地走路元件拖动到舞台右边的外侧，如图 4-85 所示。

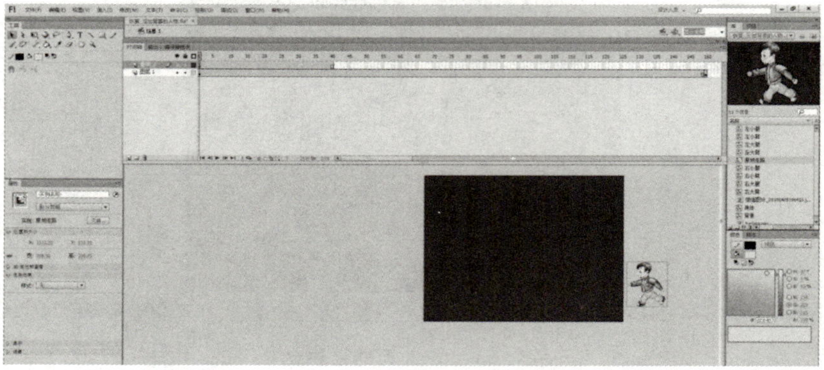

图 4-85　图层 1 用轮廓显示、拖动元件到舞台外侧

第十八步：单击骨骼图层的第 150 帧，按 F6 键插入关键帧，按住鼠标左键将影片剪辑拖动到舞台左侧。选中骨骼图层中间任意一帧，单击鼠标右键，创建传

统补间，如图 4-86 所示。

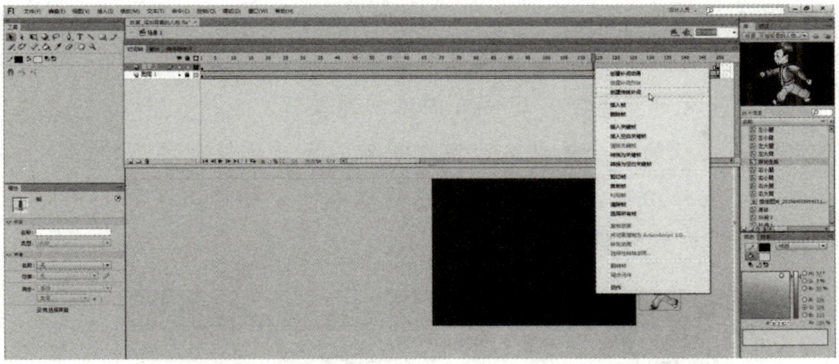

图 4-86　为影片剪辑创建传统补间

第十九步：按 Ctrl＋Enter 快捷键测试影片，就可以看到绘制的小男孩在走路了。

拓展学习

一、动画制作小软件

（一）闪客之锤

硕思闪客之锤是一款全能型的 Flash 动画制作工具，强大的功能让用户更快、更容易地制作专业级 Flash 影片。它支持矢量图设计、多属性文字编辑、影片剪辑和按钮的创建、补间动画以及引导线运动动画、遮罩、流声音、事件声音。除了使用该程序的矢量图绘图工具外，还可以导入其他的矢量图格式，包括 AI、SVG 和 WMF/EMF 等。

（二）闪客巫师

硕思闪客巫师是一款适合于初级和中级用户使用的 Flash 工具。硕思闪客巫师提供了动画模板、相册模板和动画素材，让用户轻松地创作出抢眼的广告横幅、动态文字、相册和电子贺卡等效果。闪客巫师还支持添加动作脚本，所见即所得的功能让用户的设计变得更加直观，轻松地设计出 Flash 效果。

（三）Ulead GIF Animator

Ulead GIF Animator 是一款简单快捷、功能强大的 GIF 动画编辑软件。它可以把 AVI 直接转成 GIF 动画，让用户在短时间内快速制作出 GIF 格式的商标等，内建的 Plugin 有许多现成的特效可以立即套用，还能使网页上的 GIF 动画图片最优化，以便让人更快速地浏览网页。同时，Ulead GIF Animator 也可作为 Photoshop 的插件使用，让人们更方便地制作出符合要求的 GIF 动画。

二、反编译软件

硕思闪客精灵是一款为 Flash 动画制作者和爱好者准备的专业的 Shockwave Flash 影片反编译工具，它能捕捉、反编译、查看和提取 Shockwave Flash 影片（".swf"和".exe"格式文件），同时闪客精灵还可以恢复资源并把它们导出为相同格式。为方便在 Flash 中编辑，SWF 和 FLA 都是可导出的。

硕思闪客精灵还提供了一个辅助工具——闪客名捕，它是一个 SWF 捕捉工具。用户在 IE 浏览器或 Firefox 浏览器中浏览网页的同时，可以使用它来捕捉 Flash 动画并保存到本机。

思考与练习

一、基础练习

1. Flash 动画与 GIF 格式动画有什么区别？

2. Flash 动画有哪些类型？用语言描述制作过程。

3. 控制动画播放的命令是什么？实现按钮的交互事件有哪几种？

4. 制作一个逐帧动画，实现小鸟打球的效果，可参考图 4-87，同时思考为使动画效果更加逼真需要哪些注意事项。

图 4-87

二、提高练习

1. 探究使用多种方法保存网页中的 SWF 动画。

2. 在输出作品前，如何优化 Flash 作品使其输出成".swf"格式时容量最小？

3. 运用 Flash 软件，设计制作一个适用于幼儿园五大领域教学活动的 Flash 动画。

项目五
PowerPoint 演示文稿设计与制作

学习目标

1. 学会 PowerPoint 演示文稿中插入图片、表格、图表、声音和视频的方法。

2. 学会 PowerPoint 演示文稿中图片透明背景、图片效果、标题文字效果等的设置。

3. 学会 PowerPoint 演示文稿中形状的插入，修改形状颜色、样式的方法。

4. 能完成路径动画的设置，能制作自由路径的动画。

5. 能完成动画窗格中计时参数的设置，使用按钮触发器，能制作互动游戏。

6. 掌握 PowerPoint 演示文稿的设计原则和制作方法，能制作具有童趣、符合幼儿认知水平的作品。

思维导图

PowerPoint演示文稿的概念

PowerPoint演示文稿操作要点

制作综合PowerPoint演示课件的具体要求

初识PowerPoint演示文稿

PowerPoint演示文稿设计与制作

制作PowerPoint作品：《水的表面张力》

制作PowerPoint作品：《小动物过桥》

制作PowerPoint作品：《抽奖转盘》

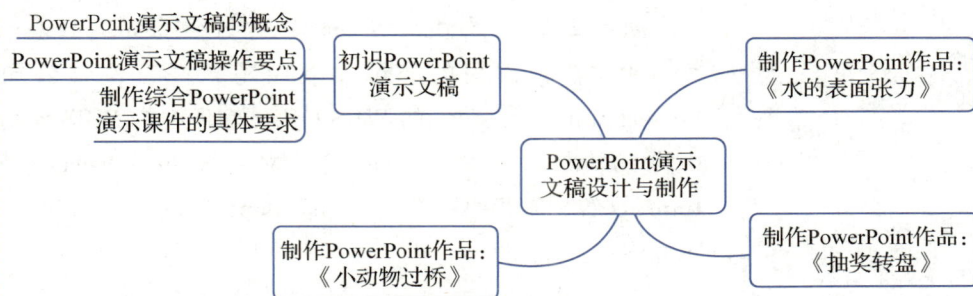

PowerPoint 演示文稿是现代教育教学中一个不可或缺的工具，在当代教育手

段多元化的趋势下，幼儿教育中也运用了许多全新的方法和工具。PowerPoint 是一个在幼儿教育中传输教育理念的良好媒介，精美的图片、舒缓的音乐以及富有乐趣的视频，能给学习能力尚未成熟的小朋友以深刻的印象，让小朋友们在轻松愉悦的氛围中建立对世界的认知，提高小朋友的学习兴趣。通过本项目的学习，学习者可利用 PowerPoint 制作包括文字、图像、声音以及视频等的各种精美的幼儿活动演示文稿。

任务一
初识 PowerPoint 演示文稿

幼儿园教育教学中，PowerPoint 演示文稿的使用非常广泛。例如，教师在教学活动时常常需要利用 PowerPoint 演示文稿制作生动有趣的多媒体作品，辅助幼儿的学习；在幼儿教师日常工作中，也需要使用 PowerPoint 演示文稿进行各种汇报演示。制作幼儿园 PowerPoint 作品需要了解幼儿园 PowerPoint 作品制作的具体要求，掌握 PowerPoint 的操作方法，能够运用 PowerPoint 软件整合多种素材资源，开发具有趣味性、符合幼儿认知规律的幼儿园 PowerPoint 作品。

任务描述与分析

本任务主要让学习者了解 PowerPoint 演示文稿的基本概念，完成 PowerPoint 演示文稿的基本操作，领会幼儿园多媒体制作的具体要求。

学习与操作

一、PowerPoint 演示文稿的概念 >>>>>>>>>>>>>>>>>>>>>>>>

演示文稿是一种由文字、图片、声音等组成，具备一些特效动态显示效果的可播放文件。常用的演示文稿应用软件有微软公司的 Microsoft Office 的 PowerPoint、金山公司的 WPS Office 套件中的 WPS 演示、苹果公司 iWork 套件中的 Keynote、谷歌公司的谷歌文件、OpenOffice 办公套件中的 OpenOffice Impress 等，主要的格式有".ppt"".pptx"".key"".pdf"".HTML"".dpt"".odf"或图片格式。

PowerPoint 主要用于设计制作广告宣传、产品演示的电子版幻灯片，制作的演示文稿可以通过计算机屏幕或者投影机播放。利用 PowerPoint、Keynote、OpenOffice，不但可以创建演示文稿，还可以在互联网上召开面对面会议、远程会议或在网页上给观众展示演示文稿。随着办公自动化的普及，PowerPoint 的应用越来越广泛。

在 PowerPoint 中，演示文稿和幻灯片这两个概念还是有些差别的。利用 PowerPoint 做出来的叫演示文稿，它是一个文件，而演示文稿中的每一页叫幻灯片，每张幻灯片都是演示文稿中既相互独立又相互联系的内容。利用它可以更生动、直观地表达内容，图表和文字都能清晰、快速地呈现出来，也可以插入图画、动画、备注和讲义等丰富的内容。

二、PowerPoint 演示文稿操作要点 >>>>>>>>>>>>>>>>>>>

（本部分以 PowerPoint 2016 为例进行介绍。）

（一）创建新的 PowerPoint 演示文稿

第一步：启动 PowerPoint，选择"空白演示文稿"，如图 5-1 和图 5-2 所示。

第二步：增删新幻灯片页面。

单击"开始"菜单中的"新建幻灯片"命令，即可插入一张新的幻灯片。

选中要删除的幻灯片页面，按 Delete 键，可删除一张幻灯片。

第三步：调整幻灯片次序。

在普通视图或幻灯片浏览视图中，拖动幻灯片到目标位置，可完成幻灯片次序的调整。

图 5-1 开始界面

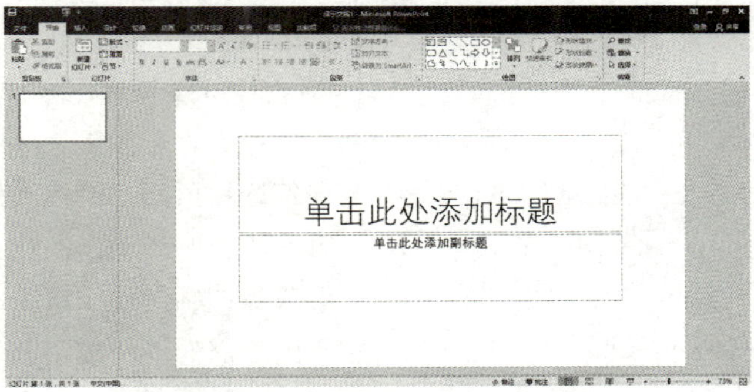

图 5-2 空白演示文稿界面

第四步：保存 PowerPoint 演示文稿。

单击保存图标，选择文件存放的路径，输入文件名，默认后缀名为". pptx"。

（二）PowerPoint 演示文稿的编排与修改

第一步：选择版式。

在工作区右击鼠标，在右键菜单中选择"版式"，可以选择不同的幻灯片版式，一般可以选择空白版式。

第二步：应用背景。

在工作区右击鼠标，在右键菜单中选择"设置背景格式"，可以设置 PowerPoint 演示文稿的背景为"纯色填充"或"图片填充"等。

第三步：插入文本。

输入文本：单击"插入"—"文本框"—"横排文本框"命令后，在编辑区拖动鼠标，绘出文本框，然后输入相应文字。选中输入的文字，设置相应的字体、字号、颜色等。

调整文本位置：通过调整文本框的位置来调整文本的位置。先选中要调整的文本框，使其边框上出现 8 个控制点，当鼠标指针放在文本框边上非控制点位置时，鼠标指针附带十字箭头，这时拖动鼠标就可以调整文本框的位置。

第四步：插入图片。

选择"插入"菜单中的"图片"，插入指定图片。选中图片，使其边上出现 8 个控制点，拖动控制点，可调整图片大小；转动控制点上方的小绿点，可旋转图片角度；当鼠标指针放在图片边上非控制点位置时，鼠标指针附带十字箭头，这时拖动鼠标就可以调整图片的位置。（PowerPoint 中几乎支持所有图片格式。）

第五步：插入声音。

选择"插入"菜单中的"声音"，插入指定声音，同时选择"在幻灯片放映时如何开始播放声音"为"自动"或"在单击时"，此时会有一个小喇叭图标出现，可拖动至指定位置。

单击小喇叭图标，菜单上出现"声音工具选项"，单击"音量"按钮，有"高""中""低""静音"四种音量选择。

（三）创建交互

PowerPoint 演示文稿的默认放映顺序是按照幻灯片的次序进行播放。通过对 PowerPoint 中对象的动作设置（超级链接），可以改变作品的线性放映方式，从而提高作品的交互性。

1. 动作按钮链接

PowerPoint 包含 12 个内置的三维按钮，可以进行前进、后退、开始、结束、帮助、信息、声音和影片等动作设置。

在幻灯片页面上制作动作按钮的步骤如下。

第一步：选择动作按钮。选择"插入"—"形状"—"动作按钮"命令。

第二步：制作动作按钮。鼠标指针变成十字形后，在课件页上拖动鼠标，即可制作出所需的动作按钮。

第三步：定义动作。在动作设置对话框中选择单击鼠标后将进行的动作或超链接，可跳转到本文档中的某一幻灯片或打开某一程序。

2. 图形对象链接

在要设置动作的图形对象上，单击"插入"—"形状"—"动作按钮"，在动作设置对话框中选择单击鼠标后将进行的动作或超链接。

3. 文字链接

选中文本，单击"插入"—"形状"—"动作按钮"，其他设置同上。

（四）动画

1. PowerPoint 动画基本特点

第一，动画对象多样化。文字、图形和图像等各种对象都可产生动画效果。

第二，动画动作模式化。无论动画对象是什么，其动作模式（或称动画方式）都被限制在 PowerPoint 所规定的 50 余种内。

第三，动画制作方法极其简单。

2. 自定义动画

第一步：在幻灯片视图下，单击幻灯片中要设置动画效果的对象。

第二步：单击"动画"菜单中的"自定义动画"命令，然后在效果页面中选中合适的动画效果。自定义动画中，可设置动画出现的速度及先后顺序。

第三步：单击"预览"可看到动画效果，单击"确定"，完成设置。

（五）PowerPoint 演示文稿页面的切换

第一步：选中第一张幻灯片，单击"动画"菜单中的切换效果，选择其中的一种效果，若单击"全部应用"，则所有幻灯片切换均使用这一效果。

第二步："换片方式"若选中"单击鼠标时"，则在放映时，单击鼠标可播放下一张幻灯片；若选中"在此之后自动设置动画效果"，并输入时间间隔，则在放映时按固定时间间隔自动换页。

（六）幻灯片的放映

幻灯片的放映有三种操作方法。

1. 从头开始

单击"幻灯片放映"菜单中的"从头开始"，从幻灯片第一张开始放映。

2. 从当前幻灯片开始

单击"幻灯片放映"菜单中的"从当前幻灯片开始"，从当前正在编辑的这张幻灯片开始放映。

3. 自定义幻灯片放映

单击"幻灯片放映"菜单中的"自定义幻灯片放映"，可以指定只播放其中的几张幻灯片。比如，一个 PowerPoint 演示文稿里面有 30 页，那么可以指定播放其中的 10 页，这 10 页可以是连续的页面，也可以是不连续的页面。

（七）PowerPoint 演示文稿的打包与解包

课件制作完成后，往往不是在同一台计算机上放映，如果仅仅将制作好的课件复制到另一台计算机上，而该机又未安装 PowerPoint 应用程序，或者课件中使用的链接文件或 TrueType 字体在该机上不存在，则无法保证课件的正常播放。解决方法如下。

1. 目标计算机上 PowerPoint 应用程序版本太低

PowerPoint 演示文稿完成后，PowerPoint 2016 版本会生成后缀为".pptx"的文件，如果目标计算机上只有 PowerPoint 2003 或更早的版本，则在制作 PowerPoint 演示文稿的计算机上将其另存为".ppt"格式后使用。

2. 目标计算机上未安装 PowerPoint 应用程序

(1)将 PowerPoint 文件另存为后缀名为".ppt"的文件，就可以直接在没有安装 PowerPoint 的计算机上双击运行。

(2)打包 PowerPoint 演示文稿。在主菜单中选择"发布"中的"CD 数据包"，选择需要打包的文件，复制到指定文件夹。此时，运行指定文件夹内 PPTVIEW. EXE 文件，即可播放 PowerPoint 演示文稿。

在课件放映过程中，按 Esc 键即可终止放映；单击 Exit 按钮，即可退出 PowerPoint 播放器。

学习笔记

三、制作综合 PowerPoint 演示课件的具体要求 >>>>>>>>>

表 5-1   PowerPoint 课件制作要求

各项指标	具体要求
教学设计	教学目标、教学对象明确，教学策略得当 界面设计合理，风格统一，有必要的交互 有清晰的文字介绍和帮助文档
内容呈现	内容丰富、科学，表述准确，术语规范 选材适当，表现方式合理 语言简洁、生动，文字规范 素材(文本、音视频、动画等)选用恰当，结构合理
技术运用	程序运行稳定，操作方式简便、快捷 导航方便合理，路径可选 新技术运用有效

任务二
制作 PowerPoint 作品:《小动物过桥》

要让幼儿感知 6 以内的数量，理解数字与数量的关系，学习根据数字贴相应数量的星星，并能听懂要求进行操作，知道做客的基本礼仪，体验去做客的快乐。为这个数学活动提前设计制作 PowerPoint 作品。

任务描述与分析

　　PowerPoint 多媒体作品设计制作的目的是实现最优化的教学效果。课件设计中最重要的东西，不在软件的应用上，而是在教学内容的表达上。在制作课件前，PowerPoint 课件的每一页画面内容的出示以及动画设计都要符合教学内容以及教育环节的安排。根据对所提供教案的分析，本作品需对一只只小鸭过桥嘎嘎嘎，小猫过桥喵喵喵，小乌龟过桥爬爬爬，小兔过桥蹦蹦跳进行形象演示。在 PowerPoint 动画设计时，我们首先要考虑小动物的过桥动作。由一个方向向另一个方向的移动，我们可尝试使用路径动画来进行，为让动画更贴近生活，符合在移动过程中由近及远的现象，在路径动画里加入同步缩小的动画效果。小鸭、小猫过桥时是边发出声响边完成过桥动作，因此在移动动画中还需插入音效，并伴随过桥动作同时播放；小兔的蹦跳，则对小兔移动的路径可进行再次编辑，模拟蹦跳动作的起伏；小乌龟由站立动作到爬行状，则需要对素材对象进行隐藏、出现的转变操作。教学活动中，需对每一种动物讲解后单击才进行动画演示，这就又会涉及 PowerPoint 里触发器的使用。

📖 学习与操作

第一步：打开 PowerPoint 软件，新建一张空白页，将背景素材逐一导入，如图 5-3 所示。

图 5-3　导入素材、创设场景

第二步：插入小鸭素材，对小鸭的过桥动作进行动画制作。

(1)选中小鸭素材，在"动画"—"添加动画效果"—"其他路径动画"中选择"S"形曲线，在线形效果选项框中选择"自定义路径"，绘制一条向右移动的小鸭过桥路径。动画计时设定"非常慢(5 秒)"，如图 5-4 所示。

图 5-4　小鸭素材动画设置

(2)再次选中小鸭素材，添加动画"强调"—"放大/缩小"，放大/缩小尺寸设置为 60%，开始时间为"与上一个动画同时"，动画计时设定"非常慢(5 秒)"，如图 5-5 所示。播放动画，可看到小鸭过桥，由近及远，逐渐变小的效果。

图 5-5　强调动画设置

　　(3)插入小鸭嘎嘎嘎音效素材，将喇叭移动到页面区域外，播放开始时间为"与上一个动画同时"，如图 5-6 所示。播放动画，就有了小鸭过桥，由近及远，逐渐变小，并发出嘎嘎嘎声的效果。

图 5-6　嘎嘎嘎音效参数设置

　　(4)选中"动画"选项中"自定义路径"动画，单击"计时"—"触发器"，将动画启动时间修改成"单击下列对象启动动画效果"，对象选择小鸭素材，调整放大/缩小动画和音效播放动画至触发器下，如图 5-7 所示。动画播放时，单击小鸭，则会有小鸭过桥，由近及远，逐渐变小，并发出嘎嘎嘎声的效果。

图 5-7　触发器设置

第三步：插入小猫素材，小猫动画制作与小鸭相同。（图 5-8）

图 5-8　小猫素材动画设置

第四步：插入小兔素材，选中小兔，在"动画"—"添加动画效果"—"其他路径动画"中选择选择"S"形曲线，在线形效果选项框中选择"自定义路径"，绘制一条向右的过桥路径，绘制路径上下起伏可较大些，以模拟蹦跳的动作。动画计时设定"非常慢（5 秒）"。选中小兔素材，继续对小兔添加放大/缩小动画，添加触发器为"小兔"。（图 5-9）

图 5-9　小兔素材动画设置

第五步：插入小乌龟素材 1（站立）、小乌龟素材 2（爬行），设置小乌龟素材 1（站立）动画效果为退出效果——"消失"，动画启动触发器为小乌龟素材 1（站立）。小乌龟素材 2（爬行）动画效果为"淡入"，并对小乌龟素材 2（爬行）添加过桥动画，进行放大/缩小设置，开始时间均为"与上一动画同时"。播放动画进行测试，单击小乌龟，小乌龟由站立姿势变成爬行姿态，缓慢爬行过桥。（图 5-10）

图 5-10 小乌龟素材 1(站立)动画设置

第六步：选中小乌龟素材 2(爬行)，添加动画效果为退出效果——"消失"，动画开始时间为"在上一动画之后"。小乌龟素材 1(站立)缩小后放置在小乌龟过桥后的结束点上，动画设定为"淡入"，开始时间均为"与上一动画同时"。测试动画，小乌龟爬过桥后，爬行姿态消失，立刻转成站立姿态。(图 5-11)

图 5-11 小乌龟素材 2(爬行)动画设置

任务三
制作 PowerPoint 作品：《水的表面张力》

喜欢玩水是幼儿的天性，幼儿每次洗手时也要趁机玩一下水。本活动旨在培养幼儿关注与水的表面张力有关的科学现象，培养幼儿好奇、好问、反思的积极情感和态度。为了使作品更加活泼有趣，吸引小朋友的注意力，需要制作充满童趣、动感适度的 PowerPoint 片头。

任务描述与分析

PowerPoint 是一种可多素材结合的程序，可以集图、文、声、像于一体，用多种表现形式充分促进学生对讲解知识的理解。而在幼儿园教育活动中，幼儿最喜欢的形式就是动画。动画效果突出，给幼儿以直接的美感，而且动画形象生动，可充分集中幼儿注意力，使他们融入教学活动的情境之中。本任务运用 PowerPoint 的"形状""动画"等功能，制作色彩丰富、动感适度的演示文稿的片头。

学习与操作

第一步：打开"设计"—"页面设置"，设置为 16：9 全屏，如图 5-12 所示。

图 5-12　页面设置

第二步：设置背景格式为渐变填充，选择渐变色为浅蓝到白色，如图 5-13 所示。

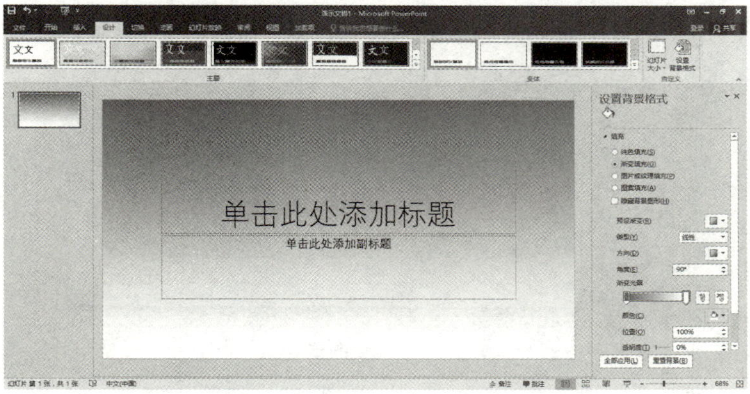

图 5-13　设置页面背景色

第三步："插入"—"形状"，选择"矩形"，插入"矩形"，如图 5-14 所示。

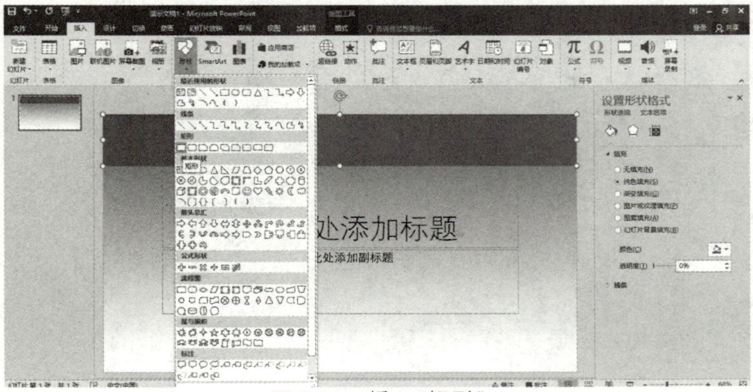

图 5-14　插入"矩形"

第四步：右击选择"设置形状格式"，选择"纯色填充"，颜色选"橙色"，线条颜色选择"无线条"，如图 5-15 所示。

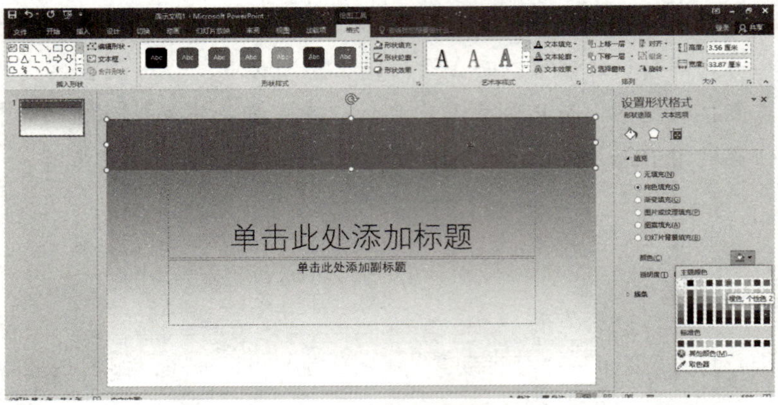

图 5-15   调整形状颜色

第五步：选中图形，单击"编辑形状"，"编辑顶点"，如图 5-16 所示。

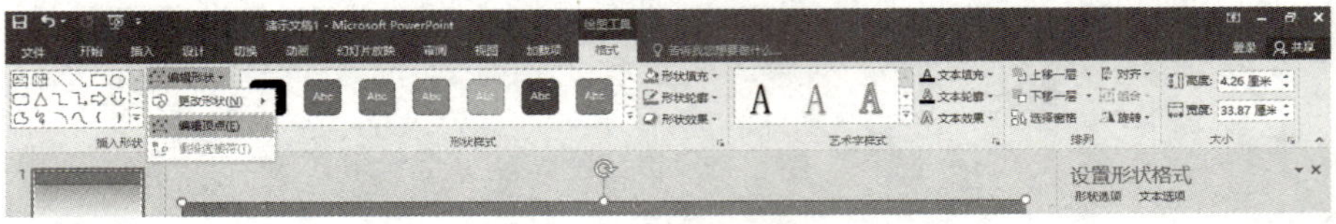

图 5-16   选择编辑定点

第六步：拖动顶点，更改图形为不规则四边形，如图 5-17 所示。

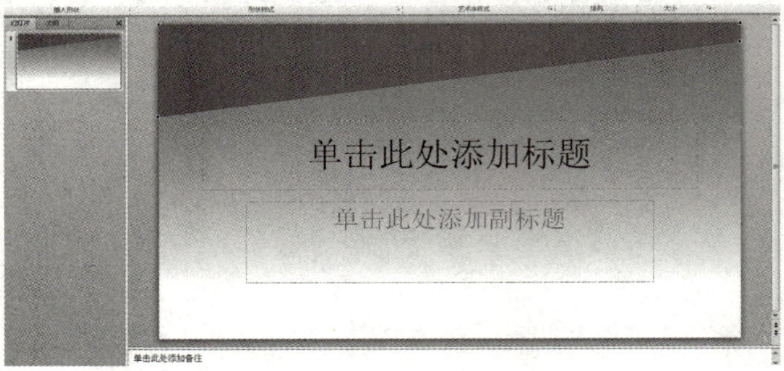

图 5-17   调整图形样式

第七步：重复以上操作，再添加四个不规则图形，可自主选择填充颜色，如图 5-18 所示。

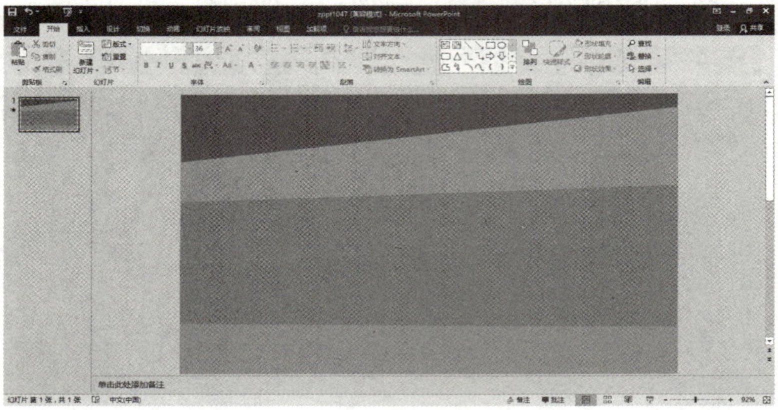

图 5-18   添加不规则形状

第八步：分别插入"灯""人物""水珠"透明背景的图片，创设片头场景，如图 5-19 所示。

图 5-19　添加透明背景图片

第九步：输入活动主题"水的表面张力教学设计"。

第十步：设置每个背景形状的动画，动画方案为"擦除"，效果选择"自左侧"—"上一动画之后"，持续时间"0.50"，如图 5-20 所示。

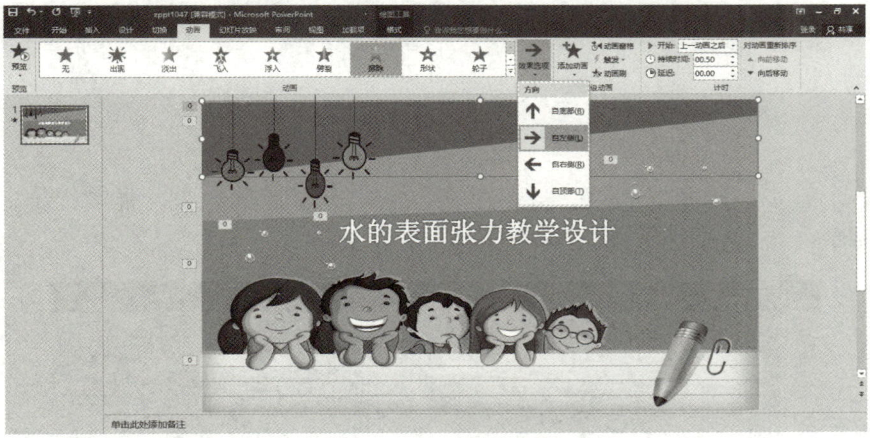

图 5-20　背景形状动画设置

第十一步：设置每个灯的动画，选择"飞入"，"飞入"属性为"上一动画之后"，持续时间为"0.50"。（图 5-21）

第十二步：设置水珠 GIF 图动画，动画方案为"淡出"—"上一动画之后"，持续时间为"0.50"。

第十三步：设置人物动画，动画方案为"飞入"—"自底部"—"上一动画之后"，持续时间为"0.50"。

第十四步：设置文字动画，方案为"淡出"—"上一动画之后"，持续时间为"0.50"。

整体动画方案如图 5-22 所示。

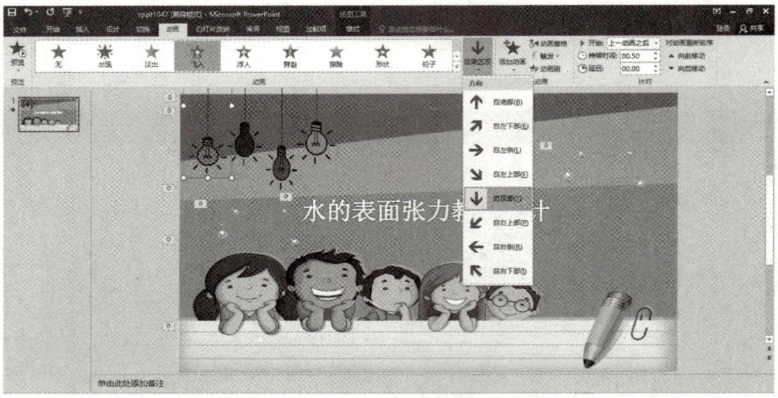

图 5-21　灯的动画设置

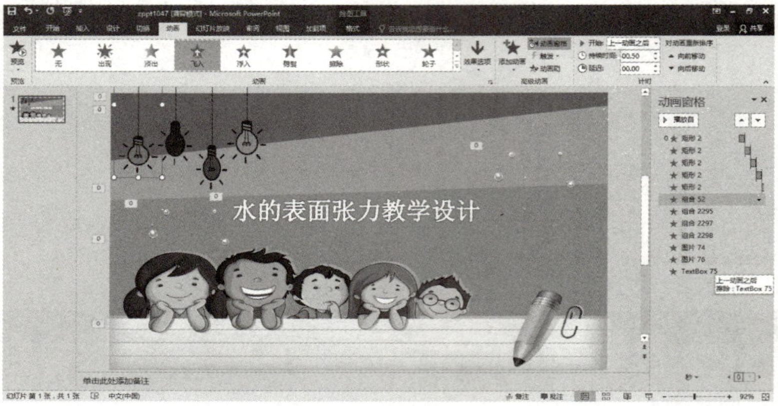

图 5-22　整体动画方案

第十五步：选择“插入”—“音频”—“文件”中的音频，加入背景音乐，如图 5-23 所示。

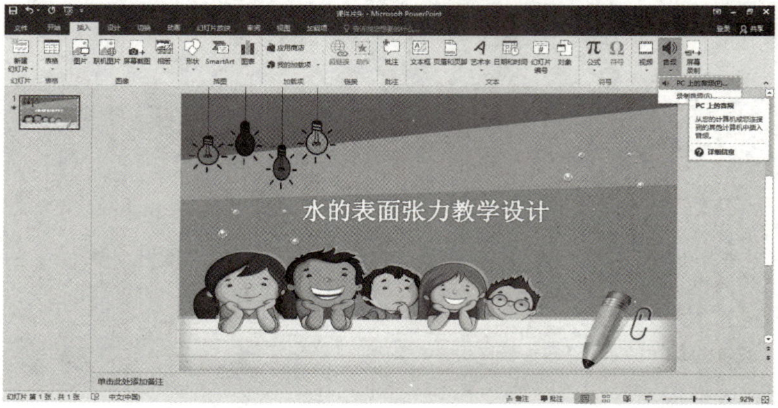

图 5-23　插入音频

第十六步：设置播放属性为“自动”，勾选“循环播放，直到停止”“放映时隐藏”，如图 5-24 所示。

学习笔记

图 5-24　音频属性参数设置

任务四
制作 PowerPoint 作品：《抽奖转盘》

"恩物"是福禄贝尔创制的一套供儿童使用的玩具或教学用品的称谓，意为上帝的恩赐。但实际上，它是指幼儿园里做游戏和作业时使用的玩具和材料。福禄贝尔通过让儿童玩耍，帮助他们认识物体的颜色、形状和大小，形成空间、时间和数的观念，发展儿童的构造能力。本例通过 PowerPoint 创建"抽奖互动游戏"，激发幼儿学习兴趣，培养幼儿动手能力。

任务描述与分析

本例综合运用 Excel 软件制作饼状图，运用了 PowerPoint 设置透明色、插入形状等功能，重点训练"动画窗格"—"计时"的参数设置以及按钮的创建和触发器的使用。

学习与操作

第一步：首先需要新建一个表格，将我们想要的圆盘分成多份。选择插入图表，在子选项中选择饼状图，并且把表格中的数据改为一致，这样做出来的饼状图是平均分成几等份的，如图 5-25 所示。

第二步：复制饼状图到 PowerPoint 中。

第三步：插入奖品图片，选中图片，选择"格式"—"颜色"，设置透明色，在图片上左击，去掉背景色，如图 5-26 所示。

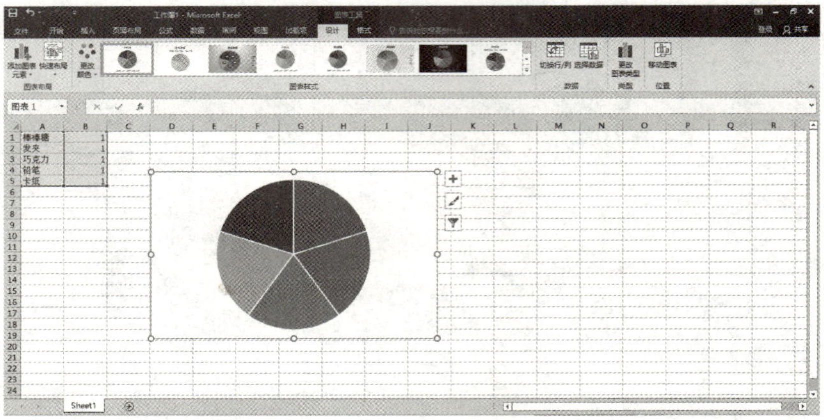

图 5-25　制作转盘饼状图

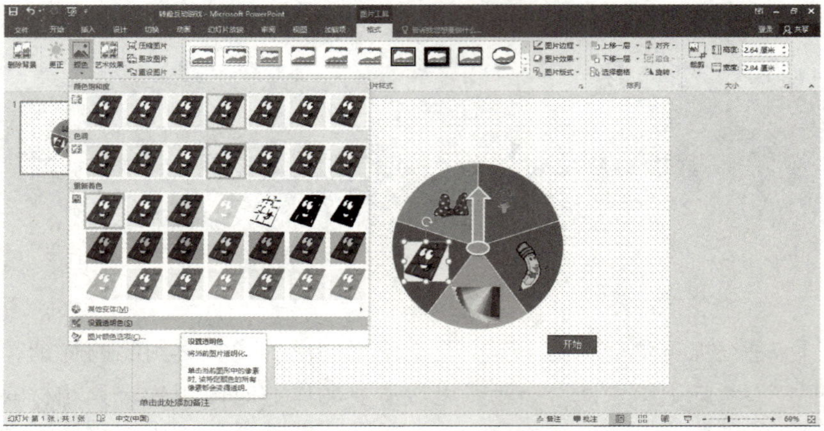

图 5-26　插入奖品图片

第四步：插入形状，做一个指针，可以按照自己的审美做一个指针，圆形、方形、箭头都可以。本例插入的是一个方形箭头，选择"格式"—"样式"，选择"浅色 1 轮廓"，如图 5-27 所示。

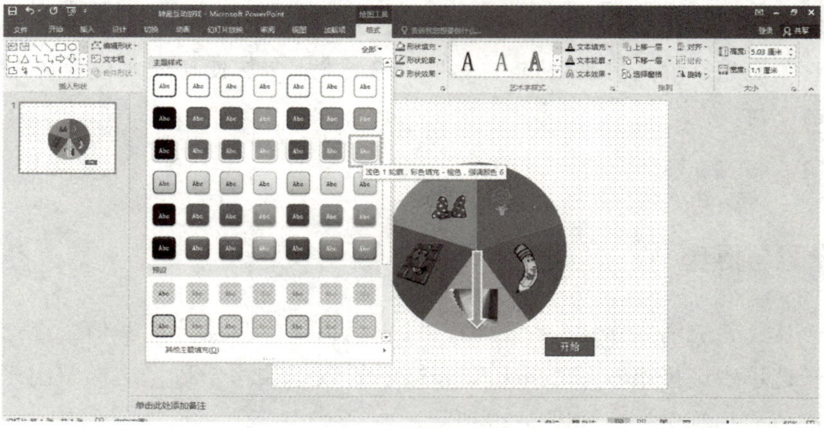

图 5-27　箭头样式选择

第五步：选择"插入"—"形状"—"圆形"，插入圆形。选择"插入"—"下箭头"，插入下箭头，选中下箭头，下移一层。箭头最终效果如图 5-28 所示。

学习笔记

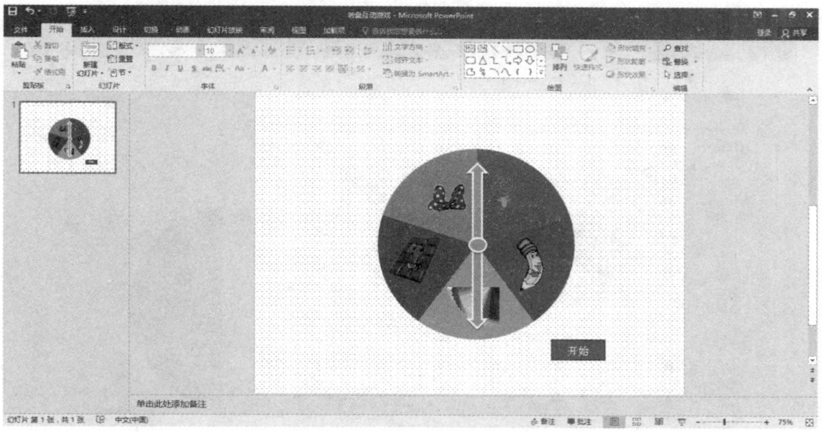

图 5-28　箭头最终效果图

第六步：按住 Shift 键，选中三个形状，单击"格式"—"组合"，如图 5-29 所示。

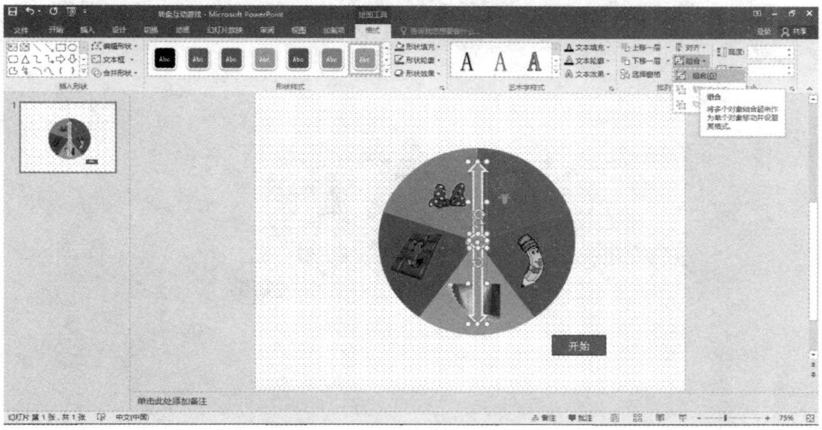

图 5-29　箭头形状组合

第七步：选中下方的箭头，颜色填充为"无色"，轮廓填充为"无色"，设置之后的效果为完全看不出箭头的存在，也就是隐藏了下方的这个箭头，只能看到上方的箭头，如图 5-30、图 5-31 所示。

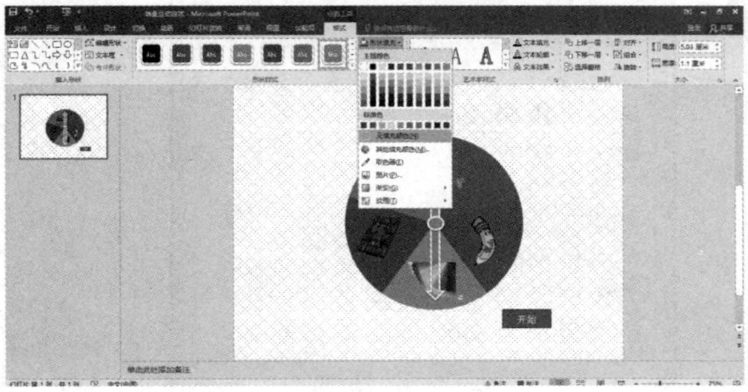

图 5-30　形状填充设置

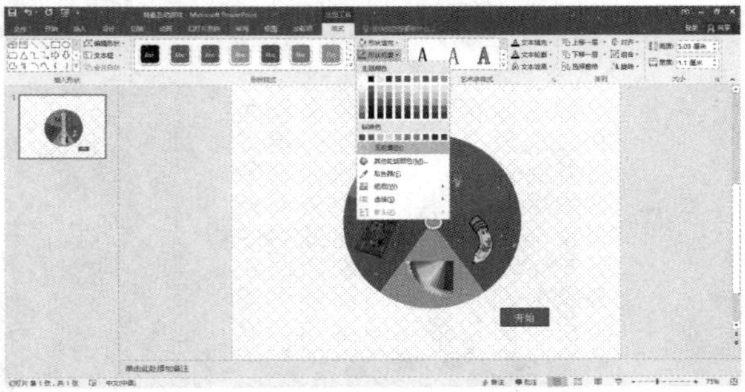

图 5-31　形状轮廓设置

第八步：选择"动画效果"—"强调"—"陀螺旋"，如图 5-32 所示。

第九步：添加一个矩形，在矩形内部添加文本，输入"开始"，如图 5-33 所示。

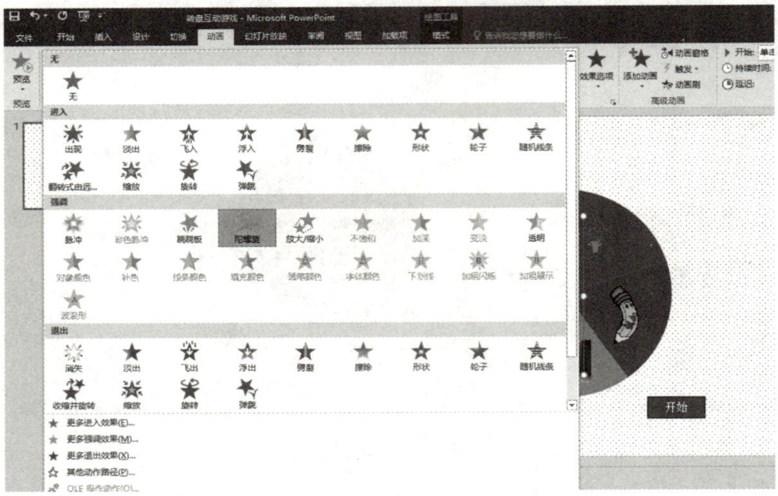

图 5-32　选择陀螺旋动画

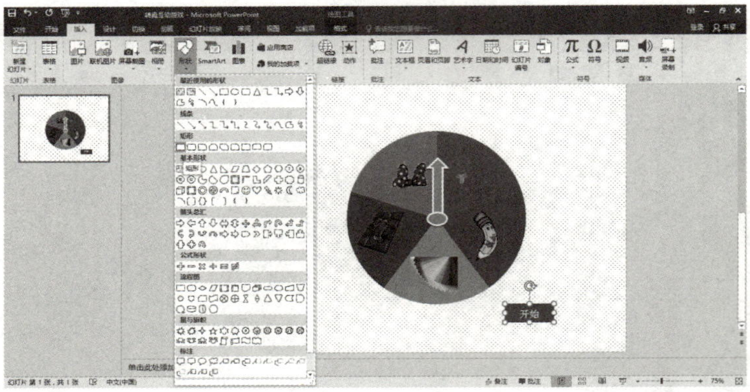

图 5-33　“开始”按钮制作

注意

在按钮上单击鼠标左键时箭头旋转，在按钮上单击鼠标右键时旋转结束。

第十步：将矩形设置为一个按钮，打开动画窗格，右击“计时”，在弹出窗口中选择“重复选择直到幻灯片末尾”，触发器选择“单击矩形 16”，计时参数设置如图 5-34、图 5-35 所示。

第十一步：预览幻灯片，最终效果如图 5-36 所示。

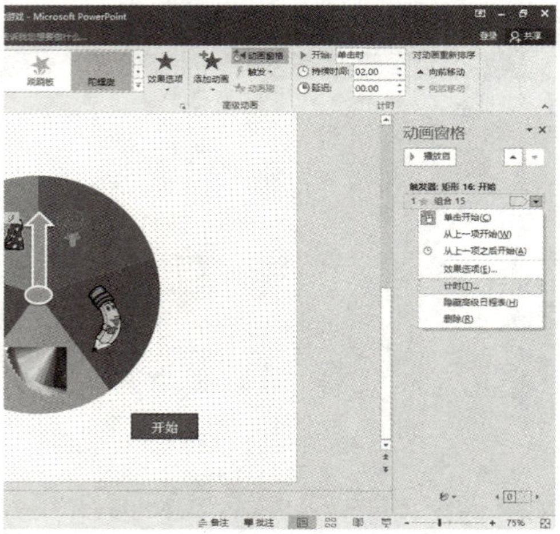

图 5-34　选择“计时”

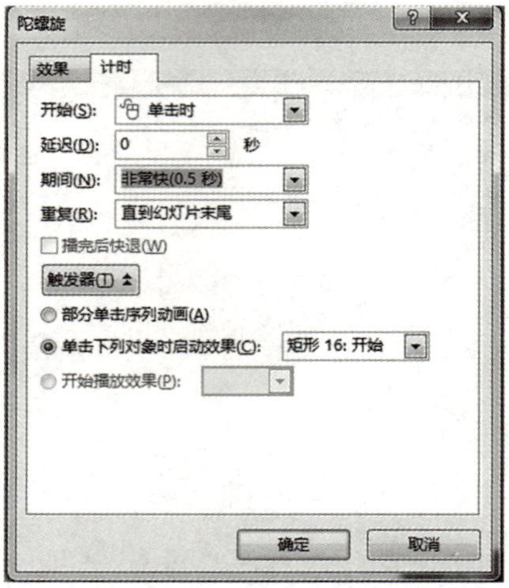

图 5-35　计时参数设置

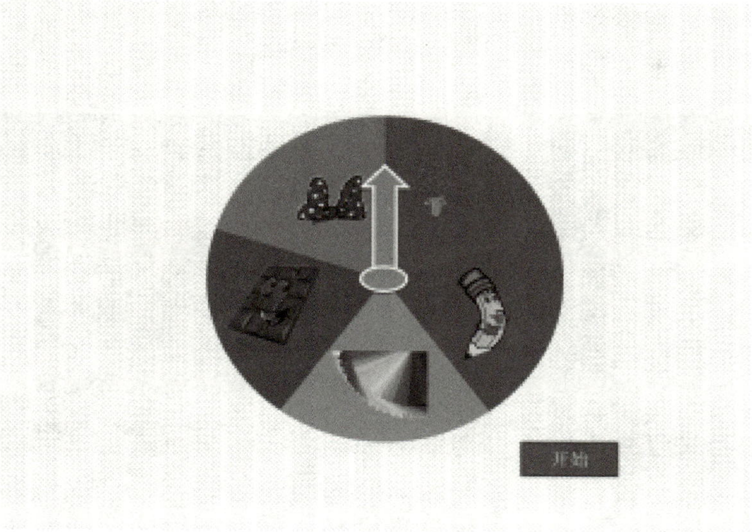

图 5-36　转盘游戏效果图

拓展学习

　　Focusky 是一款免费的集动画宣传视频制作和演示文稿制作于一体的软件，于 2013 年由广州万彩信息技术有限公司自主研发而成。其操作界面简洁，易上手以及思维导图式的体验，可以从整体到局部轻松创建思维导图风格的动态幻灯片，以逻辑思维组织内容，让观众跟随制作者的思维方式理解、思考。3D 幻灯片演示特效打破常规的幻灯片切换方式，模仿电影视频转场特效，加入生动酷炫的 3D 镜头缩放、旋转和平移特效，让幻灯片演示像一部 3D 电影般播放，给观众带来震撼的视觉冲击。无限的想象和无限的画布把脑中天马行空的想象化作图片、视频、文字等内容，以逻辑为引导，让制作者那创意无限的想法与观点在无边际的画布中生动演绎出来。Focusky 操作界面简洁直观，尊重用户已有的软件使用习惯，还可轻松导入 PowerPoint 文件，所有操作即点即得，在漫无边界的画布上，拖拽移动也非常方便。

　　第一步：打开软件，选择"打开 & 导入"—"导入 PPT 新建项目"。（图 5-37）

　　第二步：选择需要导入的 PowerPoint 文件。（图 5-38）

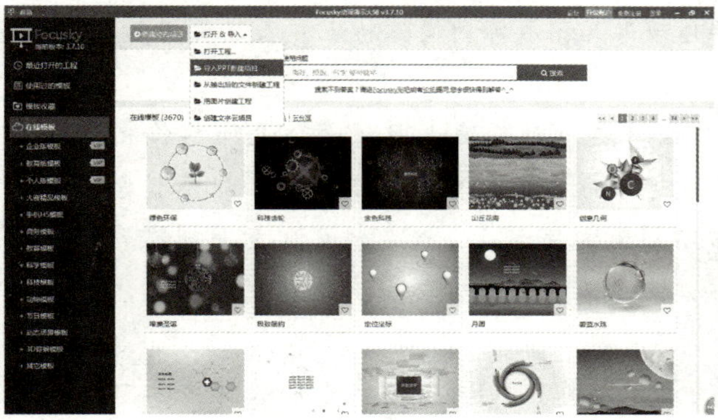

图 5-37　"导入 PPT 新建项目"

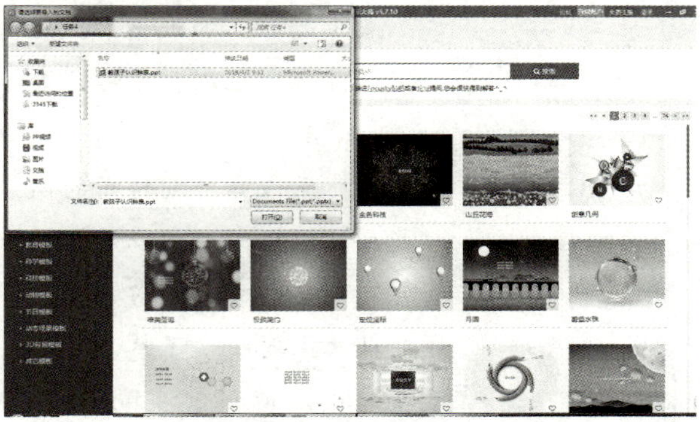

图 5-38　选择需要导入的 PowerPoint 文件

第三步：选择需要导入的页面。（图5-39）

第四步：选择布局方式。（图5-40）

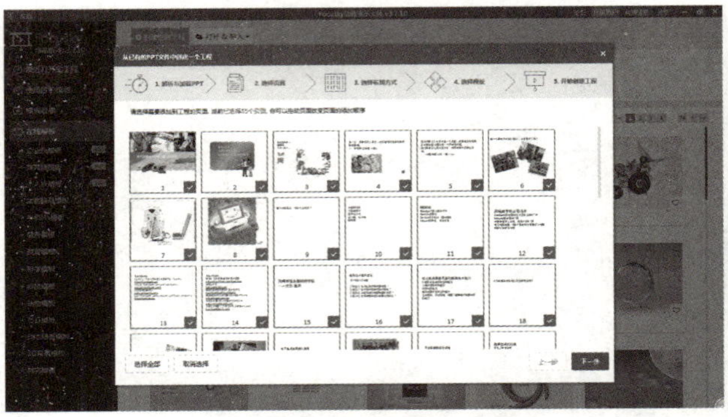

图5-39　选择需要导入的页面

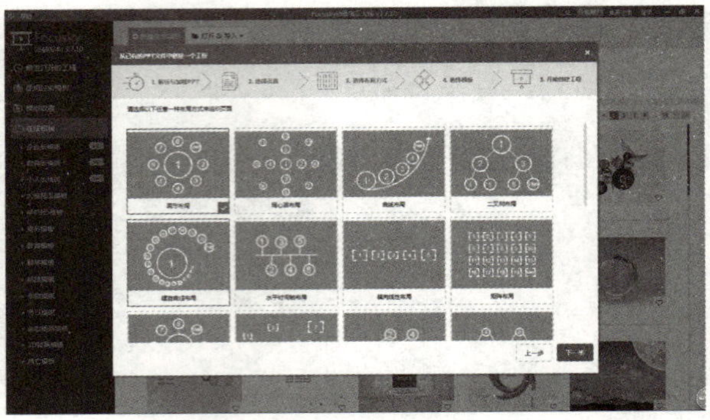

图5-40　选择布局方式

第五步：选择模板。（图5-41）

第六步：创建工程。创建一个更多转场效果的课件。（图5-42）

图5-41　选择模板

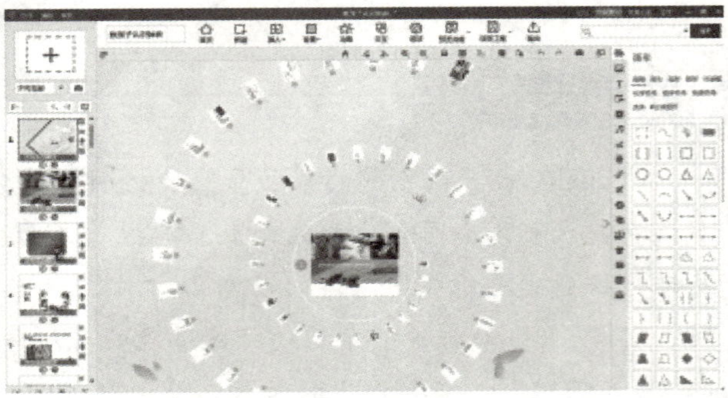

图5-42　工程创建完成图

思考与练习

一、基础练习

1. 个人简历封面的制作也可以使用PowerPoint，把简历封面大小设置为A4纸的大小，加入背景，封面要体现幼儿园教师的岗位特点，表述常规的个人信息，如姓名、性别、年龄、专业、毕业学校等。

2. 通常到了一些重要的节假日或活动，幼儿园教师会设计制作相应的宣传板，类似这种宣传用的图片，也可以用PowerPoint设计制作。选取适合的背景图片、适合的字体以及宣传板布局制作宣传图片，图片和文字要合理搭配，文字不宜过多，文字能解释图片即可，活动名称应重点突出，让家长与幼儿能对本次活动的主题一目了然。

3. 以科学领域"种子的旅行"为主题，根据大班幼儿年龄特点，围绕科学领域进行多媒体辅助教学活动的作品设计。文字素材整理要实现两个活动目标，一是初步了解种子的不同传播方式，二是产生探索植物种子的兴趣。除此之外，图片、音频和视频素材等均紧扣科学领域主题进行整理选取，结构清晰，要求有首页和结束页；内容科学、正确、规范，符合幼儿园保教活动要求，能激发幼儿兴趣。

二、提高练习

以"着火了怎么办"为主题，围绕中班幼儿年龄特点，设计活动方案并制作多媒体辅助教学活动的作品。图片、音频和视频等素材可利用网络搜索整理获得，文字素材可参考如下内容。

(1)火灾发生时不能钻到阁楼、床底、大橱柜内。火势不大时，要披上浸湿的衣服向外冲。

(2)浓烟弥漫时，用湿毛巾捂住嘴巴和鼻子，压低身子，手、肘、膝盖要紧靠地面，沿墙壁边缘爬行逃生。

(3)若身上已着火不可乱跑，要就地打滚使火熄灭。

(4)遇火灾不可乘坐电梯，要向安全出口方向逃生。

(5)千万不要盲目跳楼，可利用疏散楼梯、阳台、排水管等逃生，或把床单、被套撕成条状连成绳索，紧拴在窗框、铁栏杆等固定物上，顺绳滑下，或下到未着火的楼层脱离险境。

项目六
视频和微课作品设计与制作

学习目标

1. 了解视频文件格式的类型、特点，掌握视频文件格式的转换方法。

2. 掌握手机、数码相机、数码摄像机视频拍摄技巧。

3. 学会利用会声会影进行视频剪辑、添加转场效果、添加滤镜以及字幕的方法。

4. 学会利用会声会影制作幼儿园教育教学活动视频以及微课作品。

5. 掌握微课的特点以及微课的制作步骤。

6. 掌握微课设计脚本的写作方法。

7. 掌握微课制作软件 Camtasia Studio 8（喀秋莎）的使用方法。

8. 学会运用 Camtasia Studio 8 制作幼儿园五大领域微课。

思维导图

数字视频概述
视频素材的获取
视频素材的编辑
会声会影工作界面及其基本操作
—— 初识数字视频

制作微电影：《遗失的美好》

微课概述
微课制作流程
微课制作方法
微课制作软件 Camtasia Studio 8 的基本使用
—— 初识微课

视频和微课作品设计与制作

利用 Camtasia Studio 8 录屏制作幻灯片播放效果视频
利用 PowerPoint 录制幻灯片演示制作微课

制作中班数学微课：《找一找》

制作视频宣传短片：《关注失学儿童》

制作中班美工微课：《糖果树》

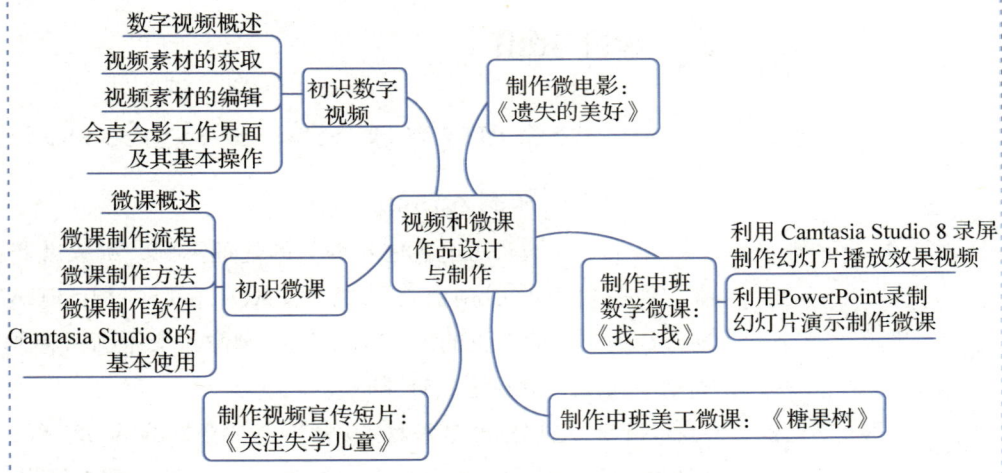

视频集声、光、画为一体，能给人以直观的感受。在幼儿园主题教学活动中，

教师需要进行主题教育、教学活动、日常生活的记录以及活动日展示等项目的简单拍摄与剪辑，并利用多媒体技术完成视频作品的编辑与创作。在家长开放日、"六一"儿童节等幼儿园大型活动中，同样需要围绕活动主题编辑制作视频短片。本项目中，学习者要学会利用会声会影完成幼儿园相关活动视频作品的设计与制作，采用手机拍摄、计算机录屏等方式收集视频素材，利用喀秋莎完成视频剪辑、配音，将视频素材合成为各类活动的微课，辅助幼儿园的保教与管理。

任务一
初识数字视频

✎ 学习笔记

视频作为一种集图像、图形、动画、文本、声音为一体的教学资源，在现代幼儿园教育教学活动中越来越被幼儿园教师重视和采用。它能创设优美的幼儿园学习环境，变抽象、深奥的道理为直观、形象的事物，深受幼儿园教师和小朋友的青睐。在幼儿园日常教学活动中使用视频可以充分吸引小朋友的关注，达到教学活动效果的最优化。

任务描述与分析

本任务主要让学习者了解数字视频概念以及格式，掌握视频素材的获取方式，初步掌握会声会影软件，根据预先设计的脚本以及已有的视频、图片、音乐素材，将各种素材按视频的时间顺序以及预设的效果拖放到视频编辑软件上进行编辑合成。

学习与操作

一、数字视频概述 >>>>>>>>>>>>>>>>>>>>>>>>>>>>>>>>>>>>>

（一）视频制式标准

由于不同国家对电视信号细节的处理不同，所以就产生了不同的视频制式标准。现在常用的视频信号制式有 PAL、NTSC 和 SECAM 制式，其中 PAL 和 NTSC 是应用最广泛的，PAL 是逐行倒像正交平衡调幅制，NTSC 是正交平衡调幅制。我国采用的是 PAL 制式。

NTSC 电视标准是每秒 30 帧，电视扫描线为 525 线，偶场在前，奇场在后，4 比特的色彩位深，NTSC 电视标准用于美国、日本等国家。PAL 电视标准，每秒 25 帧，电视扫描线为 625 线，奇场在前，偶场在后，PAL 电视标准用于中国、欧洲等。SECAM 制式的特点是不怕干扰，彩色效果好，但兼容性差，每秒 25

帧，扫描线 625 行，隔行扫描，采用 SECAM 制的国家主要为俄罗斯、法国、埃及等。

（二）视频文件格式

视频文件可以有多种格式，其中常用的视频文件分为影像文件和流式文件两大类。前者如 VCD、动画 CD 等，它们包含了大量的图像和声音信息；后者主要指那些随着现代网络技术发展出现的"即时播放"视频文件。这两种类型文件相应的文件格式分别称为影像格式和流格式，它们各自又都包含多种类型的文件格式，简单介绍如下。

1. 影像格式

（1）AVI。

AVI 即音频视频交错格式，可以将视频和音频交织在一起进行同步播放。它是微软公司于 1992 年 11 月推出的作为其 Windows 视频软件一部分的一种多媒体容器格式。AVI 文件将音频(语音)和视频(影像)数据包含在一个文件容器中，支持多个音视频流，允许音频和视频同步回放。AVI 是视频文件的常见封装格式，可以跨多个平台使用，格式调用方便，图像质量好，主要应用在一些游戏、教育软件的片头和多媒体光盘上，或者用来保存电视、电影等各种影像信息，但体积过于庞大。

（2）MOV。

MOV 即 QuickTime 影片格式，它是苹果公司开发的一种音频、视频文件格式，属于存储常用数字媒体类型。MOV 格式视频文件的压缩方式和 AVI 一样有两种(压缩和不压缩)，而且它的压缩编码方式与 AVI 类似，不过得到的画面质量要高于 AVI。这是因为这种编码支持 16 位图像深度帧内压缩和帧间压缩，帧频可达每秒 10 帧。QuickTime 文件格式支持 25 位彩色，支持 RLE、JPEG 等先进的集成压缩技术，在一些远程教育网站中，经常会提供这种格式的教学视频。到目前为止，MOV 共有四个版本，其中，以 4.0 版本的压缩率最高。MOV 格式最大的特点是跨平台性，不仅支持 Macintosh 操作系统，还支持 Windows 操作系统。

（3）MPEG。

MPEG 文件格式是运动图像压缩算法的国际标准，它采用有损压缩方法减少运动图像中的冗余信息，同时保证每秒 30 帧的图像动态刷新率，已被几乎所有的计算机平台共同支持。目前 MPEG 格式有五个压缩标准，分别是 MPEG-1、MPEG-2、MPEG-4、MPEG-7、MPEG-21。常见的 VCD 和 DVD 分别采用 MPEG-1 和 MPEG-2 的标准。MPEG 格式文件具有压缩率高、画面质量好的优点。

（4）DivX。

DivX 是一种数字视频格式，支持 MPEG-4、H. 264 和最新 H. 265 标准的视频，分辨率可高达 4K 超高清。DivX 已于 2013 年 9 月推出全球第一款支持 H. 265 标准，可进行 4K 超高清视频编解码的软件。DivX 格式其画质与 DVD 相近，而体积只有 DVD 的几分之一，对机器的要求也不高。

2. 流格式

流格式的出现主要是为了适应互联网实时传输视频文件的需要。它以"边传送边播放"为特点，支持视频流缓冲区播放，也支持文件即时连续下载。

（1）RMVB。

普通的 RM(Real Media)格式采用固定码率编码，多见于 VCD-RM。RMVB 是由 RM 格式升级延伸出的新视频格式，比 RM 多了一个 VB(Variable Bitrate)。VB 指动态码率或可变比特率，比上一代 RM 格式画面要清晰很多，其原因是降低了静态画面下的比特率，大幅提高了运动图像的画面质量，在图像质量和文件大小之间达到微平衡。

（2）ASF。

ASF 是微软公司为 Windows 98 开发的串流多媒体文件格式，由于它使用了 MPEG-4 的压缩算法，所以压缩率和图像质量都很高。ASF 是微软公司 Windows Media 的核心，这是一种包含音频、视频、图像以及控制命令脚本的数据格式。Windows Media Play 支持 ASF 在互联网上的流文件格式，可以一边下载一边实时播放，无须下载完再听。

（3）WMV。

WMV(Windows Media Video)是微软公司开发的一系列视频编解码和其相关的视频编码格式的统称，是一种流媒体格式，它是由 ASF 格式升级延伸得来的。在同等视频质量下，WMV 格式的文件体积非常小，可以边下载边播放，因此此格式文件很适合在网上播放和传输。WMV 文件一般同时包含视频和音频两部分，视频部分使用 Windows Media Video 编码，音频部分使用 Windows Media Audio 编码。

（4）GIF。

GIF 是由 CompuServe 公司在 1987 年开发的图形文件格式。GIF 图像是基于颜色列表的，最多只支持 8 位(256 色)图像深度。GIF 文件通过 LZW 压缩算法压缩图像数据来减少图像尺寸。这种格式的文件目前多用于网络传输。目前几乎所有相关软件都支持它，公共领域有大量的软件在使用 GIF 图像文件。GIF 格式的优点就是适合于网络，数据量大大减少，传输速度快，缺点就是颜色容易失真。

（5）FLV。

FLV 是"Flash Video"的简称，FLV 流媒体格式是随着 Flash MX 的推出而发展起来的视频格式。由于它形成的文件极小、加载速度极快，使得利用网络观看视频文件成为可能。它的出现有效地解决了视频文件导入 Flash 后，导出的 SWF(Shock Wave Flash)文件体积庞大，不能在网络上很好地使用等问题。很多在线视频网站采用此视频格式。

（6）3GP。

3GP 是由第三代合作伙伴项目计划(3rd Generation Partnership Project，3GPP)定义的一种视频流媒体容器格式，是为了配合 3G 网络的高传输速度而开发的一种 3G 流媒体的视频编码格式，也是手机中常见的一种视频格式。3GP 使移动电话和手机可以在有限的存储空间上传输、收发、播放音视频数据。

3GP 格式应用在手机、MP4 播放器等移动设备上，其优点是体积小，适合在移动设备中使用；其缺点是兼容性差，支持软件少，且播放质量差，帧数低。

二、视频素材的获取 >>>>>>>>>>>>>>>>>>>>>>>>>>>>>>>>>

（一）利用数码设备拍摄获取视频素材

随着数码摄像机、数码照相机走进千家万户，以及手机的拍摄功能日益丰富，教师用数码摄像机、数码照相机以及手机自制视频教学资源成为一种新的趋势。利用数码摄像机、数码照相机以及手机的摄像功能，可以在户外采集视频素材，通过专用数据线直接将视频文件复制或移动到计算机中。

（二）利用互联网获取视频素材

互联网上有丰富的视频素材，教师可以到专门的视频网站上直接下载视频。但是有些网页中的视频是不能直接下载的，可以通过一些特殊的方法获取视频素材，如利用互联网临时文件获取。

一些网页中是不能直接下载视频素材的，可以通过在网页中播放视频，然后在本机中查找到该视频文件。具体方法如下。

第一，打开视频网站，观看视频。播放完后，打开 IE 浏览器菜单栏"工具"—"Internet 选项"，如图 6-1 所示。

图 6-1　IE 浏览器 Internet 选项

第二，在 Internet 属性菜单栏中，在"常规"选项卡窗口下的"浏览历史记录"选项中，单击"设置"按钮。在弹出的"设置"面板中，单击"查看文件"按钮，即可在临时文件夹中进行查找并复制出所需视频素材，如图 6-2 所示。

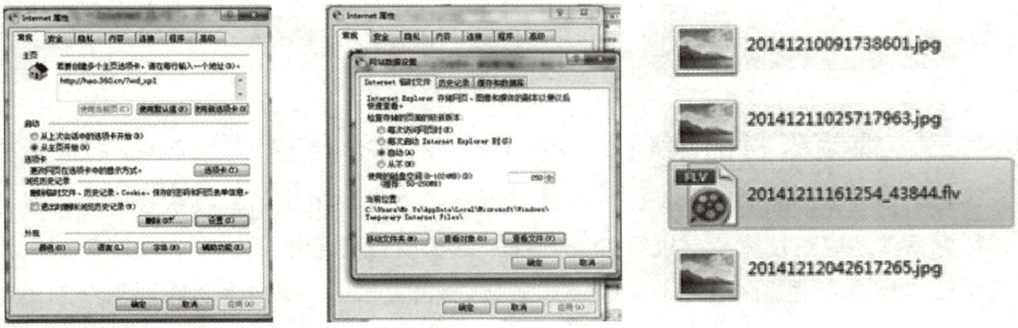

图 6-2　在历史记录临时文件夹中查找视频

（三）用屏幕抓图软件 Snagit、 屏幕录像专家、 录屏王等录制屏幕内容

在制作多媒体课件时，常常需要添加一些记录计算机屏幕中操作过程的视频文件。比如网络中许多软件类的视频教程，这些大多是对软件操作步骤的演示视频。录制类似的视频文件，可以使用一些屏幕录像类的软件进行制作。下面以屏幕录像专家软件为例介绍此类视频文件的录制方法。

第一步：打开已经注册或者购买了的屏幕录像专家，单击基本设置，设置需要的选项。（图 6-3）

第二步：录制目标设置及声音设置。（图 6-4、图 6-5）

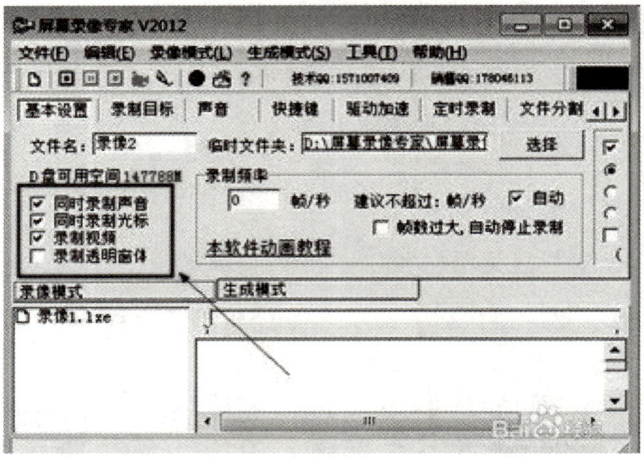

图 6-3 屏幕录像专家

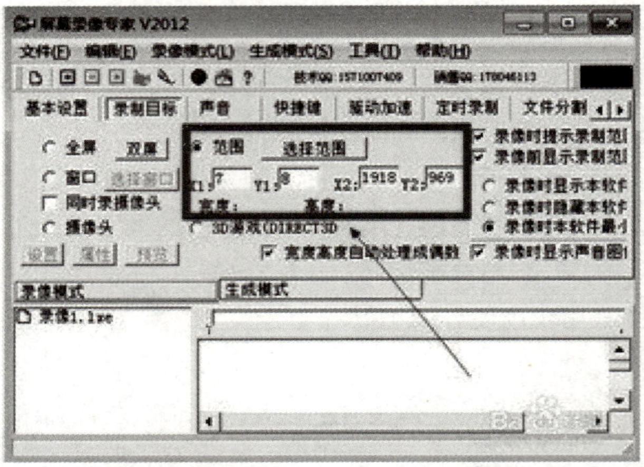

图 6-4 声音设置一

第三步：开始录制视频(单击红色按钮)。（图 6-6）

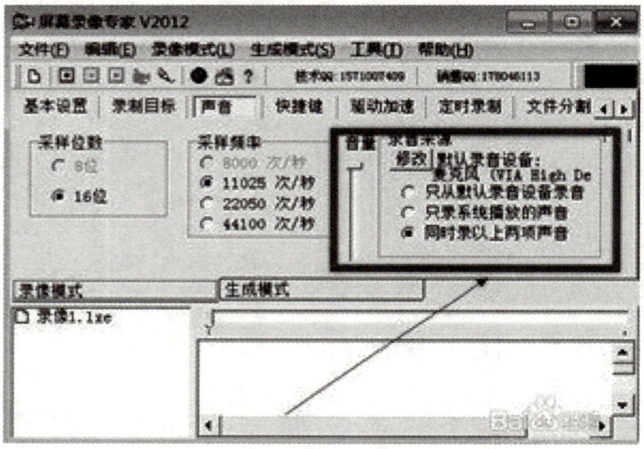

图 6-5 声音设置二

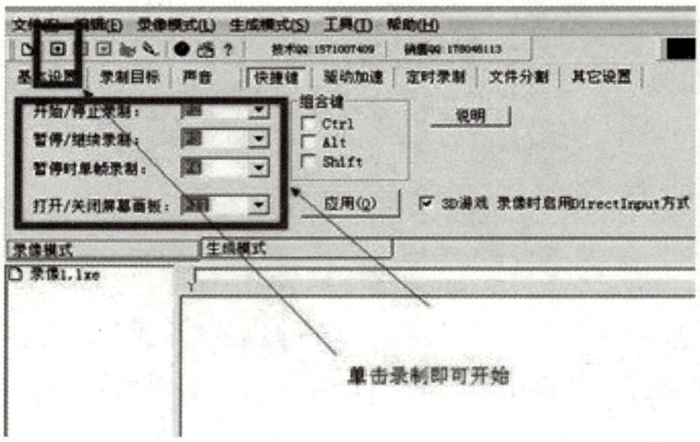

图 6-6 录制视频

三、视频素材的编辑 >>>>>>>>>>>>>>>>>>>>>>>>>>>>>>>>>>>>

对于多媒体作品制作来说，将模拟视频信号进行数字化后，或者获取数字视频数据后，还应对视频素材进行加工处理，编辑成理想的视频节目，才能集成在多媒体作品中使用。这里列举一些视频素材处理的任务，提供所选处理软件的思路，可以结合实际任务进行合理选择。（表 6-1）

表 6-1 常见的视频处理软件

视频处理任务	可选择软件
录制屏幕操作步骤	屏幕录像专家、录屏王、QQ 视频录像机、ViewletCam 等
视频截取	QQ 影音、超级解霸、视频截取专家等
视频格式转换	超级解霸、视频转换大师、格式工厂等
视频拼合、特效	Movie Maker、会声会影、Premiere、快剪辑等

目前比较流行的视频编辑软件有 Ulead 公司的会声会影、Adobe 公司的 Premiere、微软公司的 Windows Movie Maker 以及品尼高公司的 Pinnacle Studio 8 和 Pinnacle Edition 4.5 等。不同的软件在处理视频信息时，各有自己的特性。本节主要介绍 Ulead 公司的 Video Studio Pro X8 软件。

四、会声会影工作界面及其基本操作 >>>>>>>>>>>>>>>>>>

（一）会声会影简述

会声会影是一款方便、实用的视频剪辑软件。它具有强大的视频编辑功能，具有图像抓取和编修功能，可以抓取、转换 MV、DV、V8、TV 和实时记录抓取画面文件，可导出多种常见的视频格式，可以直接制作成 DVD 和 VCD 光盘。

会声会影不仅具有符合家庭或个人需求的影片剪辑功能，甚至还可以挑战专业级的影片剪辑。Corel VideoStudio X8 工作界面如图 6-7 所示。

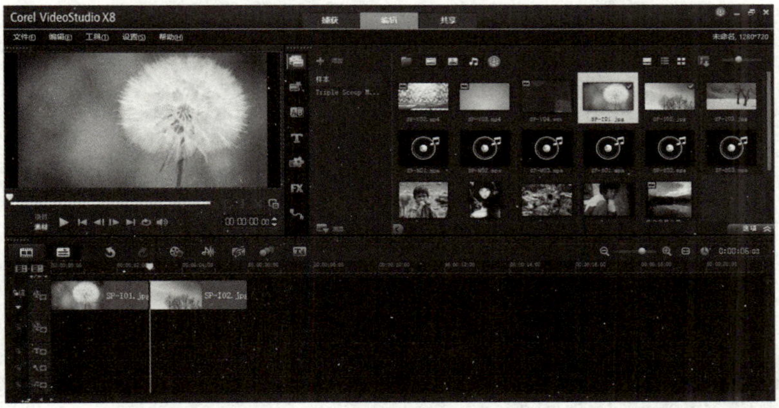

图 6-7 Corel VideoStudio X8 工作界面

（二）素材的导入与剪辑

单击素材库面板左上角的"导入媒体文件"按钮或在素材库空白处右击，可以导入制作视频短片需要的视频、图像、声音、动画等各种类型的素材。

素材的剪辑主要有三种方法：利用擦洗器剪辑素材；利用修整拖曳柄剪辑素材；直接在时间轴中剪辑素材。具体方法在后面的项目实践中介绍。

（三）视频滤镜的添加

视频滤镜可以改变视频素材的样式或外观，使素材具有色彩平衡、动态光照、快慢镜头等特殊效果。会声会影共提供了 13 大类的几十种滤镜效果，如图 6-8 所示。

（四）添加转场效果

转场效果应用在相邻素材之间，使画面的切换方式具有创意效果。（图 6-9）

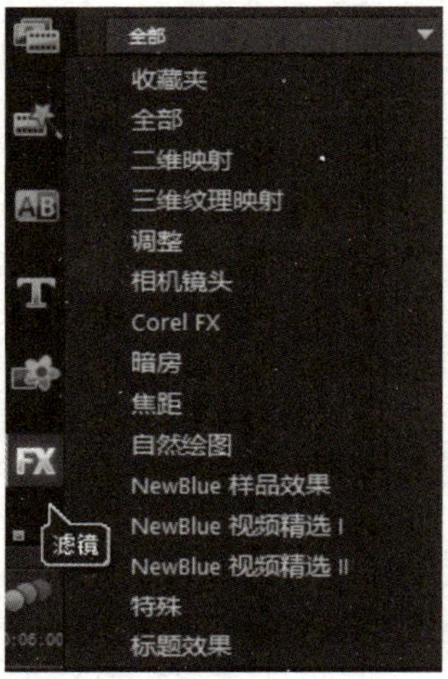

图 6-8　滤镜效果 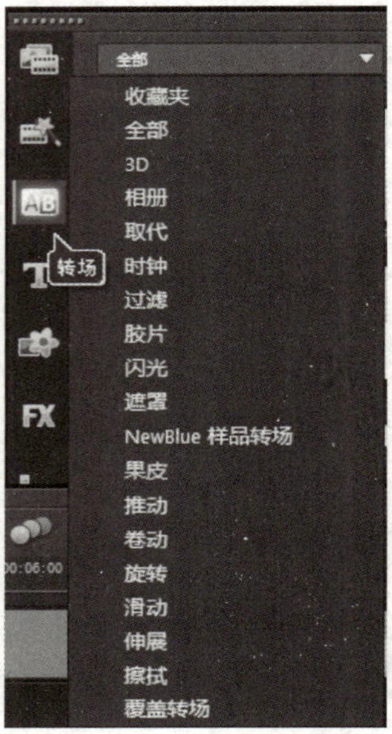　　　　图 6-9　转场效果

（五）覆叠轨道的使用

覆叠轨道可以使画面叠加，实现画中画效果。单击轨道管理器按钮，弹出轨道管理器选择对话框，可以添加覆叠轨道，还可以为覆叠轨道上的画面添加动画效果，改变它的入场和出场方式，如图 6-10、图 6-11 所示。

图 6-10　轨道管理器按钮 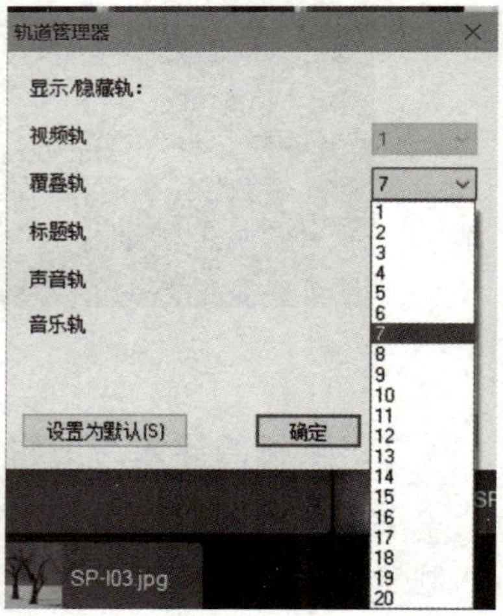　　　　图 6-11　轨道管理器对话框

（六）添加字幕

字幕的制作有三种方法：使用标题模板制作；添加单个标题和多个标题；使用动画模板制作。此外用户还可以通过参数自定义字幕动画，设置制作出各种专业的字幕动画效果。

（七）视频生成

视频修剪完成后将视频进行渲染生成，单击分享选项卡进入生成界面，单击创建视频文件得到指定格式的目标文件。

任务二
初识微课

微课的核心内容是课堂教学视频，主要体现为教学片段。微课包含与教学主题相关的教学设计、素材课件、教学反思、练习测试及学生反馈、教师点评等辅助性教学资源，微课以特定的组织关系和呈现方式营造了一个半结构化、主题式的资源单元应用小环境。因此，微课既有别于传统单一资源类型的教学课例、教学课件、教学设计、教学反思等教学资源，又是在其基础上继承和发展起来的一种新型教学资源。

任务描述与分析

本任务从微课的基本概念出发，对微课特点、构成、分类进行介绍，以制作《糖果树》微课为例，介绍利用 Camtasia Studio 8 制作幼儿园教学活动微课的一般流程。

学习与操作

一、微课概述 >>>>>>>>>>>>>>>>>>>>>>>>>>>>>>>>>>>>>>

微课就是以视频为主要载体，用于记录教师围绕某一知识点或某个教学环节而开展的教学活动过程。

微课具有教学时间短、内容精、资源容量小等特点。一般的微课时间在 5 分钟左右，用于将教学内容中的重点、难点和疑点等以视频的方式展现出来。它的设计与制作都从学习者的角度出发，充分体现以学生为主体的教学理念。

（一）微课的特点

微课所讲授的内容具有点状化、碎片化的特点，它是课堂教学的有效补充，不仅适合移动学习时代知识的传播，也适合学习者个性化深度学习的需要。在幼儿园教学活动中，微课主要用于主题教学活动或课后辅助。微课通常给特定人群传递特定知识和内容，因此，一堂微课自身需要系统性，而一组微课所表达的知识点则需要全面性。综上所述，微课具有以下特征。

📝 学习笔记

1. 授课人讲授性

讲课的教师可以在视频中出镜，也可以只提供声音。

2. 流媒体播放性

微课能够基于网络流媒体以视频、动画等格式播放。

3. 教学时间较短

时间一般以 5～10 分钟最佳，但不能少于 1 分钟，最长一般不要超过 20 分钟。

4. 教学内容较少

所授知识只重点讲解某个学科知识点或技能点。

5. 资源容量较小

适合在移动设备上进行移动学习。

6. 精致的教学设计

完全的、精心的信息化教学设计。

7. 经典示范案例

真实的、具体的、任务描述与分析化的教学情境。

8. 自主学习为主

微课是供学习者自主学习的课程，更是一对一的学习。

9. 制作简单实用

制作途径和制作设备多种多样，以实用为宗旨。

10. 配套相关资料

微课需要配套相关的练习、资源及评价方法。

（二）微课的构成

微课是以教学目标为依据，围绕单一的、严格定义的知识点展开的课程资源，主要包括微课视频、进阶练习和学习任务单三个相互配套的组成部分。

1. 微课视频

通常用于解释知识点中的重要概念和内容、演示操作的方法等。

2. 进阶练习

与微课视频配套，通常采用在线测试的方法检查学生对微课视频中教学内容的掌握程度，是一种基于课程标准进行查漏补缺的学习过程。

3. 学习任务单

强调任务驱动和问题导向，将学习任务转化为激发学生思考的问题，让学生在解决问题的过程中实现学习目的。

（三）微课的分类

由于微课制作方法和制作设备多种多样，因此微课有三种不同的分类方法。

按照教学方法不同，可将微课分为讲授类、讨论类、启发类、演示类、练习类、实验类、表演类、自主学习类、合作学习类和探究学习类等。

按照教学环节不同，可将微课分为课前复习类、新课导入类、知识理解类、巩固练习类、知识拓展类等。

按照制作手段不同，可将微课分为 PPT 类、录屏类、拍摄类、交互类等。

二、微课制作流程 >>>>>>>>>>>>>>>>>>>>>>>>>>>>>>>

在制作微课前，需要先做好准备工作，即了解微课的制作流程。一节完整的微课制作应该包括微课选题、脚本设计、素材准备、微课制作、后期处理等环节，如图 6-12 所示。

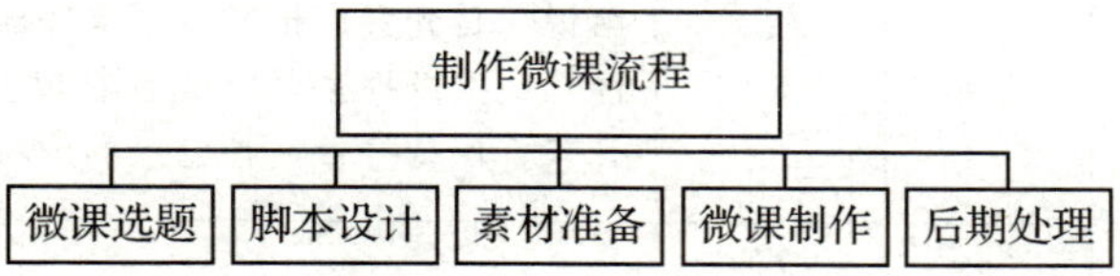

图 6-12　微课制作流程

（一）精选微课主题

选择中班美术课糖果树，将制作糖果树的过程设计制作成一节微课，让学生在 5 分钟内仔细观看、清晰识别、深入理解，从而突破教学活动中的难点和重点。

（二）设计教学脚本

选择好教学主题后，就可以根据教学内容对微课的结构和教学环节进行设计了。设计教学脚本有利于厘清教学思路，为制作提供依据。微课《糖果树》设计脚本如表 6-2、表 6-3 所示。

表 6-2　中班美工《糖果树》微课脚本设计

系列名称	中班美工
本微课名称	糖果树
知识点描述	把各种颜色的皱纹纸揉搓成球形，给糖果球涂上糨糊，选择自己喜欢的颜色粘贴到圆锥形卡纸上，粘贴过程中使每一粒糖果球都紧紧地靠在一起，没有缝隙，按照自己的喜好安排每一排的颜色，按顺序一排一排粘贴。
知识点来源	学科：＿＿美术＿＿　　　年级：＿＿中班＿＿
教学类型	□讲授型 □问答型 □启发型 □讨论型 □演示型 □联系型 □实验型 □表演型 □自主学习型 □合作学习型 □探究学习型 □其他
适用对象	学生：□幼儿 □小学 □初中 □高中 □其他 教师：□班主任 □幼儿教师 □普通任课教师 □其他 其他：□软件技术 □生活经验 □家教 □其他
设计思路	根据幼儿已有的经验，选择相关的废旧材料皱纹纸和圆锥形卡纸，指导幼儿制作精美的糖果树，美化自己的生活，激发幼儿对周围环境和生活中美好的事物产生兴趣。

表 6-3　教学过程

序号	画面/内容	时长（秒）	效果	声音
1	片头字幕	10 秒		配乐钢琴曲（持续至整个微课）
2	糖果树成果展示	5 秒	页转到	解说：今天袁老师带大家制作一棵糖果树
3	字幕：材料准备	3 秒		

续表

序号	画面/内容	时长（秒）	效果	声音
4	皱纹纸、圆锥形卡纸、糨糊、空花盆等材料放在桌上	6秒		解说：首先要用到的材料是皱纹纸、圆锥形卡纸、花盆、糨糊
5	字幕：制作演示	3秒		
6	教师坐中间，旁边两位小朋友，教师示范将皱纹纸揉搓成球，画面下方出现操作的提示字幕	13秒		解说：首先我们把皱纹纸揉搓成球形 注意：把纸捏紧，以免在粘贴过程中小纸球松散开来，保持好每一粒糖果的形状
7	教师指导男孩揉搓糖果球	7秒	拉伸	
8	教师指导女孩揉搓糖果球	18秒		
9	全部揉搓完成糖果球	5秒		解说：当我们把需要的颜色揉成团以后，接下来就是粘贴的过程
10	教师示范粘贴糖果球到圆锥形卡纸上，粘贴糖果球到圆锥形卡纸的顶端	60秒	左右滑动	解说：我们可以选择用两张皱纹纸搓在一起使其变成一个大一些的糖果球，从圆锥形卡纸的顶端开始粘贴，由于顶部粘贴面积比较小，所以我们可以在糖果球的缝隙里涂一些糨糊，把圆锥的尖顶插到糖果球里
11	教师指导女孩粘贴糖果球	20秒		解说：接下来我们就选择自己喜欢的颜色开始粘贴
12	教师指导男孩粘贴糖果球并再次示范	30秒	左右滑动	解说：粘贴过程中要注意的是，每一粒糖果球都要紧紧地靠在一起，不要有缝隙。按顺序一排一排粘贴，可以按照自己的喜好安排每一排的颜色
13	小朋友、教师粘贴糖果球特写	40秒		
14	糖果树成果展示	20秒		
15	片尾字幕	10秒		

（三）准备微课素材

脚本旁白、图片、视频、音乐和音效是制作微课的要素，教学脚本设计完成后，确定所需的媒体素材，就要开始准备制作需要的文字、图像、声音、动画、视频等内容了。

1. 文字准备

微课讲解中需要的文字可以在文字处理软件中输入与编辑，如 WPS 等，这些文字处理软件通常可以设置字体、字号、颜色等。

2. 图像准备

制作者可以直接在网络中搜索下载微课中需要使用的图片，也可以使用数码相机、手机拍摄。获取的图像通常还需要通过图像处理软件，如 Photoshop、美图秀秀、光影魔术手等进行构图裁剪、大小调整、亮度调节与对比度调整等。

3. 声音准备

微课中使用的声音素材同样可以直接从网上搜索下载，或使用计算机话筒录制声音，但最后还需要通过音频处理软件，如 Adobe Audition、GoldWave 等来剪切长度、去除噪声、添加合成等。

4. 动画准备

微课中使用到的动画素材也可以在网上搜索下载得到，还可使用专门的动画制作软件，如 Flash 等自行制作动画。初学者也可以将下载的素材动画进行第二次加工，修改出更加符合教学要求的个性化动画。

5. 视频准备

微课中要使用的视频素材可以在网上搜索下载，还可以使用数码相机、手机拍摄。但拍摄的视频通常都需要经过视频处理软件，如用 Camtasia Studio、会声会影等进行剪切和编辑才能在课件中使用。

（四）制作微课视频

根据使用的微课视频制作手段和技术的不同，其呈现方式也不同。通常可分为拍摄型微课、录屏型微课、交互型微课和混合型微课。例如，录屏型微课在完成音频和摄像头、屏幕像素、灯光设计、环境调试、熟悉演讲、厘清思路等准备工作后，教师只需要按下录制键，借助屏幕录制软件，即可完成微课视频的自动录制。

（五）完善后期制作

完善后期制作主要包括对已经录制好的视频进行编辑、美化和保存，包括把视频片头和片尾的空白部分剪除，为视频的片头和片尾添加背景音乐等。

仔细检查浏览微课，对于细节部分，如间隔时间太长或太短、标题不合理、镜头变化不自然等都可以进行修改。

三、微课制作方法 >>>>>>>>>>>>>>>>>>>>>>>>>>>>>>>>>>>

微课的制作工具多种多样，根据制作工具的不同，在制作方式上分为软件屏幕录制、数码设备拍摄制作和综合类混合制作等。这些制作方式虽不同，但最终输出的文件格式都需要适合网络视频的播放。

（一）软件屏幕录制制作方式

以录屏为主的微课制作一般由授课人独立完成。常用的录屏型微课制作软件如 Camtasia Studio 屏幕录制软件，不仅可以录制，还可以进行后期编辑，如添加片头、添加字幕、添加标注、进行视频剪辑、添加视频特效、添加配音、消除噪声等。

（二）数码设备拍摄制作方式

以拍摄为主的微课制作主要采用数码摄像机、数码相机、摄像头以及平板电脑和智能手机等，用这些设备对教学过程进行拍摄，然后使用视频编辑软件进行处理，生成微课。

（三）其他类型的微课制作方式

除了上面介绍的微课制作方式外，还可以使用交互式 Articulate、综合型 Captivate、"可汗学院"平台、"微讲台"等软件制作微课。

学习笔记

四、微课制作软件 Camtasia Studio 8 的基本使用 >>>>>>

Camtasia Studio 是专业屏幕录像和编辑的软件套装。软件提供了强大的屏幕录像、视频剪辑和编辑、视频菜单制作、视频剧场和视频播放等功能。使用该软件，用户可以方便地进行屏幕录制和配音、视频剪辑、过场动画设置、说明字幕和水印添加、视频封面和菜单制作、视频压缩和播放等操作。

第一步：在"开始"—"所有程序"—"TechSmith 文件"中，有两个快捷图标，一个是视频录制，另一个是视频编辑。Camtasia Recorder 8 是视频录制，Camtasia Studio 8 是视频编辑。选择 Camtasia Recorder 8。（图 6-13）

第二步：打开后会出现视频录制软件的面板，我们看到"Select area"（选择区域），录制模式分为"全屏幕"和"自定义"两种。（图 6-14）

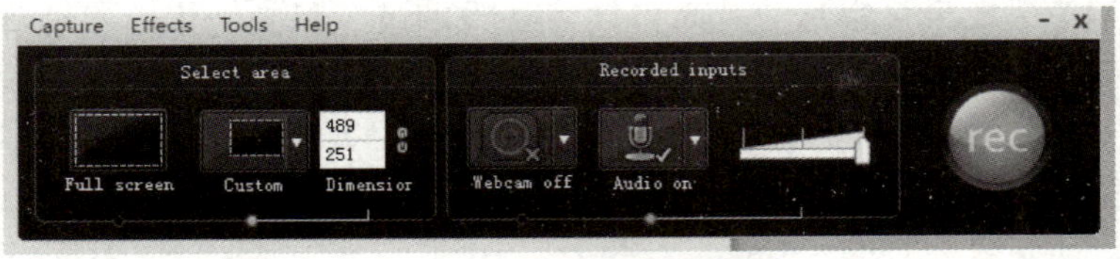

图 6-13　打开 Camtasia Recorder 8

图 6-14　Camtasia Recorder 8 界面

Full screen(全屏模式)，选择这个是录制整个屏幕。启用这个模式会看到整个屏幕边缘有绿色的虚线，这就是录制视频的范围。

Custom(常规)，这个是可以自由选择区域，选择之后会出现一个范围框，自由拖动设置范围大小，宽度和高度在右侧会有显示数字。

第三步：选择 Recorded inputs[录制输入(设备)]。

Webcam(摄像头)，计算机安装摄像头就会显示"Webcam on"，如果没有安装就显示"Webcam off"。

Audio(音频)，计算机安装相应设备就会显示"Audio on"，如果没有安装就显示"Audio off"。

第四步：单击"rec"录制按钮。单击录制按钮 ，在 3 秒钟之后就开始录制，并且提示按 F10 键停止录制。

第五步：按 F10 键停止，这时会自动出现视频预览窗口。预览窗口要注意以下几个选项的含义。

(1)Time：时间，当前播放时间、视频时间长度。

(2)Shrink to Fit：缩放到适合尺寸。

(3)View at 100%：百分百视图。

(4)Save and Edit：保存并编辑。"Produce"保存为视频文件，"Delete"删除。

第六步：单击"Produce"之后，先保存一个文件，随后会弹出对话框(有可能需几秒钟)，选择"自定义生成设置"，如图 6-15 所示。

第七步：单击"下一步"，选择 MP4，如图 6-16 所示。

学习笔记

图 6-15　生成向导

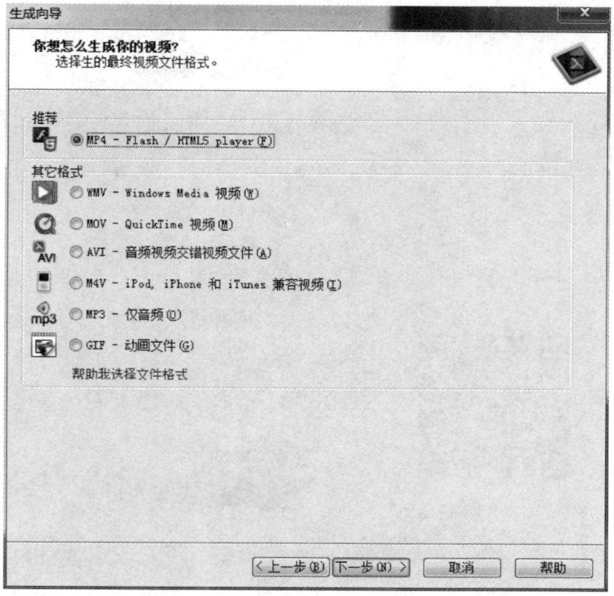

图 6-16　生成向导——视频格式

第八步：单击"下一步"，如图 6-17 所示。

第九步：输入视频名称，如图 6-18 所示。

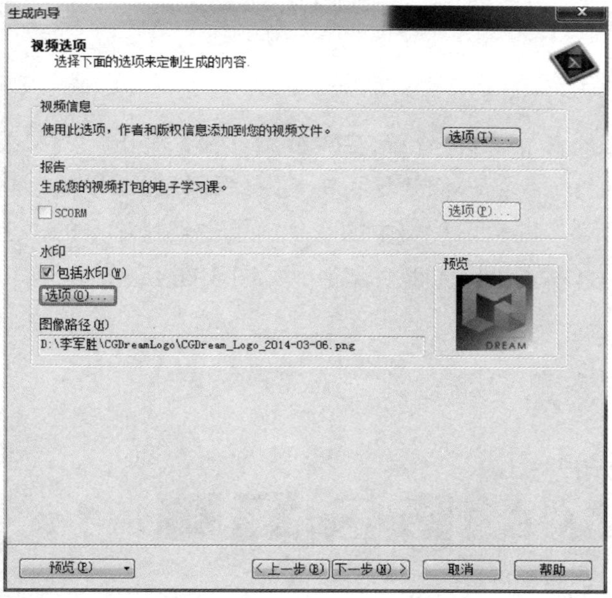

图 6-17　生成向导——视频选项

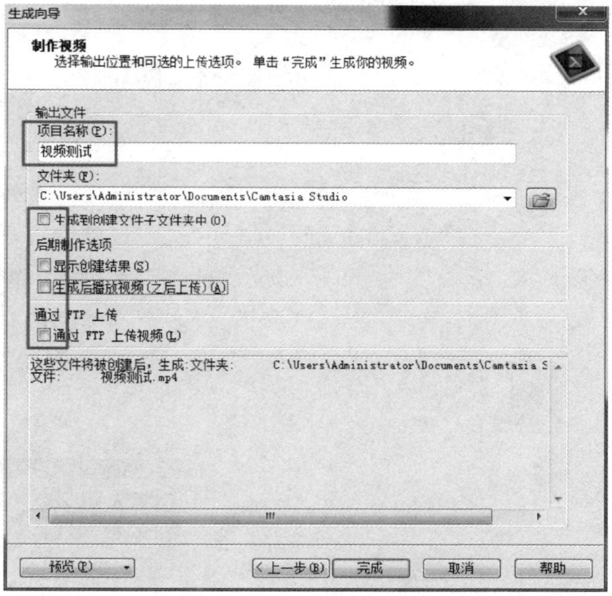

图 6-18　输入项目名称

第十步：单击完成，就开始产生视频了，如图 6-19 所示。

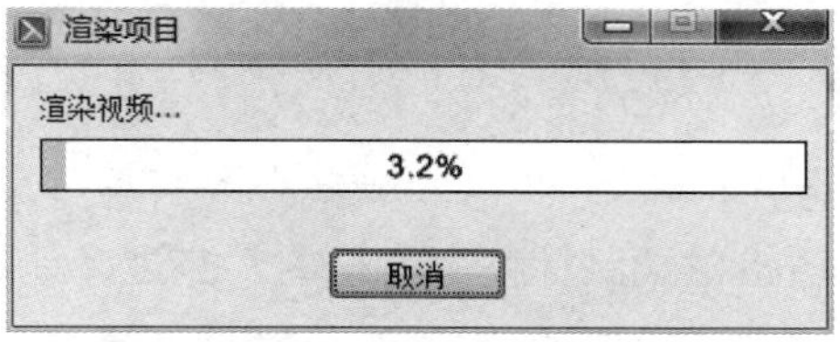

图 6-19　渲染视频

任务三
制作视频宣传短片:《关注失学儿童》

扫码看宣传
短片制作

为唤起人们对失学儿童的关注，设计制作震撼心灵的公益广告视频短片《关注失学儿童》。模仿视频短片中的效果，运用会声会影的多种转场效果以及字幕动画效果，充分利用各种素材，编辑合成并渲染输出 MP4 文件。

任务描述与分析

根据预先设计的脚本以及已有的视频、图片、音乐素材，将各种素材按视频的时间顺序拖放到视频轨道 1 上。视频中大部分转场效果都是速度较缓的交叉淡化，抒发了儿童渴望上学的内心情感。给画中画加边框可以突出叠加的画面，背景音乐设置为"淡入"效果，与画面的运动以及淡化速度相配合，给观众以视觉震撼力。

学习笔记

学习与操作

第一步：导入制作短片所需的各种素材。打开会声会影软件，单击"文件"菜单，新建一个项目。仔细观看二维码中的样例效果，在素材库面板区域中的素材种类下拉列表中，选择视频、音频、图像等种类中的一种。单击素材库中的添加素材按钮，将本样例中所需要的各类素材导入素材库中，如图 6-20 所示，一次可以同时导入多个同类的素材。

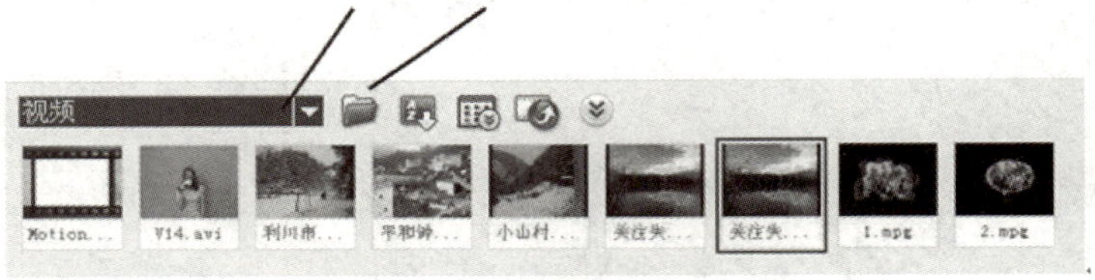

素材种类列表 添加素材按钮

图 6-20　素材库功能按钮

第二步：视频轨道 1 素材及转场效果的制作。

(1)视频轨道 1 共使用如下 8 个素材，按时间顺序分别是：蓝天绿草.mpg(0：18：00)、雪景 1.mpg(0：42：00)、雪景 2.mpg(1：01：00)、写字.mpg(01：14：00)、读书.jpg(1：29：00)、女孩 1.jpg(1：40：00)、女孩 2.jpg(1：52：00)、我想上学.jpg(2：00：00)。按以上顺序在素材库中把这些素材依次拖放至视频轨道 1，在时间轴窗格中把鼠标移至素材的右侧边缘处，当鼠标变成双向箭头时，拖动鼠标可以调整素材在项目中的时间长度，把素材的时间长度调整到以上所标的时间长度。

(2)具体素材与素材之间的转场效果如下。

蓝天绿草．mpg $\xrightarrow{\text{交叉淡化}}$ 雪景 1．mpg $\xrightarrow{\text{交叉淡化}}$ 雪景 2．mpg $\xrightarrow{\text{交叉淡化}}$ 写字．mpg $\xrightarrow{\text{三维飞行}}$ 读书．jpg $\xrightarrow{\text{淡化至黑色}}$ 女孩 1．jpg $\xrightarrow{\text{交叉淡化}}$ 女孩 2．jpg $\xrightarrow{\text{交叉淡化}}$ 我想上学．jpg(最后淡化至黑色出现字幕)。

单击素材库中的转场效果，按以上所列转场效果的顺序，选择转场效果，并将选中的转场效果拖至视频轨道 1 上相邻素材之间，拖动转场效果柄可以调整转场的速度，右击时间轴标尺，可以放大和缩小时间的显示，完成后时间轴如图 6-21 所示。

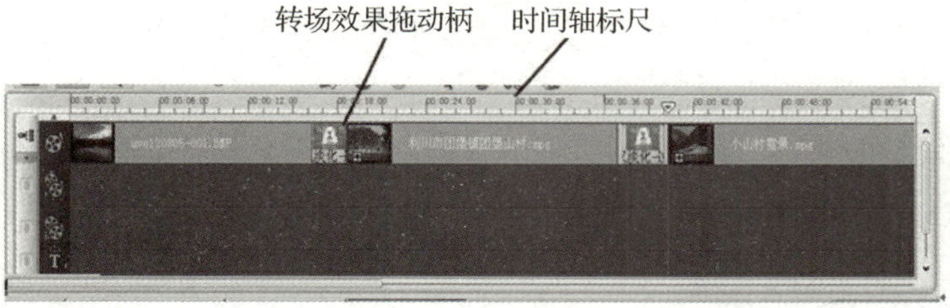

图 6-21   素材和转场效果时间轴

第三步：覆叠轨道中素材及效果的制作。

(1)将素材库中"女孩 3.jpg"图片拖至覆叠轨道 1，选中覆叠轨道 1 上"女孩 3.jpg"，单击素材属性修改区中的"属性"按钮，单击"色度"和"遮罩"按钮，出现属性修改，给图片加绿色边框，边框宽度为 2，如图 6-22 所示。

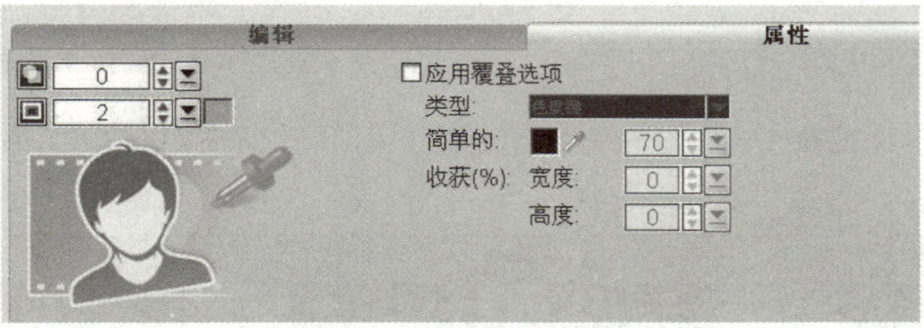

图 6-22   素材添加边框与色度遮罩属性

(2)设置"女孩 3.jpg"从画面左上角缓慢移至画面中央并停留 1 秒钟，从画面中间向右下角移动并淡出画面。选中覆叠轨道 1 上的"女孩 3.jpg"，单击"属性"，出现"方向/样式"面板，进行如图 6-23 所示的设置，拖动左右修整拖柄，设置停留时间。(图 6-24)

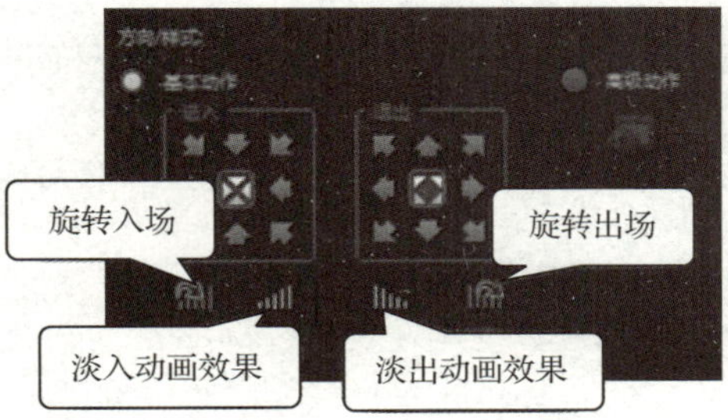

图 6-23   素材运动方式设置

图 6-24   素材在画面中停留时间设置

(3)设置覆叠轨道 2 中"校舍 1.jpg"图片,从画面右上角向画面中间缓慢移动并停留 1 秒钟,从画面中间向左移出并渐渐淡出画面。

拖动"校舍 1.jpg"素材至覆叠轨道 2,注意在时间轴中的时间位置,是拖放在"女孩 3.jpg"停留开始移动时。设置"校舍 1.jpg"的边框和运动参照上面两步。只是边框颜色和运动方向有改变,设置方式一致,其余覆叠轨道上的画面的效果均参考以上三步操作。

第四步:添加字幕,并给字幕设置动画效果。

(1)根据短片样例中情节位置,拖动时间轴中的穿梭头定位需要字幕的位置,单击操作面板中的标题,预览窗里出现"双击这里可以添加标题"的字样,双击提示处,输入"大山"字幕,设置字体、大小、颜色。如有多行字,则选择多个标题,如图 6-25 所示。

(2)设置字幕动画。在预览窗里选中字幕,单击属性区中的动画,出现如图 6-26 所示的选项,在"应用动画"前打钩,并选择一种动画效果,其余字幕制作方法类同。

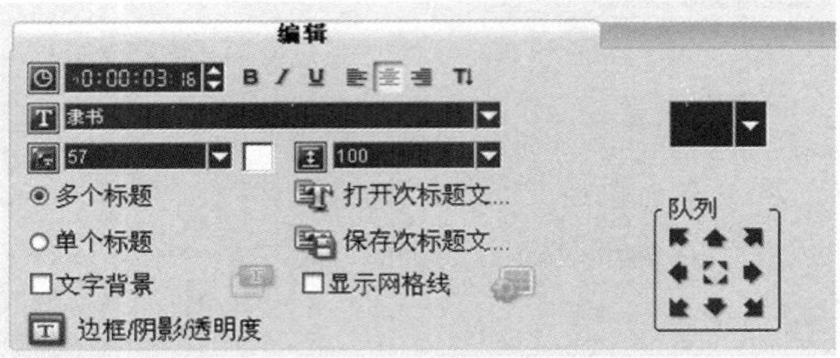

图 6-25　字幕属性设置

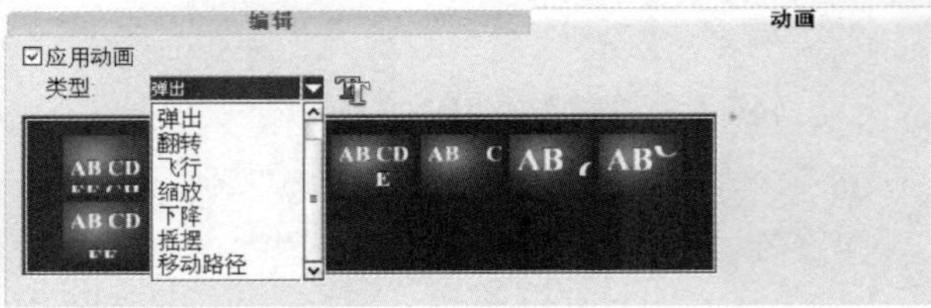

图 6-26　字幕动画效果设置

最后制作完视频 1、覆叠轨道和字幕后,时间轴窗格如图 6-27 所示。

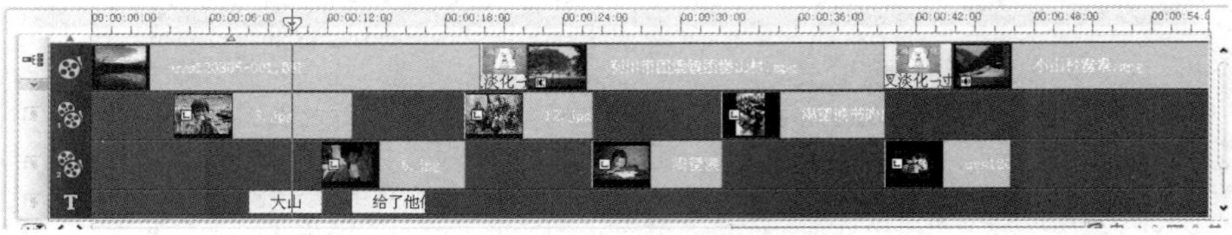

图 6-27　时间轴窗格效果图

第五步:添加背景音乐,并给音乐设置"淡入淡出"的效果。选择素材库中的音频,将素材库中的"背景音乐.mp3"拖至第二音频轨,单击音频属性面板中的"淡入"按钮,使配乐在片头处慢慢响起来,如图 6-28 所示。

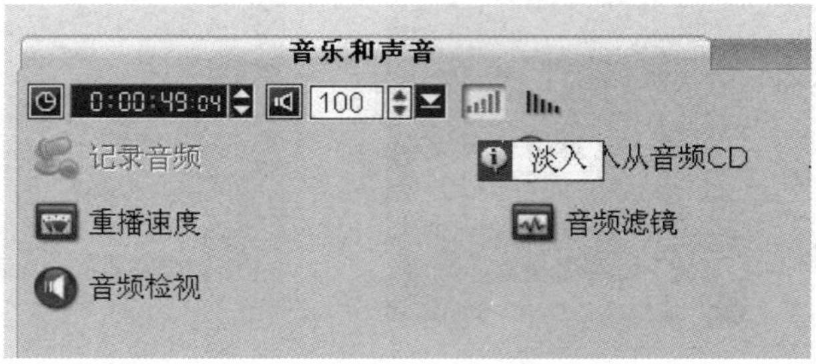

图 6-28　音乐效果设置

第六步：视频素材的渲染输出。单击操作面板中的"分享"按钮，选择属性面板中的"创建视频文件"，选择视频文件的格式，渲染完成后，可以在预览窗口中播放最后的效果。文件格式选择如图 6-29 所示。

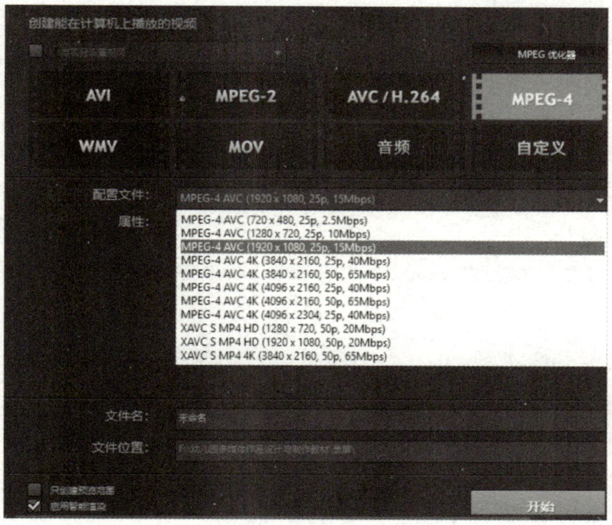

图 6-29　渲染输出视频文件格式的选择

任务四
制作微电影：《遗失的美好》

微电影，即微型电影，又称微影。微电影是短剧的一种新潮的说法，是一段完整的策划和系统制作完成的故事情节。微电影制作周期短，时效性强，更贴近大众生活，适用于互联网、多媒体、手机视频等多种平台。

"幼儿微电影"是教师借助多媒体设备(如摄像机、具有摄像功能的照相机和手机等)，以某一特定幼儿园活动为主要内容，拍摄记录幼儿在运动、生活、游戏、学习等某些方面的活动表现。电影选择的主题宜小，时长控制在 5～15 分钟即可。"幼儿微电影"的针对性很强，能聚焦教育热点、幼儿发展关键期，因此也促进了幼儿园保教与管理。

扫码看微电影制作

任务描述与分析

微电影《遗失的美好》的拍摄旨在通过主角的经历描述展现幼儿园生活的美好，引发家长对家庭教育问题的思考。

为了激发观众的观看欲望，电影从一个在幼儿园里发生的悬疑事件来展开故事描述，通过几位幼儿对悬疑事件的探秘过程，逐步解开事件真相，当真相大白时，主角通过讲述揭开事件背后深层内涵，引发观众的思考。

任务实施方法：

一、策划剧本创意写作（题材选择）

微电影以情节的高低起伏带动观众的情绪，通过故事主人公的"事与情"达到升华。因此，一个优秀的剧本是一部优秀微电影的基础，而精华就取决于剧本方案的创意。

二、分镜头脚本细分步骤（制作大纲）

细分分镜头脚本，俗称"分镜头剧本"，其目的是使拍摄剪辑更加有条理性，尽量细化，同时也使场景镜头拍摄更加省时省力。

三、前期选景

根据场景对剧本进行适当修改、复景，并做好道具准备、导演和演员选择等前期各方面的准备。

四、镜头拍摄

根据分镜头脚本进行分镜头拍摄，并将拍摄视频保存到本地文件夹中。

五、后期编辑

将拍摄所得的视频素材剪辑到一起，添加效果和字幕，配上声音，形成完整的影片。

📚 学习与操作

第一步：打开视频编辑软件，在视频编辑区插入视频素材，方法与前面任务相同。（图 6-30）

第二步：对视频素材进行剪切、变速等编辑操作。（图 6-31）

图 6-30 插入素材

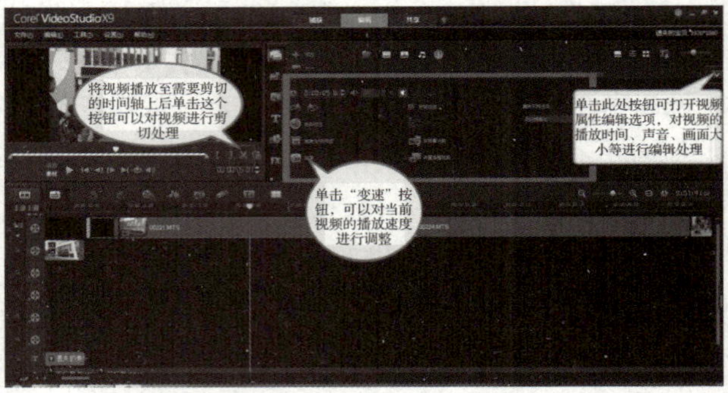

图 6-31 剪切、变速处理

第三步：在编辑片头片尾时，可以选择视频模板，增强影片播放效果。将视频模板拖到视频轨道，替换轨道上的素材，如图 6-32、图 6-33 所示。

图 6-32　视频模板

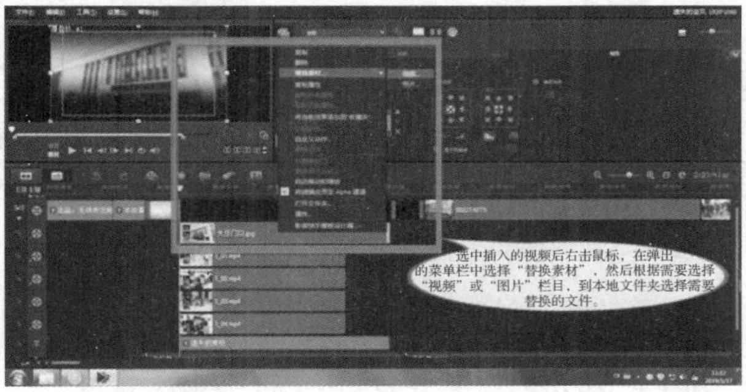

图 6-33　替换素材

第四步：在片头片尾及影片中，可以插入字幕，进行片名及字幕的插入编辑。
（图 6-34）

第五步：根据需要插入所需的音频文件。（图 6-35）

图 6-34　添加字幕

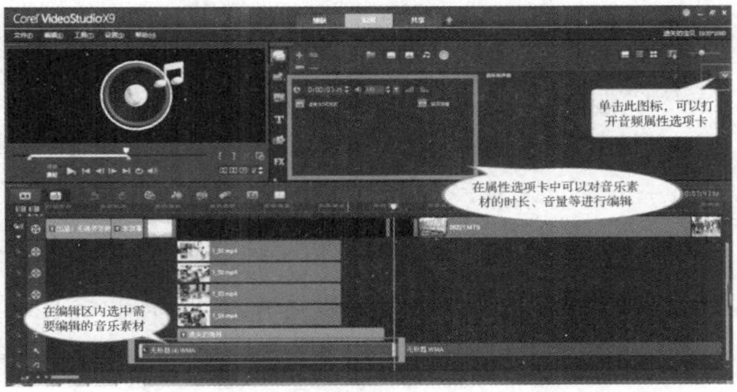

图 6-35　插入音频文件

第六步：给两个视频素材的衔接切换加入转场效果。拖动转场效果至两个视
频素材之间，如图 6-36 所示。

第七步：视频剪辑完成后，单击"共享"选项卡进行文件保存。（图 6-37）

图 6-36　添加转场效果

图 6-37　分享输出视频文件

任务五
制作中班数学微课:《找一找》

扫码看数学
微课制作

幼儿园数物对应游戏活动中，活动的重难点是 7 以内数量的数物对应。数学活动的内容相对比较枯燥，为了激发幼儿的学习兴趣，需要制作《找一找》微课，帮助幼儿学会不受实物大小、颜色特征的影响和不同排列形式的干扰判断 7 以内等量的物体，同时能自己检测学习成果。该微课的特点是利用 PowerPoint 录屏，再通过 Camtasia Studio 8 编辑完成。

任务描述与分析

根据活动内容设计制作 PowerPoint 演示文稿，本例 PowerPoint 演示文稿包括以下功能。第一，按物取数。根据画面中出现的小动物，请幼儿点数出动物数量，选择对应的数字。第二，按数取物。画面上会陆续出现三种动物或物品，请幼儿数一数每种物品的数量，随后找出相同数量的物品。第三，操作练习。请幼儿根据微课中的操作要求，进行对应的实物操作练习，匹配相同数量的物品。

接着将 PowerPoint 演示文稿播放效果录屏，录制 PowerPoint 演示文稿屏幕可以采用两种方式，一种是利用 PowerPoint 自带的视频录制功能，还有一种是利用 Camtasia Studio 8 中的录屏功能。把录屏的视频导入 Camtasia Studio 8 中，通过编辑、添加字幕和配音，形成完整的微课。

学习与操作

本微课是通过录制 PowerPoint 演示文稿视频制作而成的。

一、利用 Camtasia Studio 8 录屏制作幻灯片播放效果视频

第一步：录制准备。

(1)根据活动内容设计制作 PowerPoint 课件。(图 6-38)

(2)准备一个带话筒的耳机，将绿色插头插入计算机耳机孔，将橘色插头插入话筒插孔中。(图 6-39)(本例是用台式计算机来制作，如果是笔记本电脑，可以直接利用笔记本电脑自带的话筒进行录音。)

第二步：录制幻灯片内容。

(1)单击 Camtasia Studio 8 窗口中"录制屏幕"按钮，出现录制面板，如图 6-40 所示。

(2)在本例中，录制幻灯片画面时还需要把幻灯片里的声音录制下来。单击"音频开"，弹出菜单，选择"录制系统音频"，如图 6-41 所示。

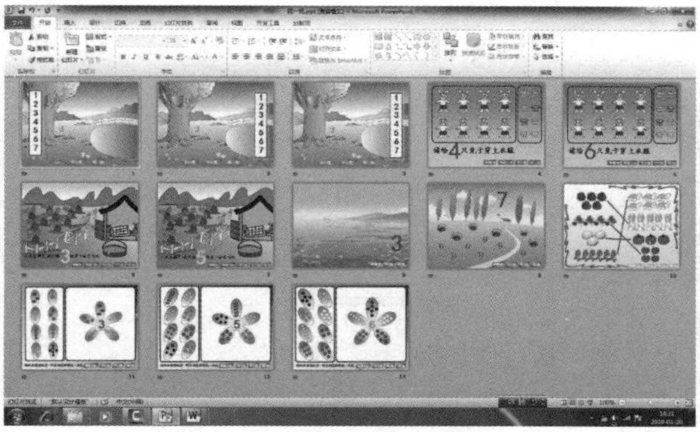

图 6-38　《找一找》幻灯片页面

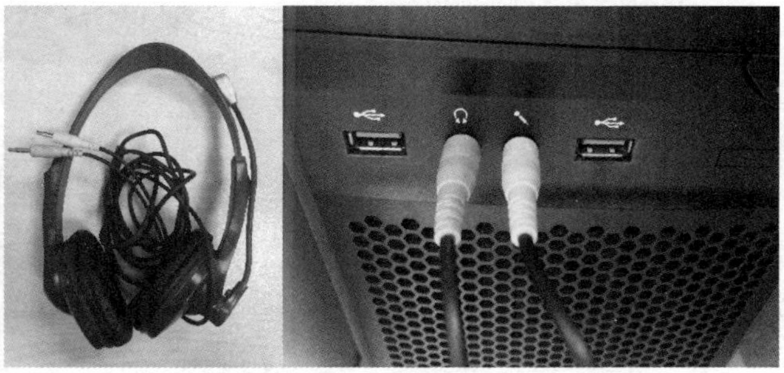

图 6-39　话筒接入计算机麦克风插口

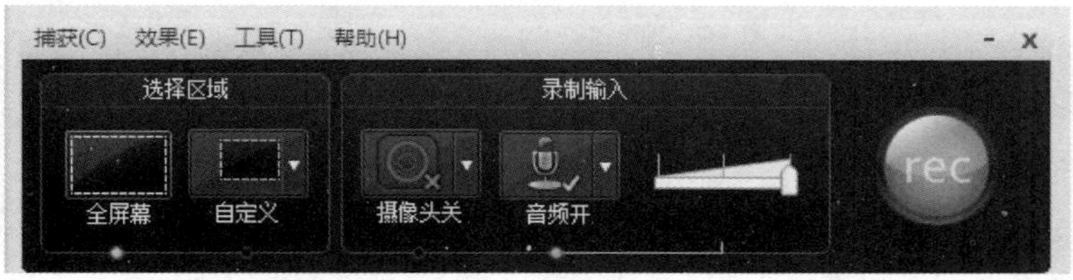

图 6-40　录制屏幕面板

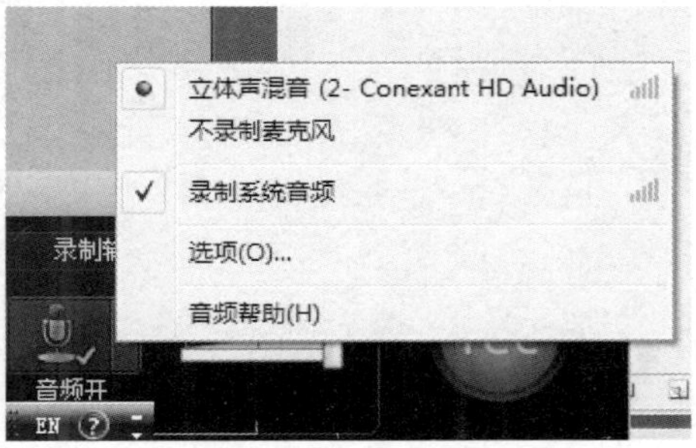

图 6-41　录制系统音频

单击录屏面板中的"录制"按钮，开始录屏，同时开始播放幻灯片。在录制过程中可以暂停或停止，如图 6-42 所示。单击"停止"录屏按钮，会出现保存视频的对话框，如图 6-43 所示。

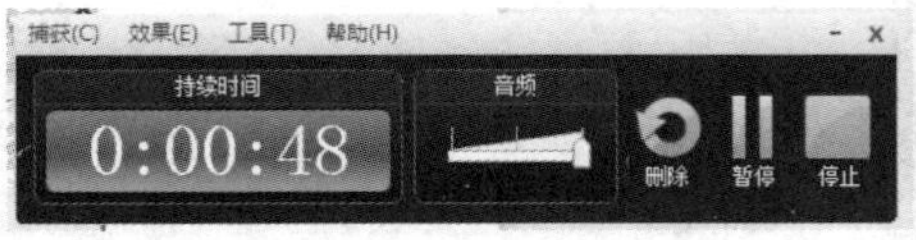

图 6-42　录制暂停和停止按钮

图 6-43　录屏保存设置

第三步：编辑录屏视频。

（1）单击 Camtasia Studio 8 窗口中"导入媒体"按钮，导入录屏视频，将录屏视频拖至轨道 1。在这里由于幻灯片内容以及演示时间均根据实际教学需要，因此录屏视频素材不需要进行过多的剪辑，只需要左右拖动轨道上素材的长度和出入点就可以。

（2）制作片头、片尾字幕。

单击"添加标注"按钮，将形状列表弹出，选择"T"，设置片头的字体、颜色、大小等，输入片头字幕，如图 6-44 所示。

第四步：录制旁白配音。

单击语音旁白，出现旁白录制面板，如图 6-45 所示。单击开始录制，执教教师开始解说幻灯片中的画面，同时将声音录制下来，也可以在 Camtasia Studio 8 中配入解说。

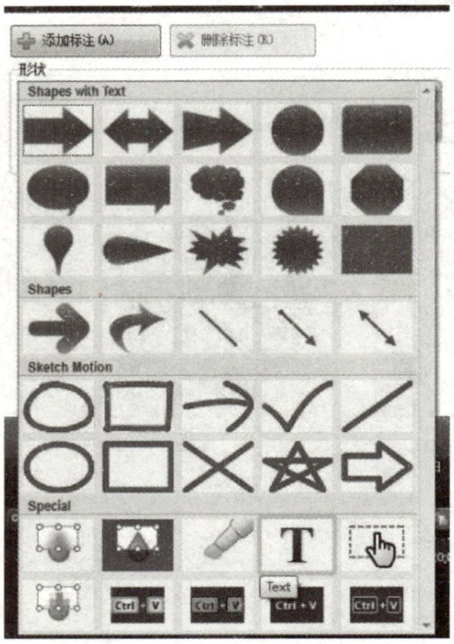

图 6-44　添加标注

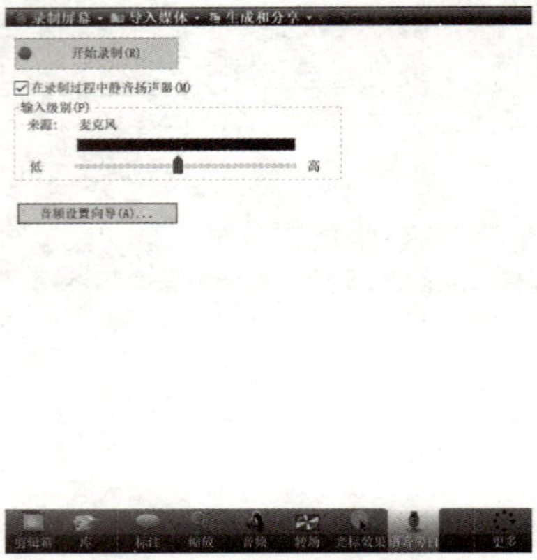

图 6-45　录制语音旁白

经过编辑添加字幕以及配音后，《找一找》微课的时间轴如图 6-46 所示。

第五步：视频导出。

视频剪辑完毕，我们还需将微课导出，成为一个可以在计算机中播放的视频文件。单击"文件"菜单下的"生成并共享"选项，依照"生成向导"提示操作，选择 1080p 的 MP4 文件，最后单击"完成"按钮，即可输出微课视频，如图 6-47 所示。

视频导出后，还可以对视频剪辑的工程项目进行保存，以便今后发现问题，继续修改。单击"文件"菜单下的"保存项目"选项，可保存视频剪辑工程。

图 6-46　微课《找一找》时间轴

图 6-47　生成 MP4 文件

二、利用 PowerPoint 录制幻灯片演示制作微课 >>>>>>>>>

第一步：根据活动内容完成幻灯片设计后，单击菜单栏中"幻灯片放映"一栏，再单击此栏目中"录制幻灯片演示"按钮，选择"从头开始录制"。（图 6-48）

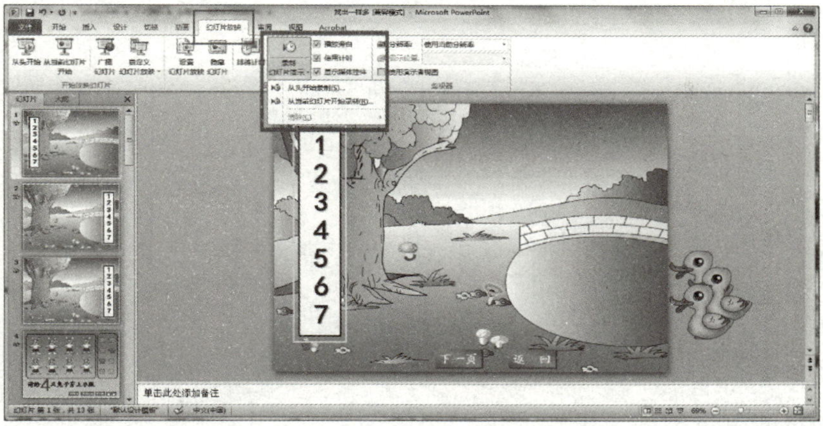

图 6-48　将幻灯片录制成视频

第二步：在弹出的对话框中，勾选“幻灯片和动画计时”“旁白和激光笔”两个选项后，单击“开始录制”。(图 6-49)

学习笔记

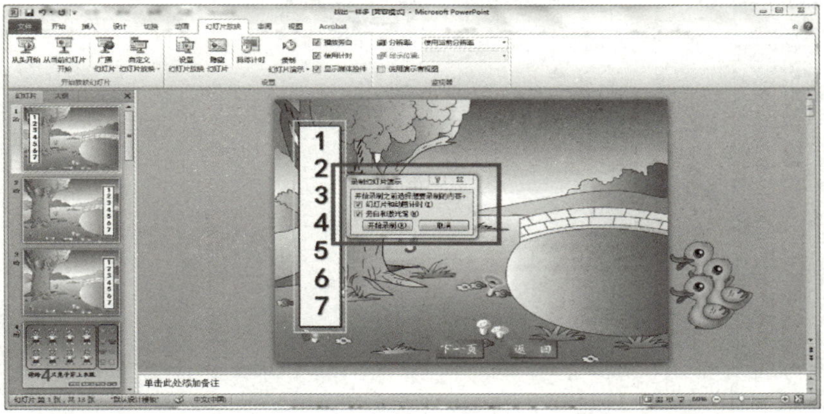

图 6-49　录制旁白

第三步：戴好耳机和话筒，结合幻灯片播放，进行教师旁白的录制。(图 6-50)

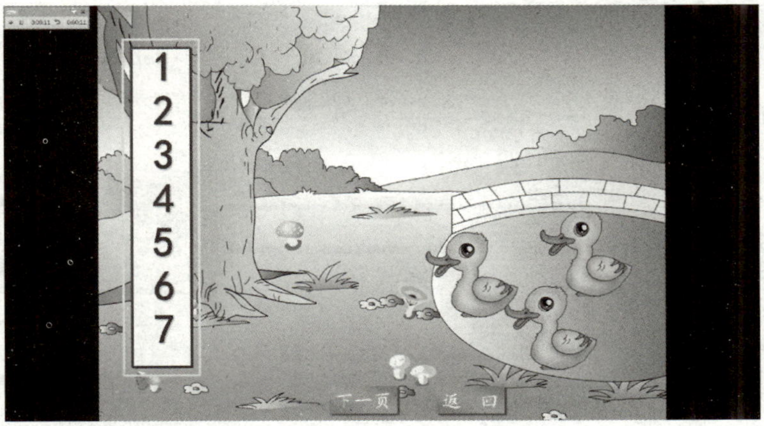

图 6-50　录制页面

第四步：幻灯片播放完毕，录制结束后，会自动进入如图 6-51 所示的页面。

第五步：单击“文件”菜单栏，选择“另存为”选项。(图 6-52)

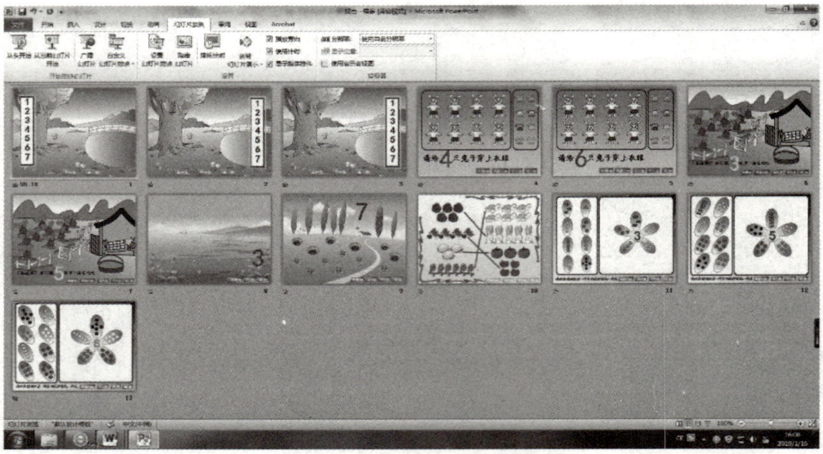

图 6-51　录制结束页面

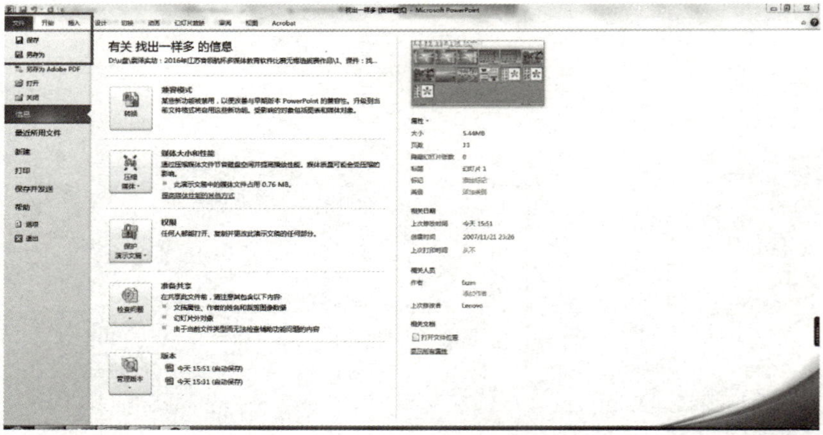

图 6-52　另存视频

学习笔记

第六步：在弹出的对话框中，单击“保存类型”选项，在里面选择“Windows Media 视频”。（图 5-53）

第七步：在对话框中选择文件保存地址，并输入文件名，最后单击“保存”按钮，等待文件保存成功后，由幻灯片录制成微课视频即制作完成。（图 6-54）

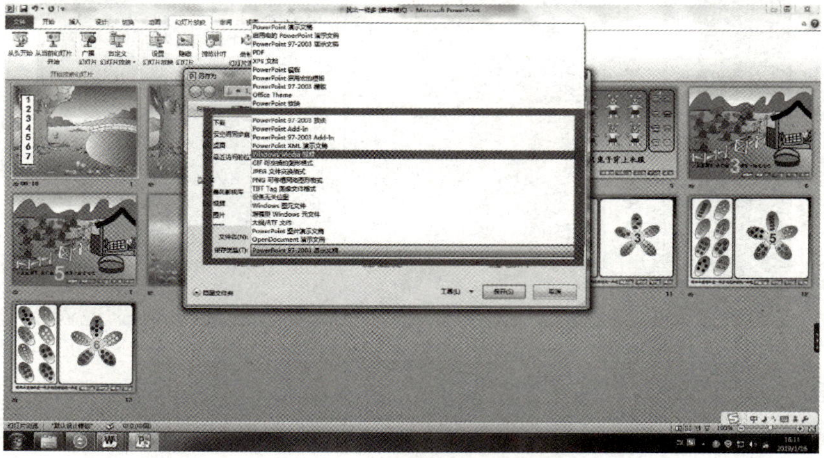

图 6-53　选择保存类型

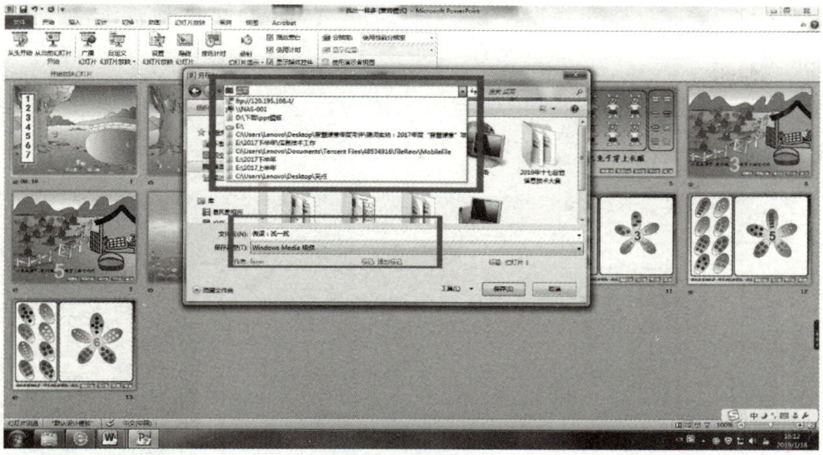

图 6-54　输入视频文件名

任务六
制作中班美工微课:《糖果树》

根据《幼儿园教育指导纲要(试行)》中关于幼儿园艺术教育的精神,即"提供自由表现的机会,鼓励幼儿用不同艺术形式大胆地表达自己的情感、理解和想象,尊重每个幼儿的想法和创造,肯定和接纳他们独特的审美感受和表现方式,分享他们创造的快乐"设计中班美工活动——糖果树。此活动指导幼儿运用废旧的条状皱纹纸和圆锥形卡纸,制作出一棵精美的糖果树,用来美化自己的生活,激发幼儿对周围环境和生活中美好的事物产生兴趣。为了更好地开展这个活动,需要预先将制作过程以及成品展示拍摄下来制作成微课,让孩子通过微课中的镜头定格、慢放、放大功能等仔细观察制作过程,还可以让家长和孩子一起在家庭中学习,开展亲子制作,激发幼儿创造美的情趣,形成具有幼儿个性特点的独一无二的艺术作品。因此这样的微课具有推广和实用价值。

扫码看美工
微课制作

任务描述与分析

制作这个微课时,首先用智能手机将糖果树美工制作的全过程拍摄下来,导入到 Camtasia Studio 8 软件中。利用软件对拍摄的素材进行剪辑,把制作的过程分解为几个片段,给每一段添加提示字幕,每一段之间添加转场效果,给观赏者以段落清晰的感觉。再给每一段配上教师的解说,添加片头、片尾字幕,这样就形成了一个完整的操作演示类微课。

学习与操作

第一步:拍摄糖果树美工制作过程。

第二步:导入所拍素材以及准备的片头素材。

（1）双击 Camtasia Studio 8 图标，新建一个项目文件并保存项目为"糖果树．camproj"。

（2）单击"导入媒体"按钮，出现导入媒体对话框，将需要导入的视频素材均选中。按住 Ctrl 键点选素材可以将多个素材同时选中。（图 6-55）

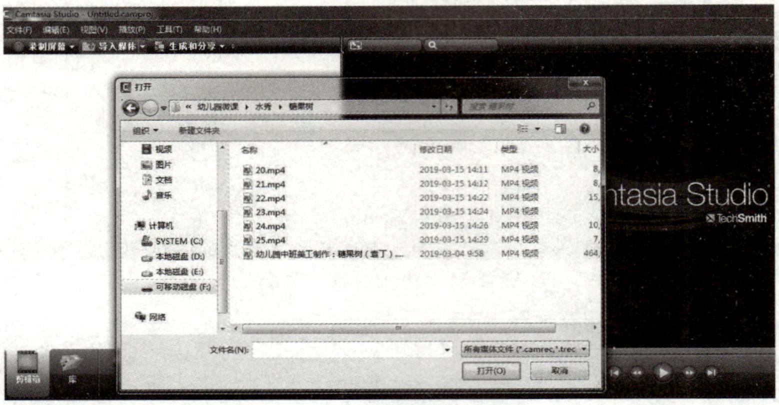

图 6-55　导入素材

第三步：剪辑视频素材。

在拍摄过程中，难免会产生同步解说错误或操作演示失误等问题，为保证微课视频的正确性，我们首先要对微课视频素材进行剪辑处理。

（1）将素材添加到时间轴。

首先，可以通过拖拽或右击的方式将素材导入时间轴。以古典花纹生长视频素材为例，具体方法为：选中视频素材"古典花纹生长．mov"后右击，在弹出的快捷菜单中，选择"添加到时间轴播放（A）"，这样视频素材就自动按顺序排列到时间轴上，也可以直接将"古典花纹生长．mov"素材拖至轨道 1 上。（图 6-56）

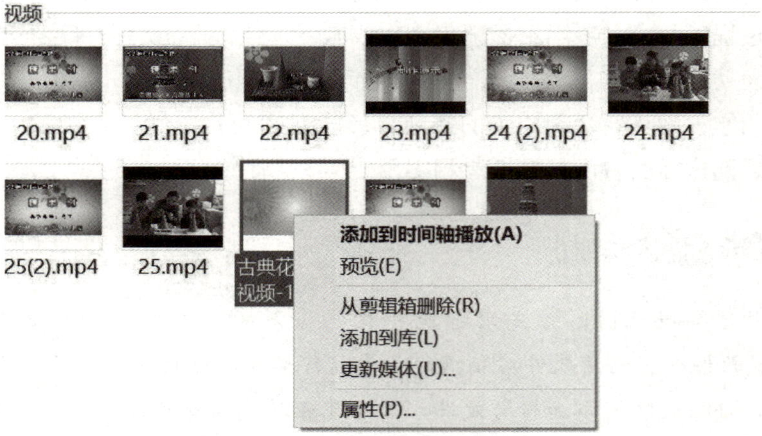

图 6-56　添加素材至时间轴轨道

其次，将片头背景图以及拍摄的美工制作过程素材按时间顺序分别拖至轨道 1 上。轨道 2 上拖放画中画效果的视频素材，轨道 3、轨道 4 等主要用于添加字幕和标注。如果拍摄制作过程中同时录制了解说，则将视频素材拖至轨道 1 后，轨道 1 上是拍摄的视频，轨道 2 是画面和解说混合在一起的。在视频剪辑操作中，还可以对轨道 2 上音画混轨的素材进行分离操作，将音频单独列为一个轨道，方便剪辑，如图 6-57 所示。本微课中的解说是采用视频编辑完成后进行后期配音的。后期配音的方法是，先将时间轴指针定位到需要录制旁白的位置，单击"语音旁白"按钮，开始录制语音旁白，如图 6-58 所示。

图 6-57　分割视频素材按钮

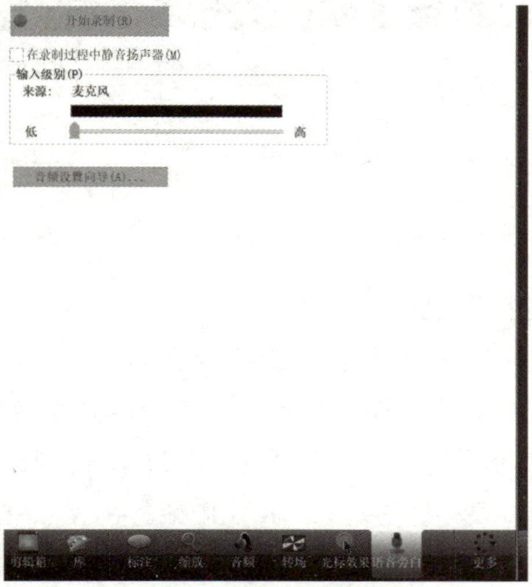

图 6-58　语音旁白按钮

最后，将视频素材拖至轨道 2 会产生画中画效果，在整个微课中哪些地方出现画中画效果，需要预先设计好，并在时间轴上做好标记，在剪辑时将视频素材拖至轨道 2，产生画中画效果，如图 6-59、图 6-60 所示。

图 6-59　轨道 2 中的视频素材

图 6-60　画中画效果

（2）视频剪辑。

首先，视频素材添加到时间轴后，单击"播放"按钮或按下键盘上的空格键，即可开始播放视频，进行视频的预览。当播放到某段视频讲解、操作有误或者在某处停顿时间过长，需要剪辑时，可按下键盘上的空格键暂停播放。

其次，拖动时间轴上的三角标，将时间线定位在需剪辑的开始处，单击上方的"分割"按钮，可将素材分割成两段；拖动时间线至视频剪辑结束处，再次单击上方的"分割"按钮，这样视频素材即被剪切成三段，中间的一段是需要舍弃的视频素材。

再次，选中需舍弃的视频素材，按 Delete 键，或右击鼠标，在弹出的菜单中选择"删除"可将素材删除。（图 6-61）

图 6-61　轨道 1 视频素材

最后，剪辑结束，需拖拽后面的素材与前面的素材连接起来，并尝试播放一下，看看视频播放是否流畅。

第四步：添加转场过渡效果。

转场效果其实就是在一段视频结束之后，以某种效果转换到另一个片段的视频镜头。为使视频镜头的切换衔接更加自然、有趣，我们可以使用 Camtasia Studio 8 提供的各种转场效果制作出令人赏心悦目的画面变化。

本例选择的转场效果及对应的时间是：17′22″页转到；1′01″拉伸；3′24″左右滑动。单击"转场"按钮，弹出"转场"面板，用鼠标将需要的转场效果拖拽到视频分割的位置，即可产生各种转场效果。尝试播放一下，看看视频播放过程中过渡是否合理。（图 6-62、图 6-63）

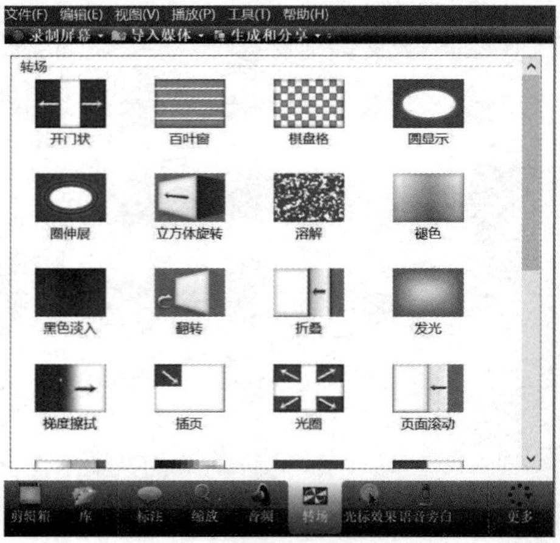

图 6-62　转场效果按钮图

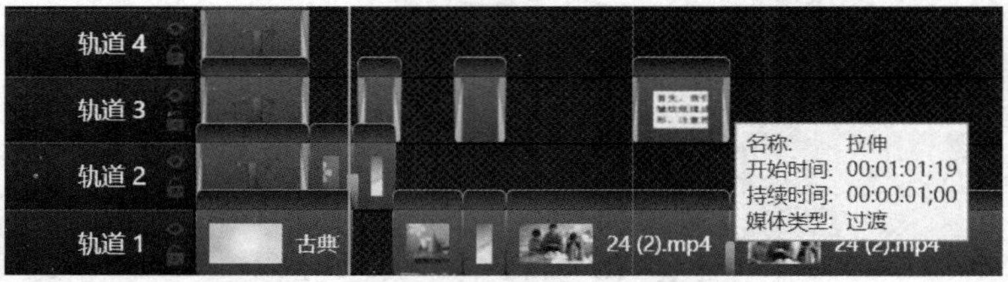

图 6-63　已添加的转场效果

以上即为视频剪辑的大致流程，下面我们可以拖拽其他视频素材到时间轴，对素材一一进行剪辑，并根据需要添加过渡效果。剪辑是一个细致、漫长的过程，在剪辑视频的过程中，往往需要一遍又一遍重复播放，看看剪辑过渡是否流畅、前后画面衔接是否合理。

第五步：制作片头、片中、片尾字幕。

在 Camtasia Studio 8 中制作片头、片中、片尾字幕是运用添加标注来完成的。片头字幕一般比较复杂，有微课标题、执教者、单位等信息，需要几行，因此要分几次输入。单击"标注"按钮，将形状列表弹出，选择"T"，设置片头的字体、颜色、大小等。如图6-64所示，为片头字幕效果图。

　　Camtasia Studio 8中标注的字体效果比较少，如要做一些加边框以及艺术字效果等，无法实现。这时可以借助会声会影做片头字幕，也可以用PowerPoint把片头字幕做成艺术字，复制成图片用到Camtasia Studio 8的标注中来，如图6-65所示。也可以把微课的片头字幕做成PowerPoint艺术字并添加自定义动画，录制做成视频素材用到Camtasia Studio 8中编辑。

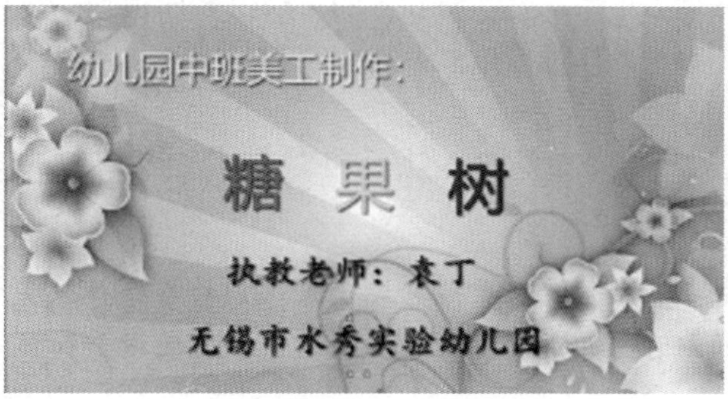

图 6-64　片头字幕效果

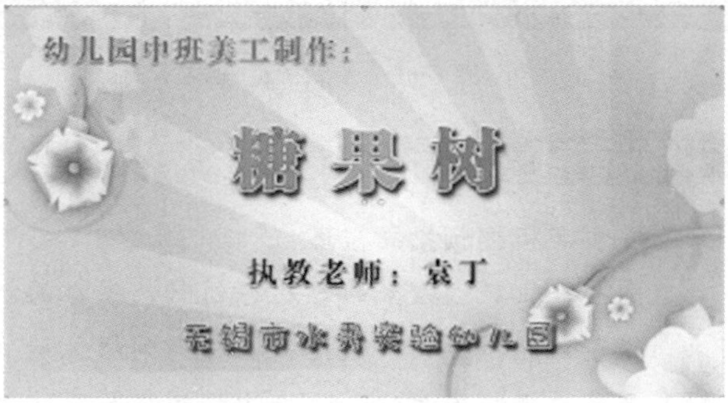

图 6-65　PowerPoint艺术字做成片头字幕效果

　　片中字幕用添加标注里的矩形，对矩形填充颜色，并打上文字，这样字幕就打在矩形形状的底色上，有突出字幕的作用。本例中在以下时间位置输入片中字幕标注：48″、1′36″、2′06″、2′38″、2′50″，如图6-66所示。

　　片尾字幕的做法与片头字幕的做法相似。

　　第六步：给微课配音、配乐。

　　微课的声音一般单独放在一个轨道上，本微课中配音和配乐各占一个轨道。背景音乐只需要将音乐素材拖至轨道上。配音相当于旁白，需要录制。单击"语音旁白"按钮，设置有关选项，单击开始录制，录制完成后，以扩展名为".wav"的文件保存，如图6-67所示。

图 6-66　片中字幕提示效果

　　结束录音时单击停止录制，如图6-68所示。单击停止录制后会弹出让用户保存声音的对话框，输入文件名"配音.wav"。在Camtasia Studio 8中语音旁白录制文件只支持".wav"格式的声音文件，配音录制结束，将录制的旁白音频拖入轨道。

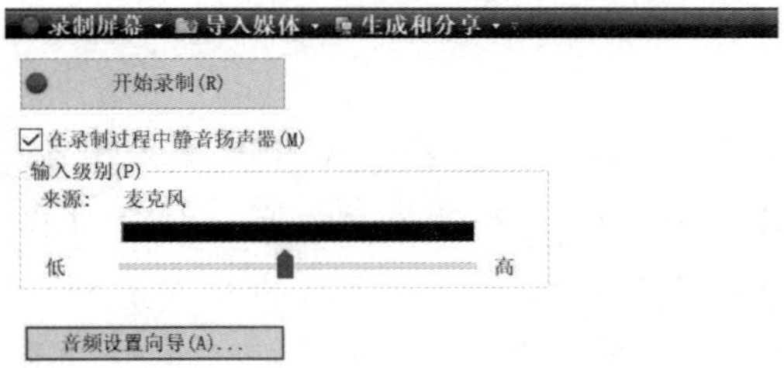

图 6-67　录制语音旁白

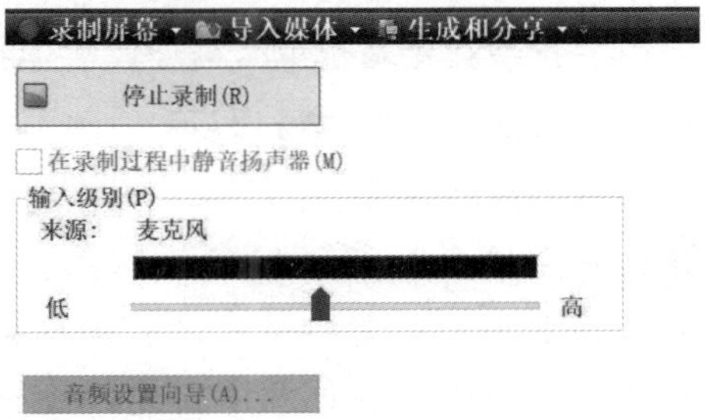

图 6-68　停止录制

图 6-69　最后的时间轴

第七步：回放整体时间轴并修改。

编辑完成后的时间轴需要进行回放，观察字幕是否与语音同步，语音是否与画面配合。编辑完成后的时间轴如图 6-69 所示。

第八步：视频导出。

单击"文件"菜单下的"生成并共享"选项，依照"生成向导"提示操作，选择 1080p 的 MP4 文件，单击"完成"按钮，即可输出微课视频。视频导出操作过程和方法与前面任务相同。

拓展学习

一、手机视频拍摄技巧

随着手机拍摄技术的普及与创新，手机的视频拍摄功能越来越能轻松地满足人们的各类拍摄需求。用手机拍摄视频只需把相机转换到摄像模式，手机还可以拍摄出 4 K 的高清视频。运用手机拍摄高质量的视频画面时，必须注意以下事项。

（一）横幅拍摄

虽然手机本来就是一个竖幅屏幕，但当在其他地方或者其他屏幕播放此视频时，则会出现屏幕两边有黑边占用空间，影响观影体验。因此用手机拍摄视频时一般选择横幅拍摄。

（二）拍摄时保持平稳

拍摄视频的清晰度最为重要，而画质的稳定又是决定视频清晰度的关键，所以在拍摄手机视频时，要尽量拿稳手机。由于手机比较轻便，在手持手机的时候很容易发生抖动。因此，在使用手机拍摄静态画面时，拍摄者可以借助稳定的大型物体来固定手机，如桌子、柜子、墙壁、大树等。有条件的用户可以购买一些手机辅助拍摄设备，如三脚架、多变脚架、快门线等，这些设备都可以在一定程度上帮助拍摄者稳定拍摄的画质。

（三）把握拍摄距离

很多人在用手机拍摄视频时，都喜欢站得远远地拍摄。由于手机的视频分辨率有限，远距离拍摄的场景又比较小，这样视频的细节可能无法完全展现出来。因此，拍摄者的手机应与被摄主体保持合适的距离，但也不要太近。

（四）手动设定曝光与对焦

手机摄像头的对焦功能难以达到摄像机的对焦效果，在拍摄视频时经常会看到画面从模糊到清晰的过程。为了让手机在拍摄中不频繁改变曝光和对焦，在拍摄前尽量先找好焦点，不要在拍摄时再去频繁对焦，以保证画面的流畅性。

（五）注意光线的运用

拍摄视频光线是十分重要的，好的光线布局可以有效提高画面质量。在人像拍摄时多用柔光，可以增强画面美感，避免明显的暗影和曝光。如果光线不清晰，可以手动打光，灯光打在人物的脸上，或用反光板调节。也可以用光线进行艺术创作，比如用逆光可以营造出缥缈、神秘的艺术氛围。

（六）使用经典构图

在一些重要的令人印象深刻的镜头中，我们可以使用构图规则，引导观众的视线，吸引观众。如运用黄金分割法、九宫格构图、对角线构图、S形构图法等。

此外，动态视频的拍摄要讲究四个字——"平、稳、匀、准"，具体含义如下所述。

平：指所摄画面中的地平线一定要平，不能倾斜。垂直性质的直线如旗杆等应与寻像器的竖边平行。

稳：任何不必要的晃动，会使人心生烦躁和不安，从而破坏画面的气氛和观众的观赏情绪，影响画面内容的表达。因此，拍摄镜头时，尽量利用各种支撑物，控制好呼吸，使用广角摄取画面等，尽可能保持画面稳定。

匀：指运动镜头的速度要匀，如推、拉、摇、移等运动镜头，都应当匀速进行，不能时快时慢、断断续续。

准：一方面是指落幅要准。运动镜头的拍摄中，画面的构图、焦点都在不断变化，为了保持构图均衡、画面清晰，常常结合多种技巧，结束时落幅画面中镜头的焦点、构图等应该是最佳的。另一方面，准还有一些其他的意思：正确的重现彩色，白平衡调整要正确，聚焦要准确，光圈调整要准确等。

二、手机视频编辑软件的使用

使用手机视频编辑器，可将手机中视频片段修剪或分割成新的视频。与计算机视频剪辑软件相比，手机视频编辑软件的入门难度较低，人们不需要专业技能就可以制作出效果较好的视频。手机视频编辑软件很多，有快剪辑、爱剪辑、巧影 KineMaster、剪映等。

快剪辑是360浏览器推出的一款小视频制作剪辑软件，相比其他视频制作软件，这款软件剪辑视频更加快速高效，剪辑完成就可以发布上传，非常方便。录制完成后，还可以添加特效字幕、水印签名等多种效果，精确到帧、高效修剪，支持画面分割、混剪、音频调节等多种剪辑操作。快剪辑也有计算机客户端软件，在里边可以进行添加标注等操作。

下面主要介绍快剪辑 App 的功能和使用方法。快剪辑是提供给用户录制小视频及剪辑等功能的技术服务工具，包含剪辑功能、录制小视频功能、视频美化加工功能、分享发布功能等。（图 6-70、图 6-71）

快剪辑支持在线剪辑和本地剪辑两种模式，便于素材快速获取。如果所需视频是在线资源，则可直接将链接复制进软件，实现边看边剪。此外，它的录屏框大小和清晰度都可以自定义调节。

录制小视频：支持录制全网范围内所有视频，只要可以播放，就可以录制。插件提供了超清录制、高清录制、标清录制三种录制模式，还可自定义区域录制。视频录制完之后，插件还提供了简单的视频处理功能，包括裁剪、特效字幕、去水印等，可对视频进行简单加工，还可以对视频进行变速播放。

视频美化加工：多种美化功能，操作简单，快速制作小视频。

一键分享至多平台：快剪辑插件支持在线剪辑，插件内关联了众多自媒体号，剪辑完成后直接上传发布，省去烦琐的上传分享操作，一键即可分享至多平台。

图 6-70　快剪辑 App 界面 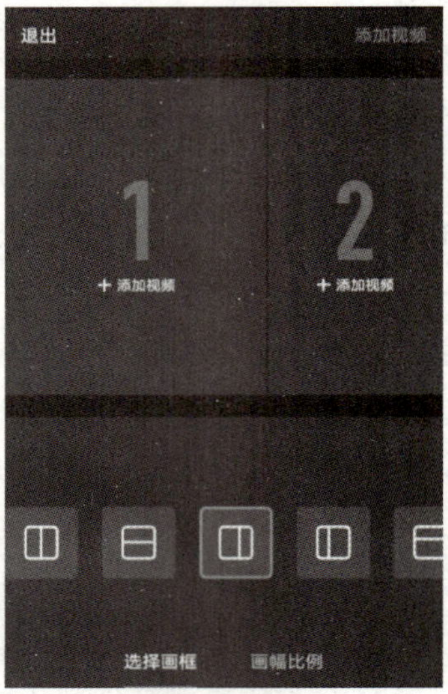　　　　图 6-71　快剪辑视频同框

思考与练习

一、基础练习

1. 常见的视频格式有哪些？如何进行视频格式转换？

2. 用手机拍摄校园视频，运用视频处理技术在会声会影中合成一段完整的视频。

3. 微课的特点和分类是什么？微课的制作流程和制作方法是什么？

4. 根据幼儿园五大领域内容设计制作 PowerPoint 演示文稿，用 Camtasia Studio 8 将幻灯片放映效果屏幕录制下来并配上字幕和旁白，制作成微课。

5. 使用日常生活中的智能手机拍摄一个关于"手工折纸"的视频素材，使用 Camtasia Studio 8 软件编辑视频并添加片头和声音，整合成一个手工折纸的微课。

二、提高练习

1. 上网探究视频编辑软件的种类，并就其视频处理功能进行比较。

2. 下载并安装用于视频编辑的手机 App 软件，比较它们的特点及用法。

3. 用快剪辑或爱剪辑手机 App 编辑一段视频，自选主题，并配上音乐、解说和字幕。

4. 探索录制幻灯片的方法及给幻灯片录屏配解说的方法。

项目七
交互式电子白板作品设计与制作

学习目标

1. 了解 SMART Notebook 作品设计思路与制作流程。
2. 熟悉 SMART Notebook 白板软件的各项功能和基本操作。
3. 掌握 SMART Notebook 作品制作中页面复制、图形绘制等基本操作。
4. 掌握 SMART Notebook 作品制作中图片、声音等对象的插入。
5. 掌握完整制作一个 SMART Notebook 作品的方法。

思维导图

什么是交互式电子白板

交互式电子白板软件 SMART Notebook

初识交互式电子白板作品

制作对象移动互动式白板作品：《打醋买布》

交互式电子白板作品设计与制作

制作"隐藏与显示"的效果

制作嵌入PowerPoint、SWF的互动式白板作品：《小岛寻宝》

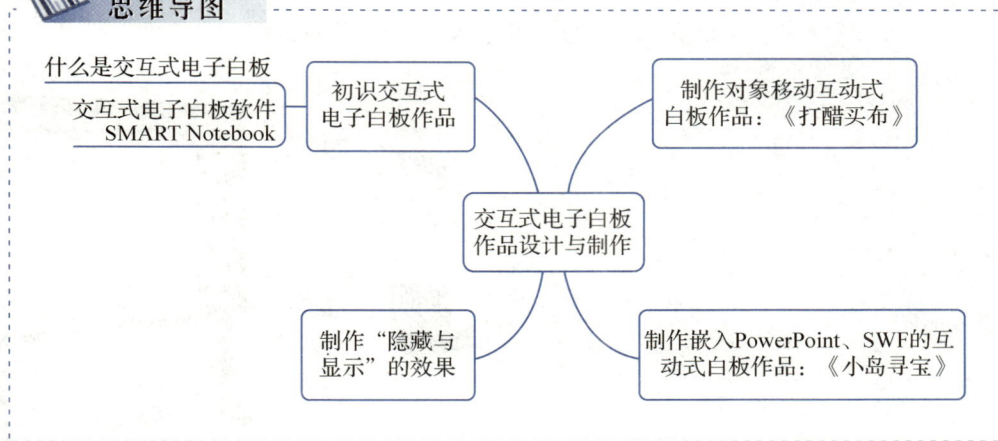

近年来，越来越多的幼儿园关注信息交互设备在主题教学活动中的应用，重视幼儿的教学活动操作体验，交互式电子白板在各类幼儿园教学活动中的应用逐渐普及。利用 SMART 交互式电子白板辅助教学活动，教师与孩子可以零距离地接触和操作白板，可以用笔或者手指直接操作，实现人机合一。本项目以在幼儿园运用较常见的 SMART 交互式电子白板为例，引导学习者熟悉交互式电子白板配套软件的操作，掌握交互式电子白板多媒体作品的设计思路和制作流程。

任务一
初识交互式电子白板作品

✎ 学习笔记

交互式电子白板作品在幼儿园教学活动中广泛使用。例如，在幼儿园语言活动中，教师可以找一幅中国的地图，将其拖动到编辑区，请孩子上台用笔找出所指的地方；再如，对于物体运动之类的内容，教师可以用手指拖动相应对象，实时表现出运动的轨迹，从而提高孩子的学习兴趣。

任务描述与分析

本任务主要让学习者了解交互式电子白板的功能，了解交互式电子白板软件 SMART Notebook 的功能和基本用法。

学习与操作

一、什么是交互式电子白板 >>>>>>>>>>>>>>>>>>>>>>>>>>>>>

交互式电子白板可以与计算机进行信息通信，将电子白板连接到计算机，并利用投影机将计算机上的内容投影到电子白板屏幕上，可以构造一个大屏幕，创设交互式教学环境。交互式电子白板结构如图 7-1 所示。

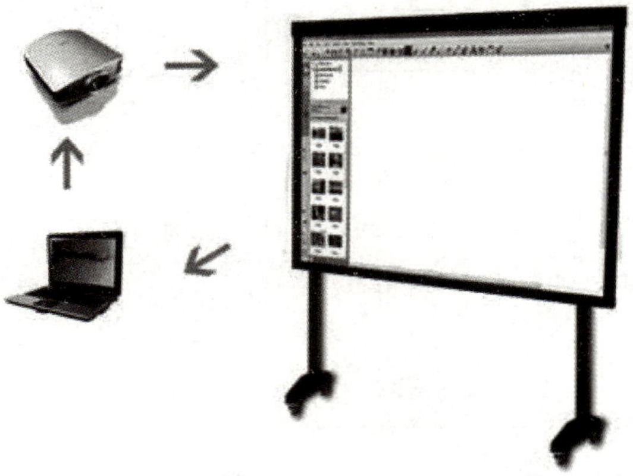

图 7-1　交互式电子白板结构图

二、交互式电子白板软件 SMART Notebook >>>>>>>>>

SMART Notebook 是一款与 SMART 交互式电子白板相配套的优秀白板课件制作与演示软件。SMART Notebook 界面十分人性化，使用方法易于掌握。教师除了写、画以外，还可以将资源库中的各种媒体组织起来，完成在办公软件套件中 PowerPoint 所能达到的效果。同时，它还有很多针对教学而专门创设的探照灯、屏幕遮罩、魔术笔等工具，可以直接辅助课堂教学的开展。如在呈现图片时，可引入探照灯工具，教师在制作课件时将图片先遮罩起来，到课堂上时，通过探照灯来查看；在呈现课题时，可引入屏幕遮罩来实现课题内容从页面的上边到下边、从左边到右边逐渐展开的功能，就像歌剧院的幕布一样，收放自如。这些功能，可以增加学生学习的乐趣，提升学生学习的兴趣，同时也达到了学生探索学习的目的。利用 SMART 电子白板教学，教师和学生可以直接零距离地接触和操作白板，可以用笔或者手指直接操作课件，实现人机合一。通过 SMART Notebook，可以让学生更加生动形象地掌握知识。

SMART Notebook 软件同时还是一个非常易于使用的开放性教学平台，利用这个软件，教师可以轻松收集、整理素材，不需要很高的技术水平，也不需要花费太多时间。教师用软件的屏幕截取功能一步完成截取和插入图片，如果需要改变图片的大小、角度等，也可以直接在软件中编辑，非常直观、快捷。SMART Board 桌面记录器还可以将计算机上的任何操作录成".avi"格式的视频文件，文件体积可以压缩得很小。此外 SMART Notebook 还可以将编辑过的内容保存下来以供课后反思。

SMART Notebook 软件是电子交互白板不可分割的一部分。它具有小块松散组合的操作、拖页功能，具有强大的工具和网络服务，兼容性较好，PowerPoint、Flash 等课件都能顺利播放，并能非常方便地导入或导出多种格式的文件。

任务二
制作"隐藏与显示"的效果

孩子对未知的事物总是充满着好奇。在教学活动中，根据幼儿学习的进度，教师创造性地运用遮挡、隐藏等效果，逐步呈现资源，这不仅有利于吸引幼儿的兴趣和注意力，更能有效引导幼儿思维的发展。在大班数学活动——小区里面趣事多中，教师希望幼儿在教学活动中，能根据人物举着的门牌号码，猜测门牌号在大楼中的正确位置。这需要利用 SMART Notebook 制作一个演示动画，使得单击不同房间后，可以显现房间的门牌号码。

任务描述与分析

SMART 交互式电子白板中，使用屏幕遮盖按钮、绘制对象或聚光灯，通过拖拉、移动，可以实现内容的显示与隐藏。在本例中，大楼不同房间有不同的门牌号码，需寻找一个遮挡物事先遮蔽，单击后，遮挡物消失，门牌号码显现出来。在 SMART Notebook 软件中，用表格添加单元格阴影的属性，给单元格添加阴影，实现门牌号码的显示与隐藏。

学习与操作

第一步：打开 SMART Notebook 软件，新建一空白页，导入背景素材，并用梯形工具绘制大楼的屋顶。(图 7-2)

第二步：插入 5×2 的表格，代表大楼的不同房间，并在每个单元格里填入不同的门牌号码。(图 7-3)

第三步：选中单元格右击，选择"添加单元格阴影"，为每一个单元格添加单元格阴影，则每一个门牌号即被遮挡，如图 7-4 所示。

第四步：测试白板作品，单击单元格阴影，则遮挡消失，后面的门牌号码显示出来。(图 7-5)

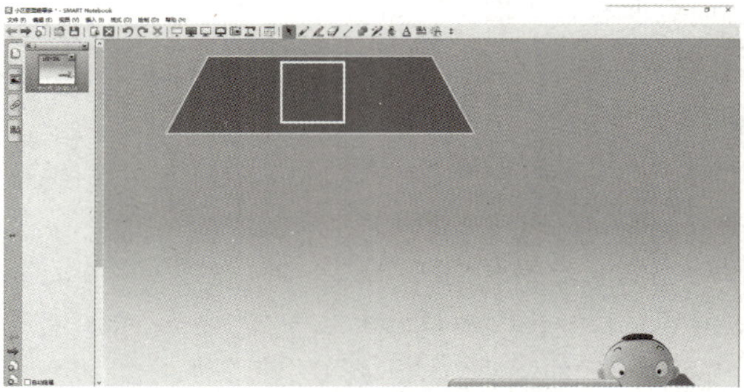

图 7-2 绘制大楼屋顶

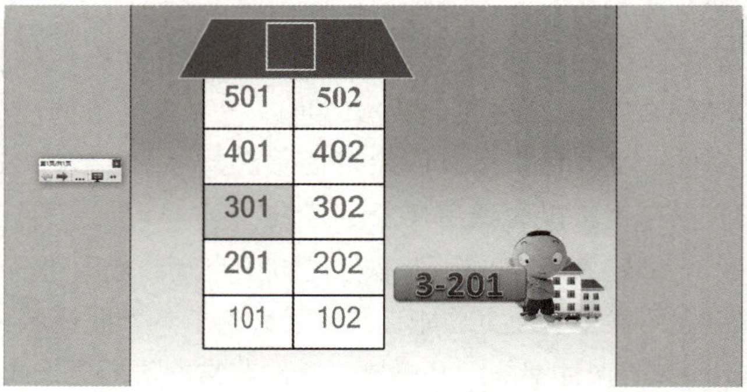

图 7-3 输入门牌号码

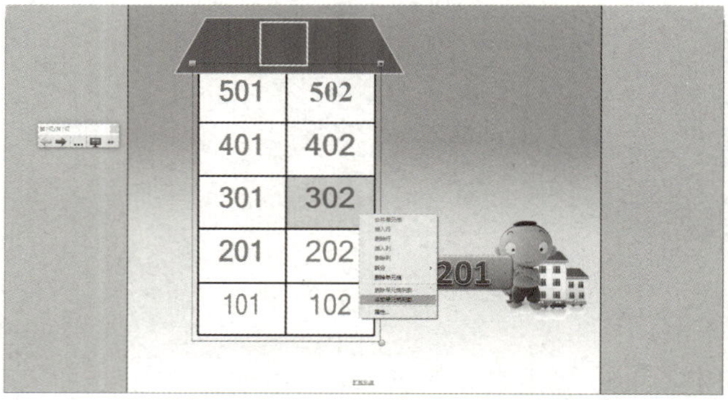

图 7-4 添加单元格阴影，遮挡门牌号

图 7-5 遮挡消失，显示门牌号

任务三
制作对象移动互动式白板作品：《打醋买布》

在幼儿园的教学活动中，交互式电子白板制作的作品与普通 PowerPoint 作品最大的不同，就是孩子可以在白板上亲自动手，对作品里的对象进行拖拉、移动以及单击触发隐藏等操作。孩子在白板上单击与移动，不再是使用他们不熟悉的

鼠标，而是握着白板笔或直接用手指在白板上点按，这使得孩子参与活动更加贴近实际。绕口令《打醋买布》是一节幼儿园大班的语言活动，通过图示提示，帮助孩子识记绕口令内容，也可通过对图示内容的移动遮罩，开展互动游戏活动。

任务描述与分析

对象是 SMART Notebook 软件中最基本的元素，对象可以是图片、音频、线条、图形、文字等，而当对象导入 SMART Notebook 软件后，如不锁定位置，选择对象可以在屏幕的任何位置进行移动操作。在本例中，需要对教学活动方案进行合理的思考，制作 SMART Notebook 作品，将比较多、一样多的对象素材导入不同页面上，产生不同的练习页。

实施任务的具体措施：设计、完善 SMART 电子白板教学活动设计表。

与幼儿园其他的教学活动相比，SMART 电子白板教学活动有所不同。在利用 SMART 电子白板开展教学活动时，教师还要兼顾 SMART 电子白板的各项交互功能在活动中更好地实现与使用。为使这些功能更好地在教学活动中体现出来，为幼儿教学活动服务，在教学设计之初，可以将每个环节的交互功能使用在教学活动设计表中单列出来，帮助教师在开展活动前更好地运用系统方法分析教学活动中可能出现的问题，确定教学活动目标，修改活动方案，优化教学活动效果。

我们参考历届 SMART 杯交互式电子白板教学应用大赛采用的 SMART 电子白板教学活动设计表，设计了本节活动的方案。

学习与操作

第一步：素材准备，绕口令内容相关图示素材；软件准备，SMART Notebook 10.8。

第二步：制作作品第一页。

作品第一页通常用于展示活动标题，创设活动情境。在本例制作中我们采用图文结合展示作品的第一页。

(1)图片素材的导入及处理。

单击"插入"—"图片文件"菜单，在弹出的"插入图片文件"对话框中定位到素材文件夹目录下，依次插入图片素材"爷爷""醋瓶""布匹"。单击选中插入的图片素材，调整图片的大小、位置等；对不需要移动的"爷爷""醋瓶""布匹"素材，依次右击"锁定位置"，将对象锁定，防止对象移动；为使活动引入部分增加神秘感，可以对"爷爷""醋瓶""布匹"素材对象添加对象动画，单击对象后，淡入出现。(图 7-6)

(2)添加屏幕遮盖。

在活动开始前，为不让幼儿事先了解本活动的学习对象及内容，增加学习活动的神秘感，可以为页面增加屏幕遮盖功能，覆盖画面内容，待学习活动时再慢慢展示。

单击"视图"—"屏幕遮盖"或单击常用工具栏上的"显示"—"隐藏屏幕遮盖"按钮，可以为页面添加屏幕遮盖。(图 7-7)

图 7-6　插入图片

图 7-7　添加屏幕遮盖

第三步：单击"添加页"按钮，制作第二页。

(1)设置页面背景。

SMART Notebook 页面背景可以是图片对象，也可以是颜色、图形、图像的填充。在本页制作中我们采用较简单的颜色填充方式修改页面背景。

右击页面空白区域，在弹出的右键菜单中，选择"设置背景"选项，可以打开侧边的"属性"选项卡，也可以直接单击侧边的"属性"选项卡修改页面属性。页面背景填充有实心填充、渐变填充、图案填充、图像填充四种。本例采用实心填充，选取颜色为"绿色"，使页面背景呈现绿色效果。(图 7-8)

(2)插入图片并调整图片的大小、位置。

为本页依次插入"爷爷""醋瓶""布匹""老鹰""兔子"图片素材。(图 7-9)

(3)绘制分割线。

在 SMART Notebook 作品制作时，有些简单的图形素材可以通过 SMART Notebook 软件来制作，如本页中放置的"分割线"配件。

单击常用工具栏中的"图形"按钮，选择"线条"，在图像素材顶部绘制一条线，单击"属性"选项卡，为线条设置填充效果、线条样式等。对不需要移动的"分割线"素材，右击"锁定位置"，将对象锁定，防止对象移动。(图 7-10)

图 7-8　填充背景色

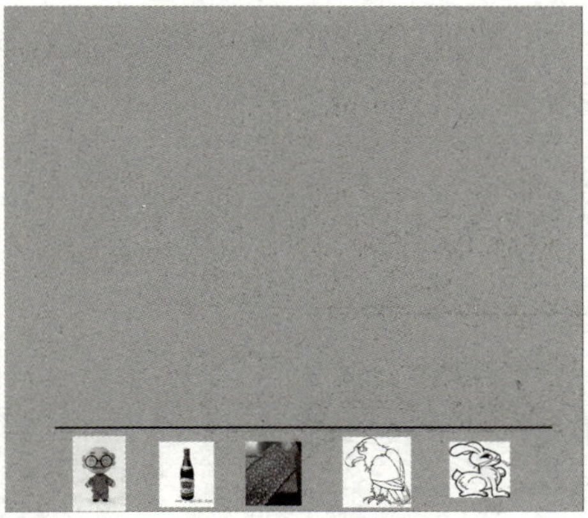

图 7-9　图片素材插入

图 7-10　线条设置

第四步：第二页深化。

　　本例作品的第二页上只添加了绕口令的主要素材图示，教师或幼儿可以根据绕口令内容自由拼组，有些素材图示需要运用许多次，那需要添加若干的图示放在页面上吗？实际是不需要的。右击素材，选择"无限克隆程序"，则素材右上角就出现了"∞"符号，代表素材可以无限复制使用。复制时只需要选中图片素材，向上拖到需要的位置，不断复制产生相应的素材即可。(图 7-11)

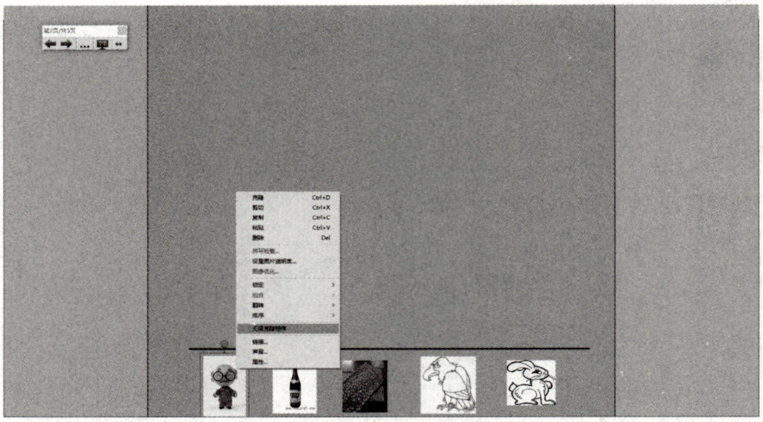

图 7-11　无限克隆程序

第五步：制作第三页。

在新添加的第三页上，按绕口令内容排列图示素材，与第二页相同。利用线条工具，为每一段绕口令画一横线，区分绕口令段落。

单击常用工具栏中的"图形"按钮，选择"矩形"，在图像素材顶部绘制一蓝色矩形遮罩框，单击"属性"选项卡，为矩形框设置填充效果、线条样式等。此遮挡矩形框可以在本页自由移动，教师、幼儿可开展分组竞赛，相互移动遮罩框到绕口令段落上，比赛背诵绕口令。（图 7-12）

图 7-12　第三页页面

🔗 小贴士

教师在做交互式白板作品时，经常会在页面中放入一些图片，很多时候教师不想用图片的背景，怎么办呢？在 SMART Notebook 软件中可以快速地去除图片的背景。

方法：

（1）选中图片，单击右上角的下拉菜单。

（2）选择"设置图片透明度"。

（3）在出现的图片透明度对话框中，把鼠标放在图片上，鼠标图标变成吸管，单击要设置成透明的区域。

（4）设置好后，单击"确定"。

注意：此方法适合设置前景色和背景色颜色相差较大的图片。

任务四
制作嵌入 PowerPoint、SWF 的互动式白板作品：《小岛寻宝》

　　《金银岛》是许多孩子们都熟悉的儿童故事。海盗、宝藏、航海等，摆脱现实环境的束缚，一路拼荆斩棘，开展一场一往无前，充满着神秘、惊奇的旅行，这些都是孩子们的梦想。现依据此故事的一些元素来设计一节关卡闯关的大班数学活动，利用故事串联知识点开展教学活动，在讲述故事的同时设计参与游戏，以引发孩子对数学教学活动的兴趣。SMART Notebook 在制作交互式作品时，软件的动画动作较少，要想设计动画动作较复杂的教学作品，仅仅利用 SMART Notebook 软件是不够的。需要利用 SMART Notebook 提供的添加附件和链接的功能，将 PowerPoint、Flash 等动画制作软件制作的一些有趣的动画嵌入 SMART Notebook 作品中，以补充 SMART Notebook 作品的动画效果。

任务描述与分析

　　SMART Notebook 文件附加支持文档、快捷方式和 Web 链接，从而使文档井然有序。可以向 SMART Notebook 文件添加三种类型的附件。文件副本：将文件副本存储在 SMART Notebook 文件中。文件快捷方式：存储文件在计算机中的路径，使 SMART Notebook 文件大小最小化。超链接：指向网站的链接。学习完本任务，学习者能把已经制作好的 PowerPoint 作品进行转换，在转换成功的作品上添加交互式功能并进行修改，或者将已经制作好的 SMART Notebook 作品导出为其他形式的作品。

学习与操作

　　第一步：设计、完善 SMART 电子白板教学活动设计表。

　　将设计的教学活动详案转化成 SMART Notebook 教学设计表，兼顾 SMART 电子白板的各项交互功能在活动中更好地使用与实现。将每个环节使用的交互功能在教学活动设计表中单列出来。

　　第二步：素材准备，小岛寻宝作品各元素；软件准备，SMART Notebook 10.8。

　　将已制作好的 PowerPoint 作品进行转换，在转换成功的作品上添加交互式功能并进行修改，这样就成为 SMART Notebook 作品（此功能需提前安装 Visual Basic for Applications）。方法为选择菜单栏中的"文件"—"导入"—"选择 PPT 文件"，保存为 SMART 格式。转换后的作品可以最大程度保留原 PowerPoint 作品的页面结构和图层关系，但原有的对象动作动画不会保留，需要对对象重新添加交互式功能。

首先需要将 PowerPoint 作品导入 SMART Notebook 软件，转换后得到 SMART Notebook 作品，再进行后续的修改。（图 7-13）

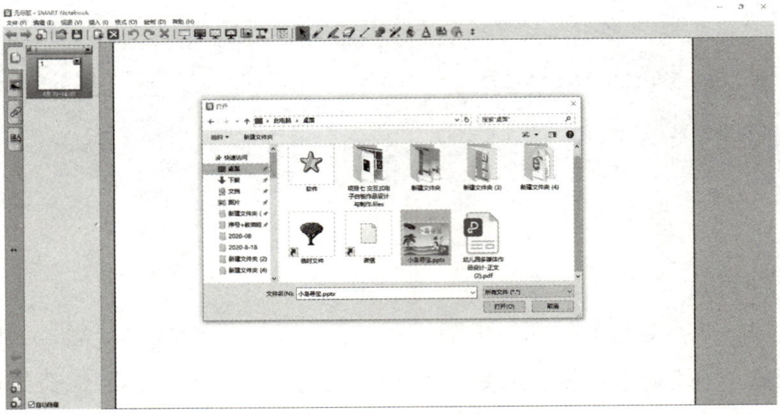

图 7-13　导入 PowerPoint 作品

第三步：将需要插入的动画素材拖放到侧边选项卡的"附件"选项卡中，方便素材的打包与访问。（图 7-14）

图 7-14　插入动画素材

图 7-15　设置对象锁定和可移动

第四步：对转换后的作品进行整理。

在本例制作中我们采用 PowerPoint 作品转 SMART Notebook 作品的方式获得作品。我们发现转换后的作品保留了原来 PowerPoint 作品的页面结构和图层关系，原先 PowerPoint 作品每页的图片元素都变成了可以移动的 SMART Notebook 页面对象，如页面第一页中的小船、小岛、波浪等。我们可以对不需要移动的对象进行锁定位置操作，限制对象移动；对需要移动的对象进行"解锁""允许移动"或"允许移动和旋转"设置。例如，本作品中为表现小船在大海航行，引出故事人物，可固定波浪背景，允许小船移动，教师或幼儿可拖动小船在页面上缓慢上下移动，创设活动情境。（图 7-15）

第五步：制作"藏宝图"页面。

在本页功能设定中，教师希望在页面中展现一幅缓慢打开的"藏宝图"，但 SMART Notebook 软件的图片隐藏的动画不符合要求，因此教师利用 PowerPoint 制作了一个"小岛寻宝·藏宝图.pps"的动画文件，在页面上空白位置右击，选择"插入链接"—"当前附件"—"小岛寻宝·藏宝图.pps"。单击"当前附件"按钮，则".pps"格式动画自动播放，藏宝图缓慢打开，教师可对本节活动的关卡一一介绍。（图7-16）

第六步：制作"巧过独木桥"关卡页面。

在页面中，教师希望通过一个过独木桥游戏进行规律排序的知识点讲解。在网上，教师发现一个"过桥"的 Flash 动画在本节活动中可以使用，因此下载下来，命名为"36.swf"。新建一页面，单击菜单"插入"—"Flash 文件…"，或将事先拖放到右侧选项卡附件栏里的"36.swf"素材直接拖放至页面上，调整 swf 文件在页面上的位置、大小。（图7-17）

单击全屏显示按钮，切换页面到全屏状态，预览 Flash 动画在本页中的播放效果。

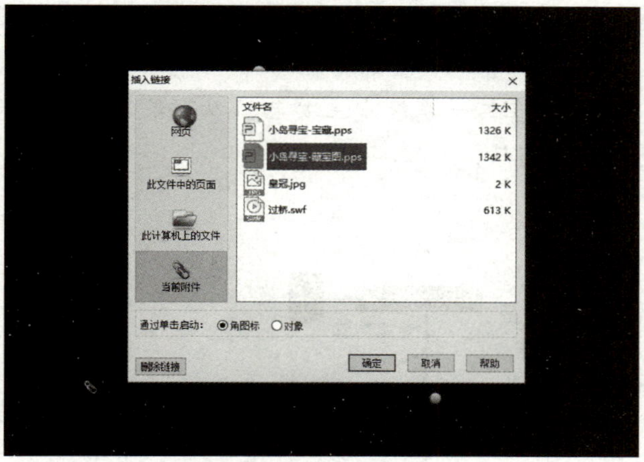

图 7-16　插入藏宝图链接

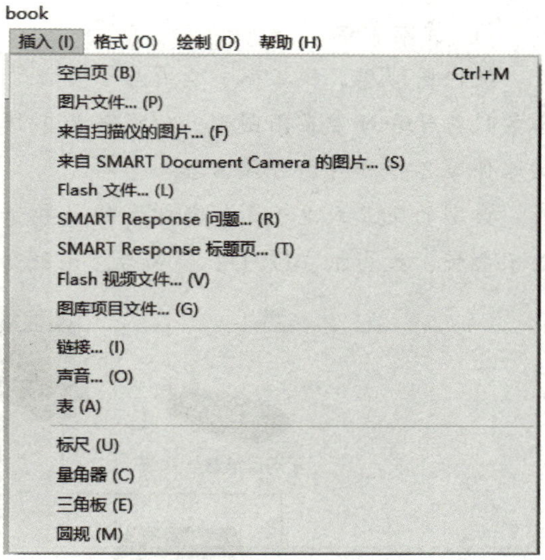

图 7-17　插入 Flash 动画文件

拓展学习

交互式电子白板系统的主要功能。

1. 鼠标操作

用手指或电子笔可在电子白板上实现鼠标左、右键功能，即单击和双击功能。

2. 书写笔

有能实现各种效果的铅笔、钢笔、毛笔、排笔、彩虹笔等书写笔工具。

3. 板擦

有圆形、方形板擦，可实现区域擦除、对象擦除、闭合区间擦除和全部擦除等功能。

4. 绘图

有各种二维线条的绘制功能和三维几何图形的构造功能。

5. 标注

能实现线段的尺寸标注和扇形线段的角度标注。

6. 手写识别

能将中英文、标点符号和数字的手写识别为文本。

7. 文字编辑

能实现文本、表格、图片的输入、编辑和排版等操作。

8. 多媒体编辑

支持各类图片、视频、音频的插入和插播。

9. 屏幕录制与播放

自动记录电子白板板书的书写过程、对象物件移动的过程，并可以重现回放出来。

10. 文件保存和导出

可以新建、打开、生成各种图片文件、文本文件、网页文件及相关工程文件。

11. 资源管理

提供图形库、模板库、资源库等资源管理功能。图形库包括丰富的基本形状、装饰线、装饰框、各学科符号和日常常用图形。模板库为工程文件的模板资源。资源库包括矢量图库、背景模板、视音频课件等各种资源，可覆盖各个学科。

典型的交互式电子白板教学系统结构如图 7-18 所示。在这一系统中主要包括以下设备：交互式电子白板、投影机、DVD、调音台、无线话筒、功放和音箱等。

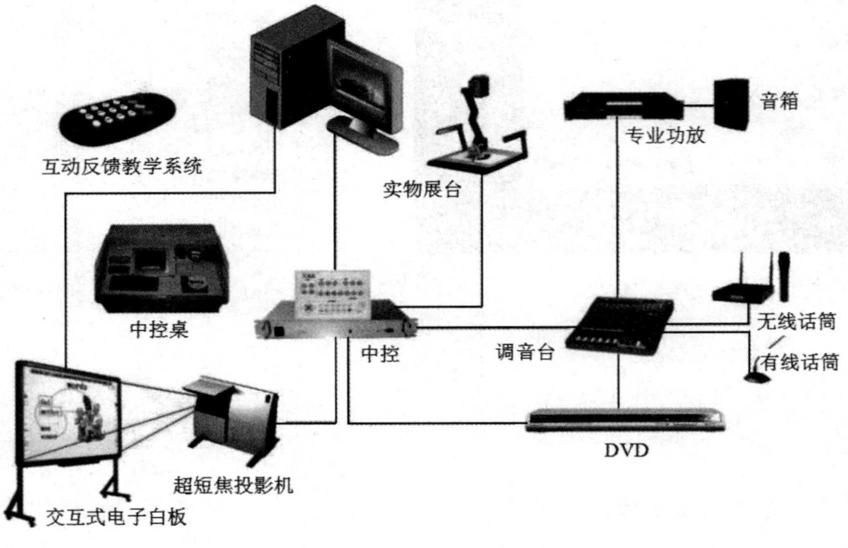

图 7-18　交互式电子白板系统

交互式电子白板是系统的主体，将交互式电子白板连接到计算机，并利用投影机将计算机上的内容投影到电子白板屏幕上。在专门的应用程序的支持下，它既是感应笔书写与操作的界面，又是计算机的显示器和投影器的幕布。感应笔具有书写笔和计算机鼠标的双重功能。

思考与练习

一、基础练习

根据幼儿园中班数学活动——"热闹岛的秘密"制作交互式电子白板作品。教师在作品第一页设计了一个六以内的骰子，作为活动激趣的引子。一个骰子在页面上不断翻动，产生不同的数字，让孩子对数字产生兴趣。但这个骰子如果让教师自己设计制作动画，可能要花费许多时间，教师可利用 SMART Notebook 软件课程活动工具包（图 7-19）里提供的动画，从中选择并使用。

图 7-19   SMART Notebook 软件课程活动工具包

二、提高练习

1. SMART Notebook 软件除本身制作软件创建作品或演示文稿之外，还包括精品图库和课程活动工具包，提供了丰富的现成的图像、多媒体资源以及可替换的模板资源。精品图库包含大量科目专用的图像和多媒体内容的集合；课程活动工具包包含可以用于创建专业外观和交互式课程的可自定义工具和模板的集合。这些都可以通过侧边选项卡的"图库"栏进行访问，并直接拖放至页面上得到应用。请登录相关网站，了解 SMART Notebook 精品图库和课程活动工具包。（图 7-20）

图 7-20   SMART Notebook 精品图库

2.《热闹岛的秘密》作品的第六页选择了一个答案核查工具，请利用 SMART Notebook 课程活动工具包相应的模板，并对工具模板进行一一设置。（图 7-21）

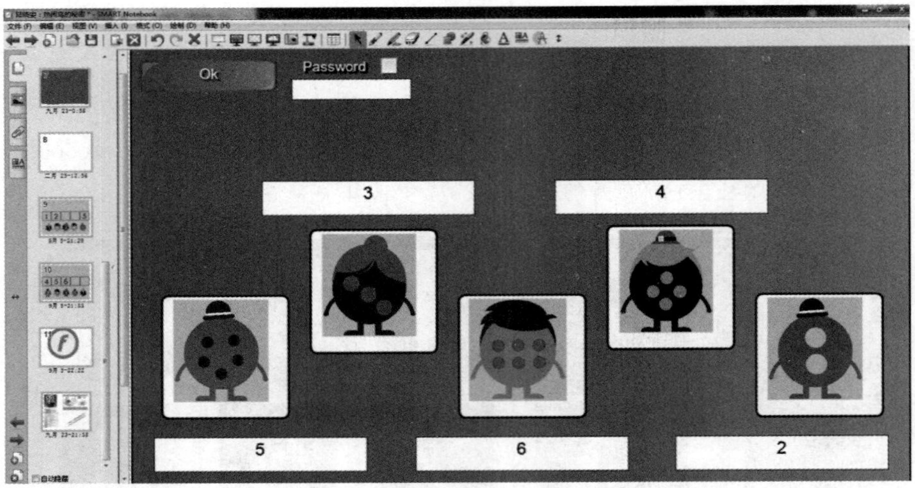

图 7-21　SMART Notebook 课程活动工具包模板

项目八
思维导图设计与制作

学习目标

1. 理解思维导图的概念及其作用。

2. 了解几种常见的思维导图及其制作方法。

3. 了解用于制作思维导图的软件种类，了解计算机版和手机 App 版各有什么特点。

4. 会利用思维导图软件设计制作幼儿园主题教学活动的网络结构图。

思维导图

思维导图的功能
思维导图设计的一般流程 —— 初识思维导图
思维导图制作软件XMind 8.0

制作思维导图：
《九九重阳节
——手工礼物》

思维导图
设计与制作

制作思维导图：
《我是小厨神
——寿司制作》

制作思维导图：
《我的身体》

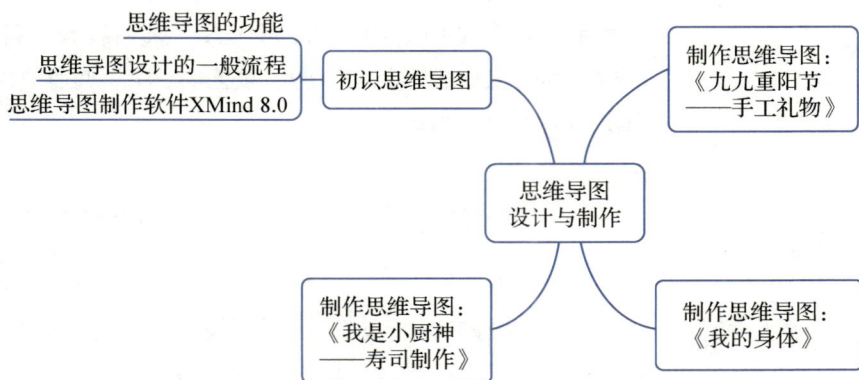

　　思维导图是表达发散性思维的有效图形思维工具，图文并茂，把各级主题的关系用相互隶属与相关的层级图表现出来，将放射性思考具体化。幼儿园班级的学年活动计划以及各类主题活动的内容通过思维导图中的树形图、逻辑图、组织结构图等，以结构化的方式展示出来，让人一目了然。本项目学习者将学习使用思维导图软件 XMind 制作幼儿园班级学习计划和主题活动结构图，使学习者更好

地使用思维导图进行信息的处理与表达，提高信息处理能力。

任务一
初识思维导图

📝 学习笔记

随着人们对思维导图的认识和掌握，思维导图可以应用于生活和工作的各个方面，包括学习、写作、沟通、演讲、管理、会议等。运用思维导图带来的学习能力提升和清晰的思维方式会改善人的诸多行为表现，它赋予人的思维以最大的开放性和灵活性，可以激发人们丰富的联想力。那么，思维导图有哪些功能？思维导图又是如何设计的呢？

任务描述与分析

理解思维导图的概念和特点，掌握思维导图的功能以及思维导图设计与制作的步骤。了解思维导图制作的软件有哪些，初步认识思维导图软件 XMind 的功能及使用方法。

学习与操作

思维导图是由英国脑力开发专家东尼·博赞于 20 世纪 70 年代发明的。它是一种用来表达放射性思维的图形工具，采用线条、符号、词汇、图像等，把一长串枯燥的信息变成彩色的、融于技艺的、有高度组织的图。它像树枝，像蜘蛛网，也像人类大脑的思维。

一、思维导图的功能 >>>>>>>>>>>>>>>>>>>>>>>>>>>>>>>>>

（一）信息内化

比起传统的笔记，思维导图更能引发思考，能更好吸收知识。在绘制的过程中，更能调动大脑的各种协调能力，将学习的知识内化成为自己的，而不是单纯机械地吸收知识，思维导图能弥补思考的缺失。

（二）内容形象输出

思维导图可以运用到教学活动设计、活动开展、阅读笔记等多维度领域，帮助知识更高效、高质量地输出。用一张图的形式可以更清晰地看到知识之间的联系，更容易明白知识的整体结构组成，是很好的内容输出工具。

（三）激发创意

创意是存在于每个人身上的，只是由于外界的因素导致创意的缺失。而思维导图可以帮助每个人重新找回自己的创意，比如画成一棵树，画成一朵花，画成一片树叶等，只要你能想到的，能表现出来的，一张图就足够表达创意，并且让这些创意在思维导图中淋漓尽致地展现出来。

（四）保持专注

用手绘的方法去构建属于自己风格的思维导图，会产生心流的效应，让大脑维持住一定的专注度，提高自己的专注能力。学习不能有浮躁心理，专注能力的缺失会导致学习效率低下，碎片化阅读导致注意力的分散，而思维导图则能将碎片化的知识聚合在一起，提高学习效率。

（五）情绪梳理

可以通过绘制思维导图梳理一些负能量情绪的来龙去脉，从简单的情绪一直扩散到情绪的起因，情绪爆发的源头，情绪真正的动机等，不断用思维导图关联，从而减少负面情绪对学习工作的影响。

二、思维导图设计的一般流程 >>>>>>>>>>>>>>>>>>>>>>>>>

确定中心主题，可以是课程名称或者某个知识点，突出显示。

画出主分支，可以是章节名称或者重点关键词。

画出支分支，用来解释主分支提出的各种问题，提取关键词。

发散思维，寻找关键词与关键词之间的各种联系。

给关键词加上视觉图像，可以是简笔画或者小图标，根据自己的喜好决定。

三、思维导图制作软件 XMind 8.0 >>>>>>>>>>>>>>>>>>>>>

XMind 是当今非常受欢迎的思维导图软件。它是集思维导图与头脑风暴于一体的"可视化思考"工具，可以用来捕捉想法、厘清思路、管理复杂信息并促进团队协作。XMind 主要有三个版本，分别是：XMind Free(免费版)、XMind Pls(增强版)、XMind Pro(专业版)。

启动 XMind 8.0，在新建文件时有一个"中心主题"，新建文件后 XMind 8.0 工作界面如图 8-1 所示，包括菜单栏、工具栏、工作簿标签、编辑区、视图区等。

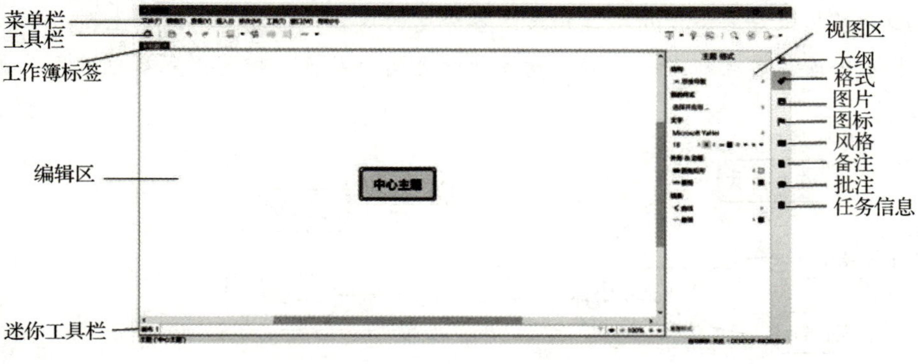

图 8-1　XMind 窗口界面

XMind 8.0 为用户提供了丰富的模板、快捷的图标及格式设置，使用户能够自由地改变思维导图的结构、背景、主题、概要、边框等部分属性。除此之外，XMind 提供的风格功能、阴影效果、渐变色效果、画布格式和样式功能等方便用户美化思维导图。

任务二
制作思维导图：《我是小厨神——寿司制作》

扫码看思维
导图制作

又到了小厨房活动时间！为了让教育贴近生活，让幼儿在自己动手实践的操作过程中体验制作美食的乐趣，某实验幼儿园中一班以"我是小厨神"为主题开展手工活动——寿司制作。活动以培养幼儿自信心，激发幼儿热爱生活、热爱劳动的情感，养成良好的饮食习惯为目的，满足幼儿亲身体验的愿望，让幼儿零距离接触和品尝自己制作出的舌尖上的美味。作为中一班的教师，为了保证活动的顺利进行，需要提前制作该活动的思维导图，使活动开展达到预期目标。

任务描述与分析

本次活动内容是制作寿司。先制订详细的活动计划，确定活动目标、活动前期的准备工作和任务分配以及详细的活动流程和成果展示，确定活动各环节层层递进的关系，设计主题、各级子主题及其之间的关系，使用思维导图软件 XMind 8.0 制作幼儿活动计划，根据需要设置思维导图的格式，包括设置主题的字体、字号，设置线条的颜色以及对插入图片进行美化等，使活动计划看起来更加清晰、美观。

设计思维导图最关键的是确定主题、各级子主题及其之间的关系。可以先手工设计一个思维导图，具体方法如下。

首先，把主题放在中央位置，如本思维导图的主题为"我是小厨神——寿司制作"。

其次，从主题的中心向外扩张分支，使用关键词表达各分支的内容，形成子主题。

再次，从子主题的中心向外扩张分支，使用关键词表达各分支的内容，形成下一级子主题。

最后，使用线条或者箭头等连接各主题或子主题，建立彼此之间的关系，图 8-2 是参考形式，也可以自行另外设计。

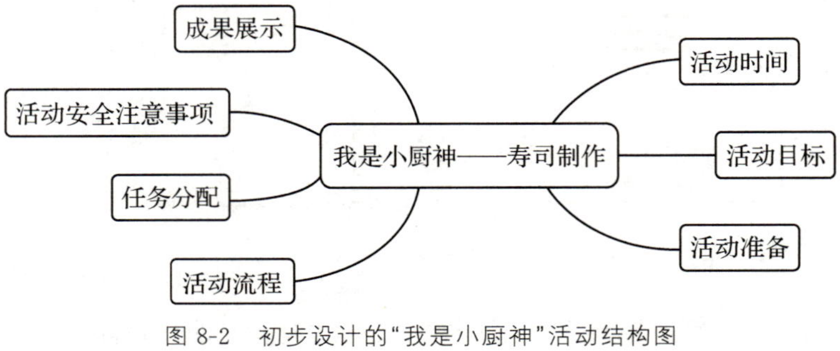

图 8-2　初步设计的"我是小厨神"活动结构图

学习与操作

第一步：运行 XMind 8.0，新建工作簿，保存工作簿。

(1)运行 XMind，新建工作簿。在"XMind"—"XMind_Windows"文件夹下找到图标，双击即可启动 XMind 软件。打开之后，XMind 会默认新建一个工作簿，名称为"无标题"。

(2)选择"文件"—"另存为"命令，在弹出的"另存为"对话框中，选择保存位置到指定的文件夹，输入文件名"我是小厨神——寿司制作"，保存类型为"XMind 工作簿"。

第二步：使用 XMind 分步制作"我是小厨神"活动计划的思维导图。

(1)创建"我是小厨神——寿司制作"的中心主题。

新建一个 XMind 工作簿时，在画布中会默认出现一个中心主题，名称为"中心主题"，双击"中心主题"输入"我是小厨神——寿司制作"，修改中心主题名称。

(2)创建幼儿活动设计的分支主题。

按照设计计划，中一班"我是小厨神——寿司制作"的活动设计分成七块内容，因此需要创建七个分支主题。

首先插入分支主题。选中中心主题"我是小厨神——寿司制作"右击鼠标，选择"插入"—"主题"，在画布中会出现一个分支主题，名称默认为"分支主题1"，如图 8-3 所示。

其次修改分支主题名称。双击"分支主题1"，输入"活动时间"，按回车键完成修改。

最后使用同样的方法，再依次插入分支主题"活动目标""活动准备""活动流程""任务分配""活动安全注意事项""成果展示"，如图 8-4 所示。

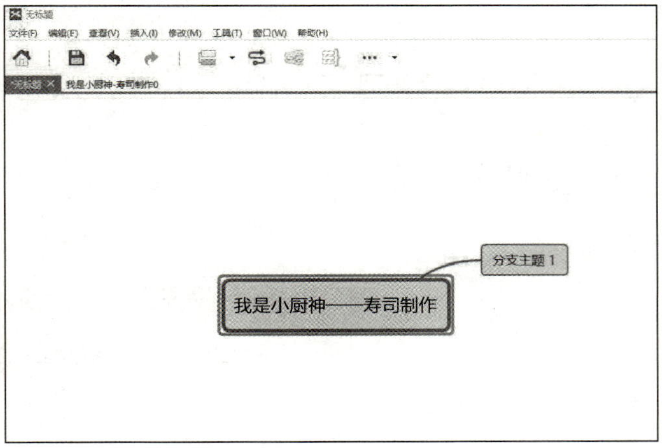

图 8-3　插入分支主题

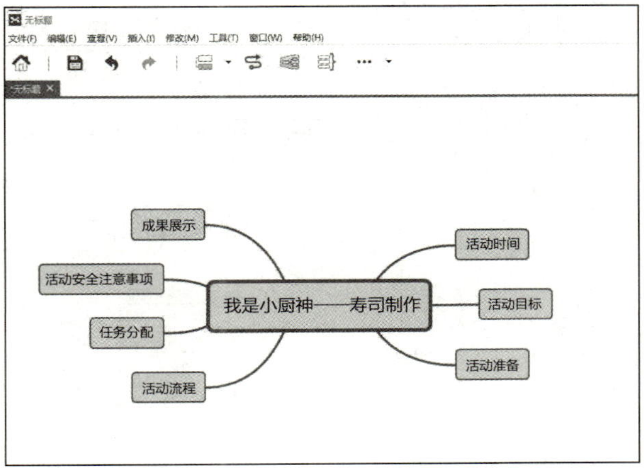

图 8-4　插入各分支主题

第三步：制订详细的活动计划。

(1)右击"活动时间"，在弹出的快捷菜单中选择"插入"—"子主题"，输入"单周星期二"。

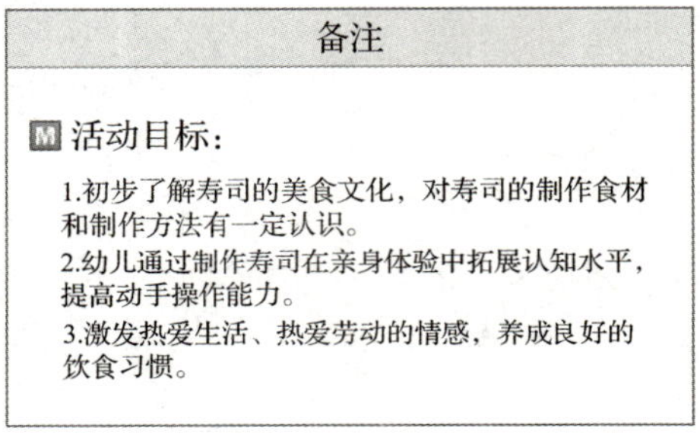

备注
Ⓜ 活动目标： 1.初步了解寿司的美食文化，对寿司的制作食材和制作方法有一定认识。 2.幼儿通过制作寿司在亲身体验中拓展认知水平，提高动手操作能力。 3.激发热爱生活、热爱劳动的情感，养成良好的饮食习惯。

图 8-5 "备注"编辑框

(2)右击"活动目标"，并使用"备注"填写活动目标。

为使思维导图看起来规范简洁，一般使用关键词表达各分支的内容，大块的文字内容可以使用"备注"的形式输入。

右击"活动目标"，选择"备注"，出现编辑框，可进行备注内容的输入，如图 8-5 所示。输入完成后单击画布中的其他区域即可。

(3)进一步细化活动准备。右击"活动准备"，选择"插入"—"子主题"，输入"经验准备"。

右击"经验准备"，选择"插入"—"子主题"，输入"已有品尝寿司的经验"。选定"已有品尝寿司的经验"，按回车键，输入"会'卷'的动作"。

使用同样的方法创建"物质准备"，将"物质准备"中的准备内容进行细化，结果如图 8-6 所示。

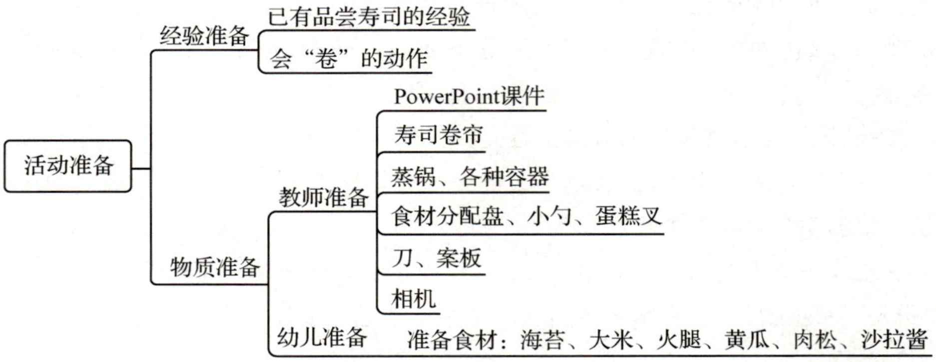

图 8-6 经验准备、物质准备细化内容

(4)细化其他子主题的活动计划。

使用上述同样的方法，可以将其他几个子主题的内容进行细化，结果如图 8-7 所示。

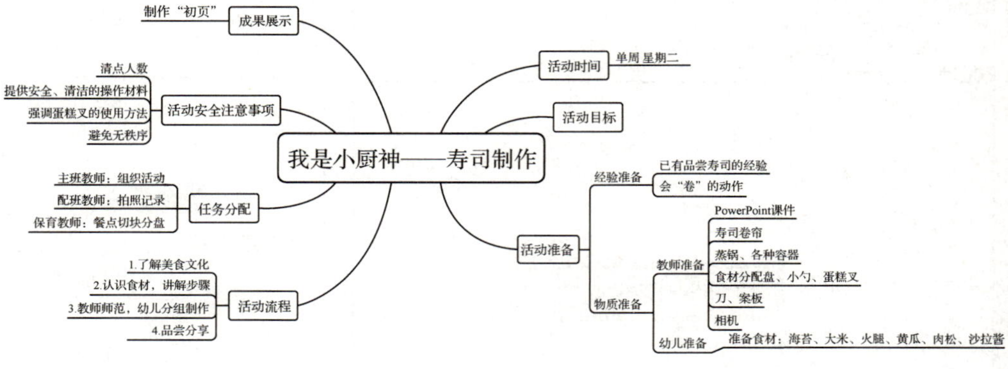

图 8-7 我是小厨神——寿司制作活动计划

(5)总结与讨论。

对于某一个主题(如"物质准备")来说，插入"主题"和插入"子主题"有什么区别？

第四步：幼儿活动计划思维导图的格式设计。

为了使活动计划更加直观、清晰、醒目和美观，可以对思维导图进行格式设置。

（1）修改主题格式，使各级主题内容更加清晰。

XMind 默认各级主题的字体大小各不相同，予以区分，用户可以对字体进行设置。例如，选中主题"我是小厨神——寿司制作"，在"主题格式"面板中，可以对文字的属性进行设置。此外，"主题格式"面板中，还可以对主题的结构、文字、外形、线条的形状等进行设置，如图 8-8 所示。

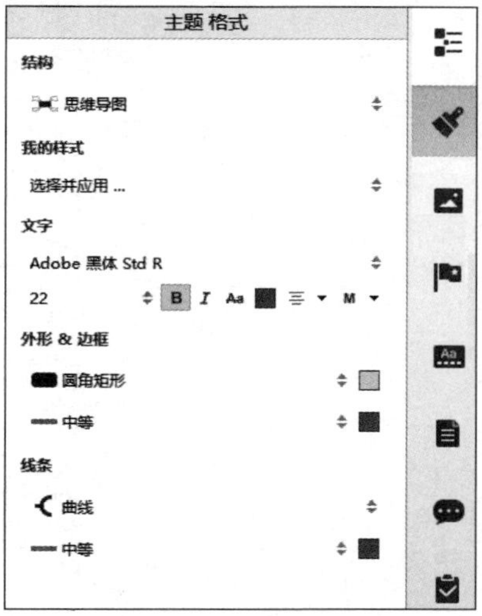

（2）插入"图标"，使主题有序排列。

主题有序排列，可以使思维导图看起来更加直观。图标是具有某些特殊含义的标准图片，在项目管理、日常计划以及任务管理等活动中都广泛地应用。XMind 提供了一系列经常使用的图标，下面按照活动的前后顺序为各个主题插入优先级图标，并使各个主题按照优先级排序。

首先选中主题"活动时间"。

其次在面板区打开"图标"面板。

图 8-8　主题格式面板

最后选择优先级图标中的图标 **1**。

使用同样的方法，按照活动时间依次为各个主题活动添加优先级图标，如图 8-9 所示。

（3）插入图片，图文并茂。

思维导图可以插入图片，做到图文并茂，如在"我是小厨神——寿司制作"各个主题中添加合适的图片，让思维导图看起来更加形象直观。

首先选中中心主题，右击。

其次选择"插入"—"图片"—"从本地"，在素材文件夹中，选择"寿司.jpg"，单击"确定"。

最后拖动图片周围的控制点，调整图片大小，效果如图 8-10 所示。

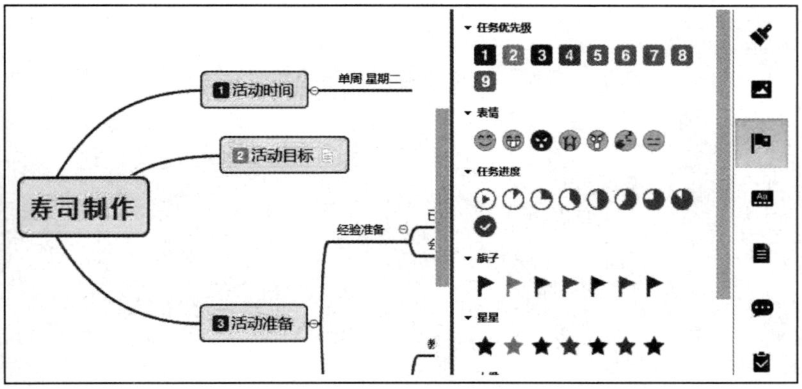

图 8-9　插入优先级图标将主题活动排序

图 8-10　插入图片

使用同样的方法，给其他几个主题添加合适的图片。

第五步：思维导图的导出。

使用 XMind 制作的思维导图文件的格式是".xmind"，该文件只能使用 XMind 打开。XMind 提供了思维导图的导出功能，可以导出为图片、网页、文件等格式的文件。例如，把本思维导图导出图片格式。单击"文件"—"导出"，在弹出的"导出"对话框中，选择"图片"，单击"下一步"，选择需要的图片格式，如"JPEG 文件"，选择保存到的位置，单击"完成"，如图 8-11 所示。导出的思维导图效果如图 8-12 所示。

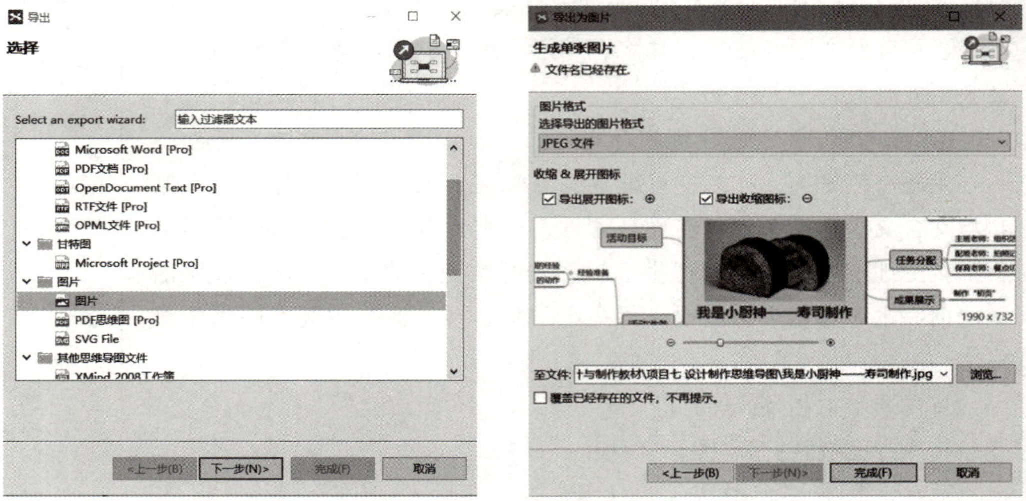

图 8-11　思维导图的导出

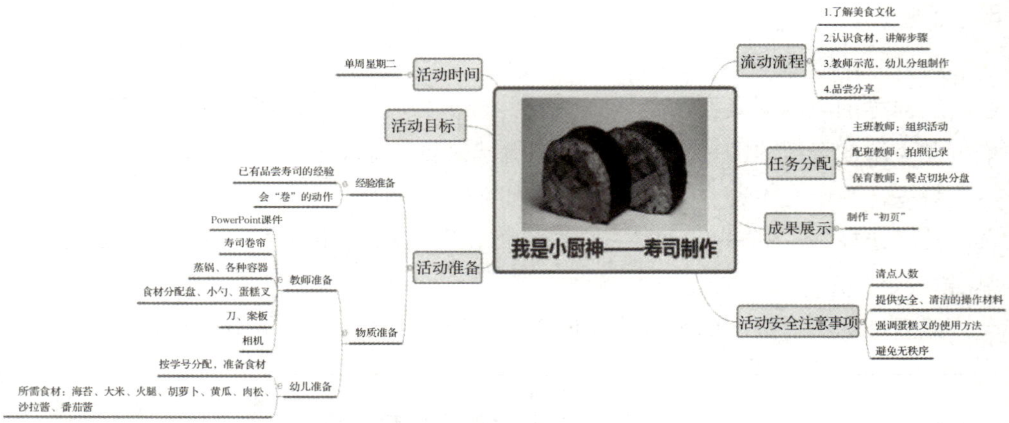

图 8-12　《我是小厨神——寿司制作》思维导图

任务三
制作思维导图:《九九重阳节——手工礼物》

扫码看思维
导图制作

　　农历九月初九是我国的传统节日重阳节。为了让孩子初步了解重阳节的基本习俗，营造尊老、敬老、爱老的氛围，某实验幼儿园开展了一次有趣的主题教育活动"九九重阳节"。活动旨在培养幼儿尊老、敬老的优良品德，激发幼儿乐意和老人一起欢度节日的情感，鼓励幼儿用自己的方式表达对爷爷、奶奶等老人的关

心和爱护，亲手为老人制作一份爱的礼物。作为组织活动的教师，需要提前制作
该活动的思维导图，确保活动顺利实施。

任务描述与分析

　　我国的传统节日是宝贵的教育资源，凝结着中华民族的民族精神和情感。本次"九九重阳节"主题
教育活动旨在给幼儿树立尊老、敬老、助老、爱老的意识。开展"九九重阳节"主题教育活动，首先要
确定活动内容、活动时间、活动目标、活动形式、活动准备、活动过程、成果呈现以及活动注意事项
等，并使用思维导图软件 XMind 制作活动计划。

学习与操作

　　操作步骤与任务二所述步骤相似。

　　第一步：创建"九九重阳节——手工礼物"的中心主题。

　　新建一个 XMind 工作簿，双击"中心主题"输入"九九重阳节——手工礼物"。

　　第二步：创建幼儿活动设计的分支主题。

　　按照活动计划，"九九重阳节——手工礼物"的主题教育活动需要创建七个分
支主题，即"活动时间""活动目标""活动形式""活动准备""活动流程""活动展示"
"活动注意事项"，如图 8-13 所示。

　　第三步：制订详细的活动计划。

　　(1)右击"活动时间"，插入"2018 年 10 月 17 日星期三"子主题。

　　(2)右击"活动目标"，使用"备注"填写活动目标。备注内容如图 8-14 所示。

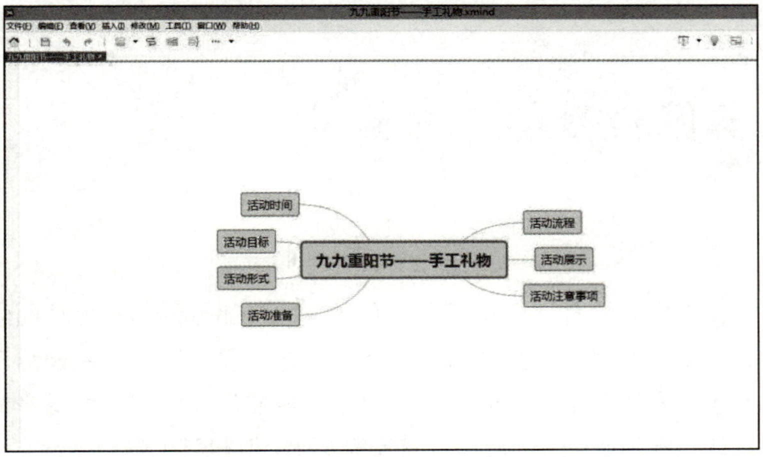

图 8-13　插入七个分支主题

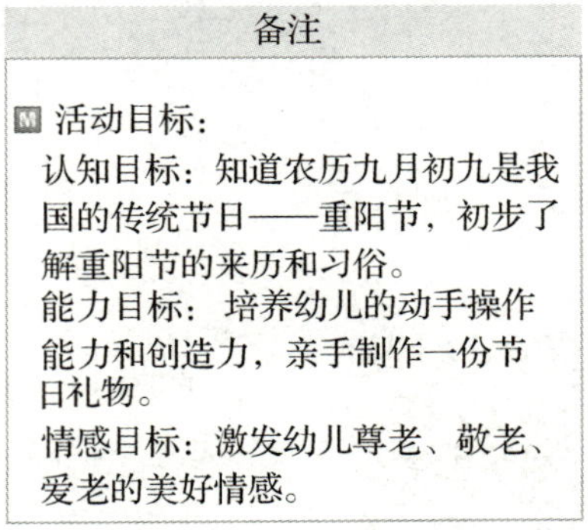

图 8-14　"备注"编辑框

(3)进一步细化其余各主题、子主题以及活动计划，结果如图 8-15 所示。

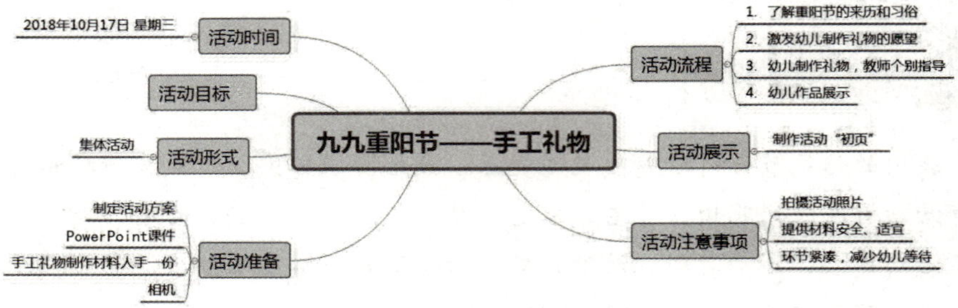

图 8-15 主题、子主题细化内容

第四步："九九重阳节——手工礼物"幼儿活动计划思维导图的格式设计。

(1)修改主题格式，使各级主题内容更加清晰。

(2)插入"图标"，将主题活动按优先级进行排序。

(3)插入图片，给各主题添加合适的图片，图文并茂。

《九九重阳节——手工礼物》思维导图如图 8-16 所示。

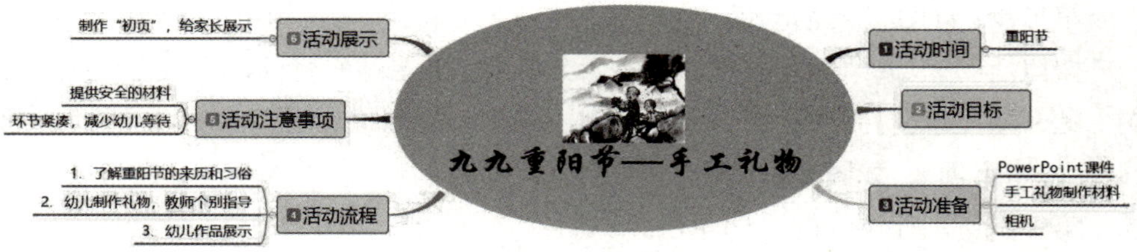

图 8-16 《九九重阳节——手工礼物》思维导图

> **小贴士**
>
> 拖曳：拖曳可以调整主题之间的顺序，如单击选定"活动准备"，按住鼠标左键不放，将其拖曳到"活动形式"的上方，可以调整两者的顺序，相应的子主题随之变换位置。
>
> 收缩与展开：单击"活动流程"后面的"减号"⊖，可以将其所有子主题进行收缩，此时该符号变成"加号"⊕，单击⊕，可将子主题展开。

任务四
制作思维导图:《我的身体》

扫码看思维导图制作

为了引导孩子认识自己的身体，在探索中发现身体各部分的功能，从而学会保护自己的身体，幼儿园教师计划开展"我的身体"综合主题活动。该主题活动的核心内容是让幼儿了解身体各部位的名称，认识身体各部位的作用，感受身体的奥秘。教师需要在活动前用 Xmind 设计制作《我的身体》思维导图。

任务描述与分析

根据小班幼儿的年龄特点，在活动设计中结合健康、语言、社会、科学、艺术五大领域制定详细的活动内容，确定中心主题、子主题以及各级子主题之间的关系，运用思维导图软件 XMind 制作出详细的幼儿活动计划。

学习与操作

第一步：创建"我的身体"的中心主题。

新建一个 XMind 工作簿，双击"中心主题"输入"我的身体"。

第二步：创建分支主题。

按照前面的方法插入四个分支主题，插入完成后生成如图 8-17 所示的图形，按照需求分别在每个主题上生成必要数量的子主题，至此框架生成完毕，如图 8-18 所示。

第三步：输入主题和子主题上的文字，设置字体，插入图片，单击"文件"—"导出"—"图片"，选择图片格式，选择保存文件。《我的身体》思维导图效果如图 8-19 所示。

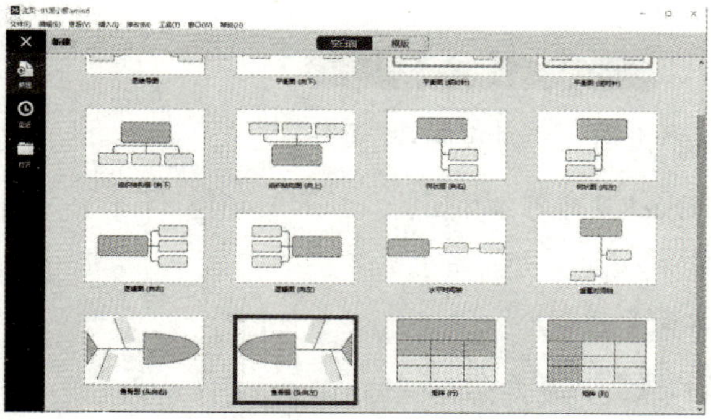

图 8-17　插入四个分支

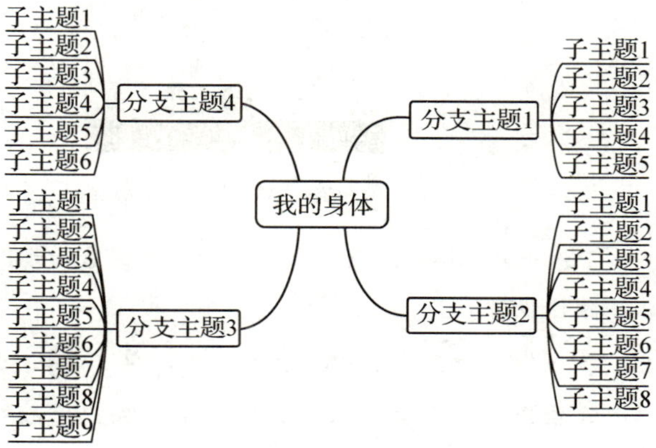

图 8-18　我的身体框架

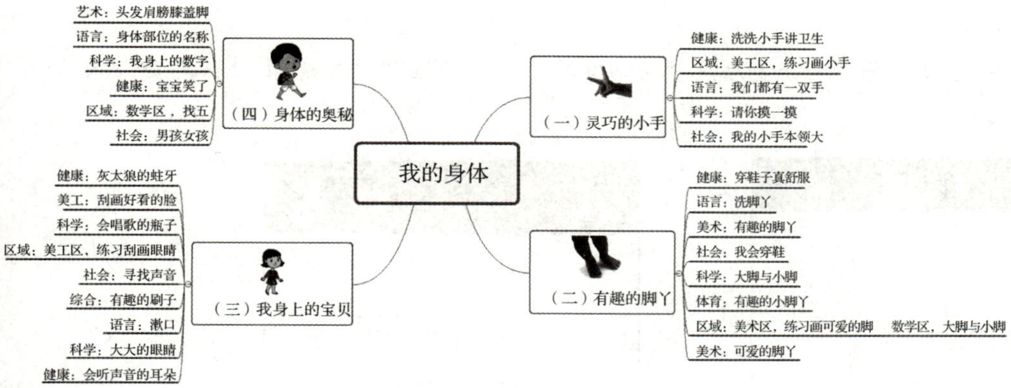

图 8-19　《我的身体》思维导图

拓展学习

　　MindMaster 思维导图软件是一款新发布的手机 App，它适合在安卓手机、苹果手机和苹果平板电脑上使用，并提供了免费使用版。打开 MindMaster 思维导图 App，会发现界面底部布局有四个功能——"最近浏览""文件""导图社区""我的"，除此以外还有一个显眼的符号"＋"。创作功能，就是单击符号"＋"进入，这个图标位于 App 底部的中央位置，尤为显著。当单击符号"＋"之后，使用者可以选择绘图类型，有九种类型可供选择，如图 8-20、图 8-21 所示。

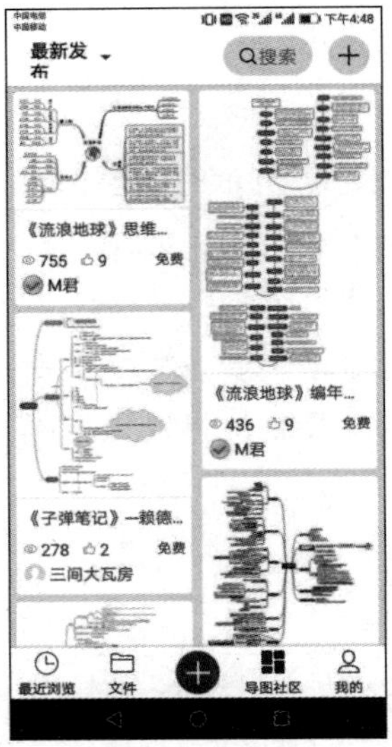

图 8-20　MindMaster 界面

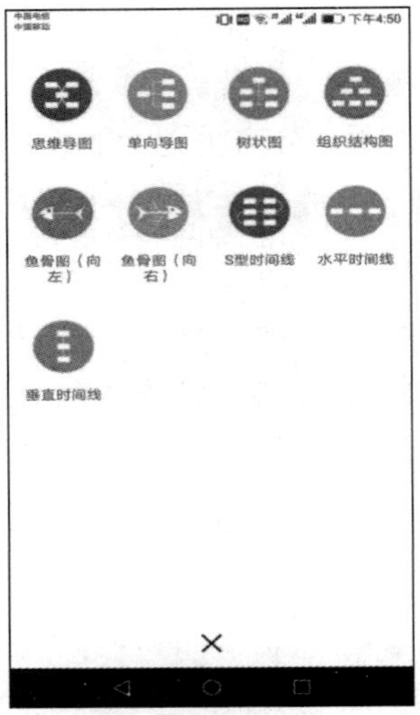

图 8-21　MindMaster 绘图类型

下例采用 MindMaster 为幼儿园小班语言活动"奇怪的蛋"设计思维导图。

操作步骤：

第一步：打开 MindMaster App，单击 ，选择单向导图 。

第二步：单击文本框"编辑"，输入活动主题"奇怪的蛋"。（图 8-22）

第三步：单击 ，建立子目录，输入"活动目标"。

第四步：单击 ，建立同级子目录，输入"活动重难点"。重复操作，建立同级子目录"活动准备""活动过程""拓展延伸"。

第五步：分别单击"活动目标""活动重难点""活动准备""活动过程""拓展延伸"文本框建立目录，输入相应内容。（图 8-23）

图 8-22　添加活动主题

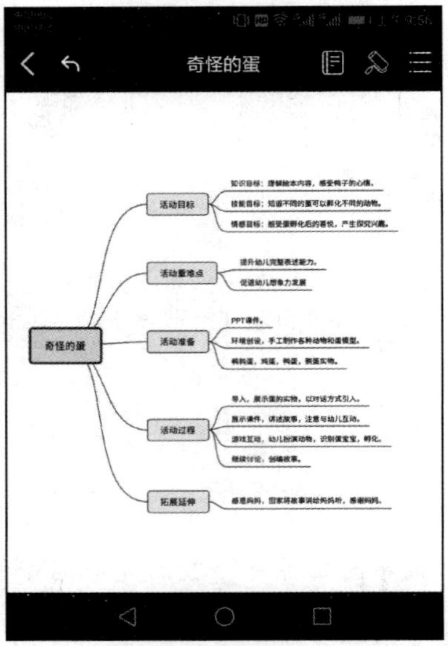

图 8-23　初步绘制活动设计结构图

第六步：单击 ⚒ 按钮，添加主题样式。这个功能里，包含了多种的主题模板、线条模板、布局模板等，使用者只需单击对应模板，即可让作品实现"换装"效果。（图 8-24）

第七步：生成最终思维导图。（图 8-25）

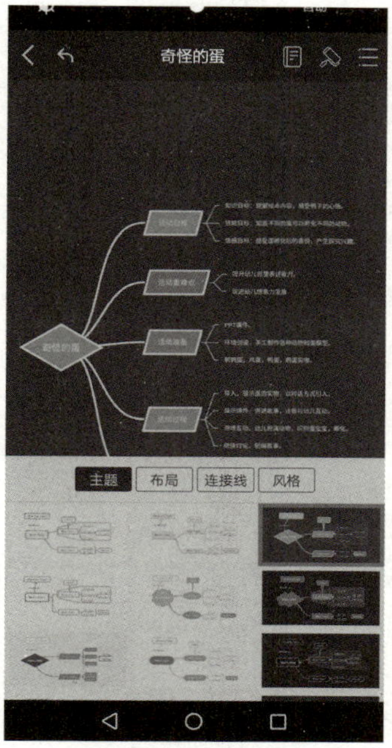

图 8-24　添加思维导图主题样式

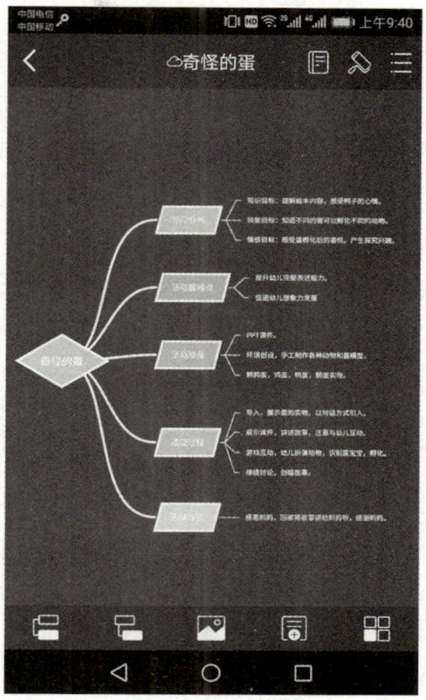

图 8-25　《奇怪的蛋》思维导图

另外，也可以在"导图社区"寻找合适的模板，然后单击"克隆"图标，可直接进入创作画布。进入画布后，使用者可以根据基础的编辑组件，添加同级主题或子主题，也可以使用"概要""标注""关系线"等功能来修饰内容。

思考与练习

一、基础练习

1. 什么是思维导图？思维导图有什么功能？

2. 如何根据不同的主题，选择不同结构的思维导图？

3. 思维导图制作的一般流程是什么？

二、提高练习

1. 上网搜索不同的思维导图软件，比较它们的特点和功能。

2. 完成幼儿园五大领域中一个教学活动设计方案，并利用 XMind 制作该活动设计的思维导图。

3. 利用 MindMaster App 制作幼儿园机构设置组织结构图。

项目九
微信页面编辑与制作

学习目标

1. 了解 H5 概念及其特点，以及 H5 页面设计的要素。
2. 掌握申请微信公众平台的基本流程。
3. 能对微信公众号熟练编辑，学会使用第三方工具编辑公众号页面。
4. 学会使用 H5 页面编辑工具秀米以及易企秀制作宣传页面、邀请函页面。
5. 学会使用微信公众号发布投票活动。

思维导图

微信H5页面的概念与特点
微信公众平台页面编辑 ——→ 初识微信页面 ——→ 制作微信公众号宣传页面

微信页面编辑与制作

制作家园管理之校园开放日邀请函

微信公众号上发布投票活动

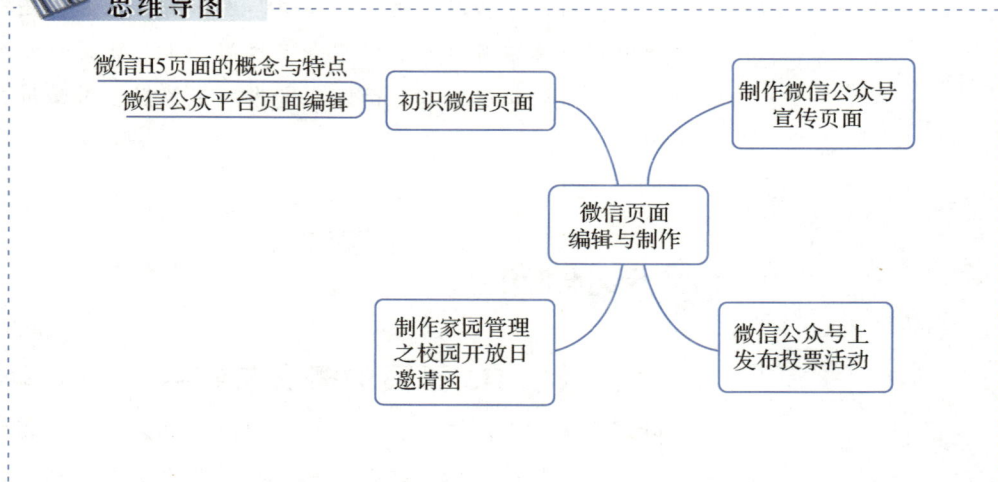

迅速发展的数字信息技术使以互联网为代表的新媒体成为当代信息传播的主要渠道。第 46 次《中国互联网络发展状况统计报告》统计数据表明，我国网民规模达 9.40 亿，互联网普及率为 67.0％。庞大的网民队伍成为推动大众传媒格局改变的主要力量，以微信、微博、QQ 等为代表的社交媒体工具已经被大众广泛接受，新时期幼儿园教师也应该掌握此类在线沟通、品牌宣传、内容发布的工具。

在众多社交媒体工具中，微信不只是一种在线沟通工具，它更多地成为人们获取信息和服务的渠道。微信公众号平台作为新时期的信息媒体平台，其在宣传方面的时效性、阅读模式和传播的便捷性，远超于传统媒体介质。例如，在家长开放日、"六一"等幼儿园大型活动以及幼儿园对外宣传工作中，学校常常需要通过微信公众平台、H5 页面等渠道将幼儿园的教育理念和工作动态及时进行宣传报道。运营微信公众平台、编辑制作微信推送作品，是幼儿园多媒体技术应用的常用技能。本项目学习者将学习制作微信宣传作品及运营微信公众平台。

任务一
初识微信页面

现在许多幼儿园都拥有自己的微信公众号，而微信公众号的内容发布已成为微信管理日常工作中不可或缺的一项重要内容。每个幼儿园的公众号发布的图文消息都希望有自己的风格，我们浏览许多幼儿园发布的一些图文信息发现，许多图文消息文字排版、图片样式都很好看，甚至还有一些互动功能，特别让人羡慕。那么，怎样才能制作与排版这些微信公众号页面呢？

任务描述与分析

微信公众平台提供页面的编辑与发布基本功能，还有第三方平台能更好地美化页面。本任务主要让学习者了解微信 H5 页面的概念与特点，了解微信公众号平台如何编辑微信页面以及发布，了解微信页面编辑与美化的第三方平台的概要。

学习与操作

一、微信 H5 页面的概念与特点 >>>>>>>>>>>>>>>>>>>>>>>>

除了常见的微信图文页面之外，微信页面还可以有幻灯片展示形式、需要简单单击的故事形式、用户能够参与带有互交功能的形式、可以提交数据的表单形式、小游戏形式等，这些形式的微信页面都能很好地吸引人阅读。而这种微信页面的制作，又引入一个新的内容的学习——H5。H5 是一种编程语言，H5 是指第五代 HTML，也指用 H5 语言制作的一切数字产品。由于微信的迅速崛起，H5语言编写的界面和微信浏览器兼容，H5 借助微信也越来越红火。

H5 是集文字、图片、音乐、视频、链接等多种形式的展示页面，丰富的控件、灵活的动画特效、强大的交互应用和数据分析以及高速低价的信息传播，非常适合通过手机展示与分享。也因其灵活性高、开发成本低、制作周期短等特性而成为当下幼儿园推广内容的首选，常用于幼儿园宣传、活动介绍、活动推广、会议邀请、幼儿园招聘等。

（一）H5 是什么

H5 是用 HTML5 语言制作的数字产品，是运行在移动端的动态交互页面，集文字、动画、音频、视频、图片、图表和互动调查等各种媒体表现方式为一体。H5 最显著的优势在于跨平台性，它兼容计算机端与移动端、安卓系统与 iOS 系统。在各种开放平台、应用平台上都可以打开 H5。H5 打破了各种平台各自为政的局面，提升了设计师的工作效率，强大的兼容性显著降低了开发与运营的成本。此外，基于 H5 开发的作品比 App 拥有更短的启动时间和更快的联网速度，并且不需要占用存储空间，特别适用移动媒体进行传播与推广。

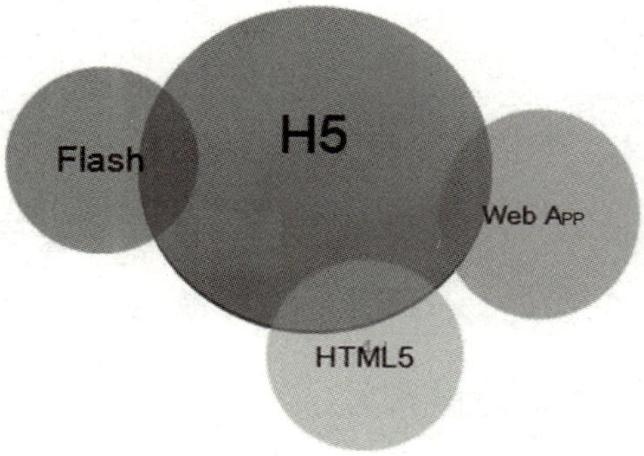

图 9-1　H5 与 HTML5、Web App、Flash 的关系

H5 与 HTML5、Web App、Flash 的关系如图 9-1 所示。

（二）H5 页面的应用场景

第一，通过微信及微信朋友圈发布移动营销宣传，包括商家优惠券、商家最新活动宣传等。

第二，答题测试、投票、用户调研等。

第三，商家企业互动小游戏。

第四，商家在线支付购买，商品限时抢购或试用等。

第五，人员招聘、租房等信息发布。

第六，好友生日祝福、节日祝福、宴会邀约等各种活动发布。

（三）H5 页面制作的特点

完整的 H5 页面的制作流程为：策划方案→原型图→文案拟定→视觉设计→动画设计→音效编辑→代码或工具实现→上线。

1. 具有移动端自适应能力

H5 页面会根据不同的手机屏幕尺寸进行适配，以达到不同屏幕的最佳显示效果。

2. H5 页面支持多媒体功能

一般 H5 页面都支持背景音乐、视频播放等多种多媒体功能。

3. 页面素材预加

为了保证整个页面的播放流畅，H5 页面搭配了预加载功能，即用户单击之前就完成了页面的加载，保证阅读流畅性。

4. 支持滑动翻页

每个页面内容单独成页。

5. 大量使用滚动侦测特效

即滑动页面的同时，大量文字或图片会自动加载出来，形成一种动态美感。

（四）H5 页面制作中页面的设计要素

1. 用户体验

用户体验设计针对的是用户浏览页面的感受。在 H5 页面设计中，设计人员需要深入了解用户的浏览习惯、阅读方式，重感官，轻技巧，使用合理的音乐背景，搭配整体风格进行设计。

2. 界面设计

界面设计重点在于页面的布局设计、文字图片大小及布局。设计人员要注重图形界面的设计，做到合理而有趣。

3. 交互设计

在 H5 页面浏览中，优秀的 H5 页面通过音乐、视频及滑动屏幕同时调用用户的视觉、触觉、听觉，从而最大限度地提高产品的推广效果及传播效率。

（五）基于微信的学习支持服务

微信是腾讯公司于 2011 年推出的一款基于智能手机端的移动即时通信软件。作为一款安装率非常高的移动应用软件，具备随时随地充分利用零碎时间的优势，使得微信可以更好地满足个性化的学习需求。例如，利用微信公众平台进行课件、拓展阅读、课程通知等内容的推送，利用微信的群聊功能开展研讨活动，利用公众号的留言功能进行师生互动，利用公众号的投票功能完成投票与测试等。

二、微信公众平台页面编辑 >>>>>>>>>>>>>>>>>>>>>>>>>>>

微信公众号平台提供了自己的页面编辑器，利用微信公众号管理员账号登录，可以在"素材管理"里新建一个自己的微信图文消息。如图 9-2 所示，为微信公众号"素材管理"页面。

图 9-2　微信公众号素材管理

进入编辑页面，如图 9-3 所示，填写要发送的标题、作者和摘要，并按照要求上传封面照片。编辑图文正文部分时可以图文并茂地编辑展示想要发布的内容，为文字内容添加合适的图片、视频、音频。当编辑好以后，单击最下面的保存按钮即可完成一条简单的微信图文页面的编辑。

如果想发布多条图文消息，单击左侧列表下面加号，当鼠标悬停时，单击"写新图文"，则可以添加新的图文信息编辑，如图 9-4 所示为"写新图文"。

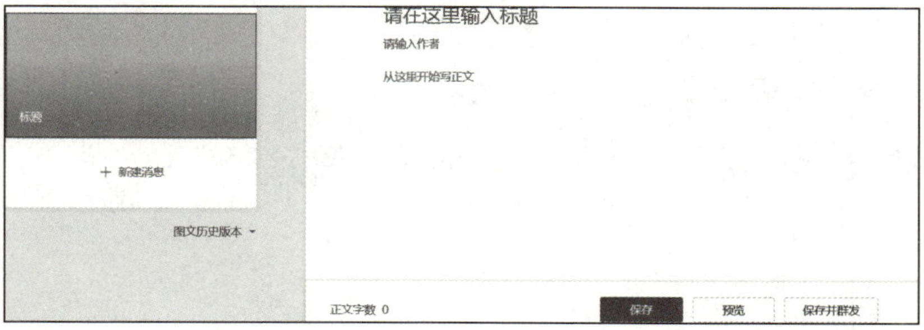

图 9-3　编辑微信页面

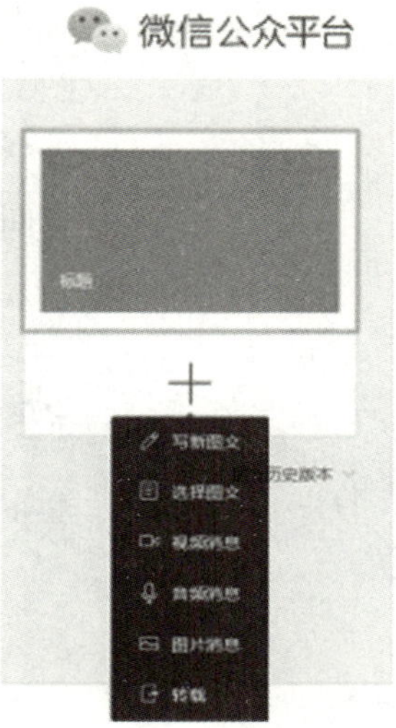

图 9-4　写新图文

　　用微信公众号平台的编辑器编写的图文消息，与那些经过精心排版的微信图文页面不太一样，显得有些简单、不生动。如果需要进一步美化微信页面，就需要引用其他的工具了。一般微信运营者都会了解和收藏一些微信运营辅助的软件、工具、网站等，如文章排版网站、图片处理软件、运营交流学习网站等。打开百度搜索引擎，输入关键词"微信编辑器"，会发现网络上推荐了许多微信编辑网站，如 365 编辑器、秀米编辑器、小蚂蚁编辑器、易点编辑器和新榜微信编辑器等，了解与掌握一种功能完善、操作简单的编辑器，可以花较少的时间做出漂亮的微信页面。

　　图 9-5 所示为秀米编辑器。微信编辑器网页页面一般分成左右两个部分，左边是素材样式区，右边是微信编辑区。单击左边"图文模板"，可以看到"标题""卡片""图片""布局""引导""组件"等不同微信元素分类下的样式选择，以"标题"样式为例，在"标题"标签下选择需要的标题样式后双击，则右边微信编辑区里即显示相应的标题。在右边编辑器将相关文字内容输入标题样式中，替换掉原样式中的文字，则一条标题文字样式即设置完成。在微信编辑区选中相应文字，还可以通过浮动的工具栏，更改文字大小、文字式样。对微信其他元素内容进行样式编辑后，可将微信编辑区内容全部复制到微信公众号平台的图文编辑窗口进行发布

图 9-5　秀米编辑器

📝 学习笔记

操作。按 Ctrl＋A 全选微信编辑区编辑好的图文，按 Ctrl＋C 复制设置好样式的图文，也可通过秀米编辑器网页页面上方的复制按钮进行复制操作。切换到微信公众号平台的图文编辑窗口页面，按 Ctrl＋V，完成图文样式的粘贴，则微信图文页面的编辑应用完成，保存图文，审核后，单击"发布"，微信公众号即发布完成。

任务二
制作家园管理之校园开放日邀请函

扫码看电子
邀请函制作

幼儿园每年都会有园所开放日，前期准备工作中很重要的一项任务是制作邀请函。电子邀请函极易传播，扩散能力极强，不仅有精美的园所宣传页面和活动介绍，还能统计数据，与传统纸质邀请函相比，其效果事半功倍。

任务描述与分析

当前流行的电子邀请函首推使用 H5 页面。相比 H4，H5 有更多的交互功能，最大的优点是在移动设备上支持多媒体。平时在移动设备上看到的邀请函、幻灯片、小游戏等都是 H5 网页，它跟平时上网看到的那些网页本质上没有任何区别。

制作 H5 页面的工具软件数不胜数，其中较流行的有秀米、MAKA、微页、初页、兔展、易企秀等工具。

易企秀平台提供免费强大的 H5 页面制作工具、作图工具、自助建站工具、小程序制作工具、智能宣传平台，中小微企业和个人皆可制作 H5 页面场景应用、H5 邀请函报名收集页面。其将原来只能在计算机端制作和展示的各类复杂宣传方案转移到更为便携和展示的手机上，用户可以随时随地根据自己的需要在计算机端、手机端进行制作和展示，随时随地宣传。

手机端只需下载易企秀 App，注册账号或使用微信号、QQ 号授权登录，在首页下方单击"创作"，易企秀提供大量的付费和免费的模板，选出适合的模板使用即可进入编辑页面，在其中添加适合的文字、图片、组件特效后预览，并设置适合的文字封面即完成制作，可在微信、QQ、微博等平台分享宣传使用；首页上单击"场景"可以编辑修改之前的作品，单击"我的"可以开通会员服务充值等。

易企秀手机端目前只支持从模板中创建，计算机端不仅支持从模板中创建，还提供空白创建。下面介绍的是利用计算机端易企秀定制自己的个性化邀请函的操作步骤。

🔖 学习与操作

第一步：在计算机端浏览器上输入相关网址，进入易企秀网站首页，新用户可以使用微信、手机、QQ、微博或邮箱注册，选择感兴趣的领域即进入会员首页，如图 9-6 所示。

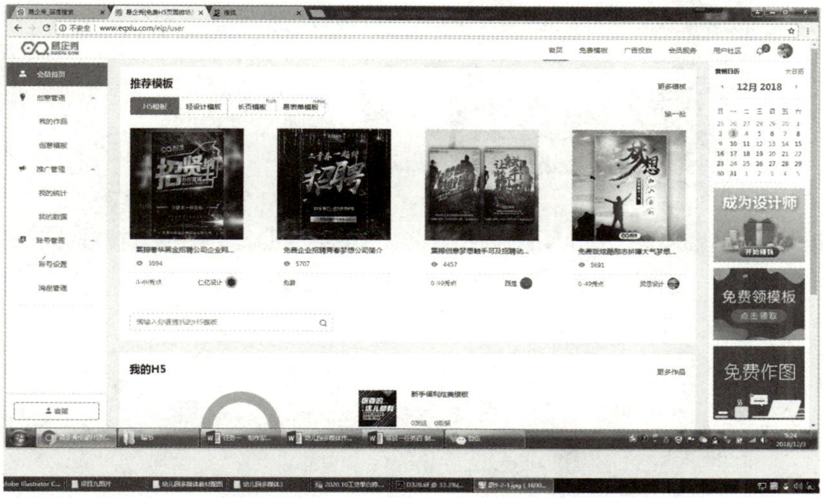

图 9-6　易企秀会员首页

第二步：单击左下方"我的 H5"模块中"立即制作"按钮，进入创建页面，如图 9-7 所示。

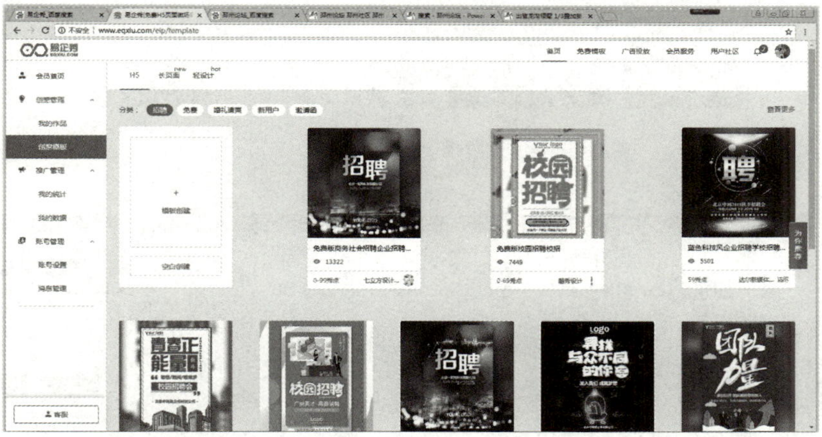

图 9-7　创建页面

第三步：页面中含有两个选择"模板创建"和"空白创建"，单击"模板创建"进入易企秀首页，在搜索栏输入"邀请函"搜索到各行各业的模板，可根据热度、价格等筛选合适的模板，单击立即使用，如图 9-8、图 9-9 所示。

第四步：单击"空白创建"进入编辑页面，此页面为邀请函的第一页。此页面左侧提供元素、功能、单页和 vip 四个模板，其中元素模板提供文字、艺术字、图片和图文四个模块；中间是页面呈现；右侧是图层管理和页面管理，具体是对某个元素或页面进行编辑和切换；顶部是制作页面时插入文本、图片、背景和音乐等按钮。（图 9-10）。

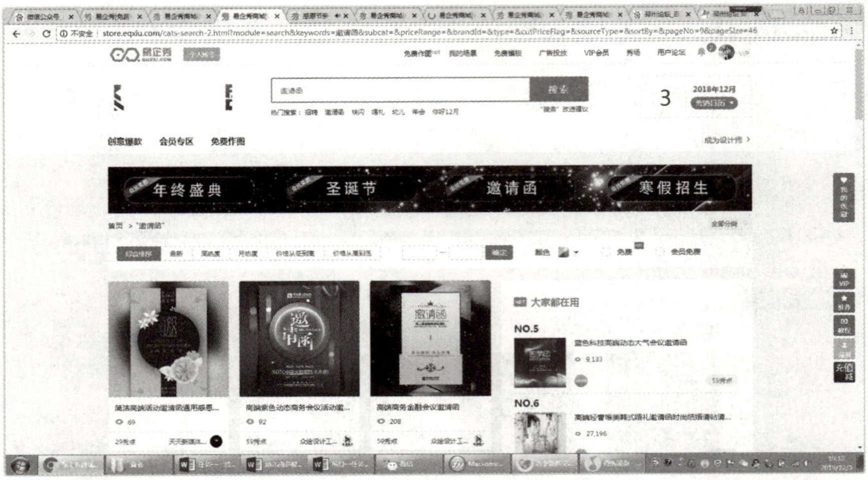

图 9-8　搜索关键词“邀请函”

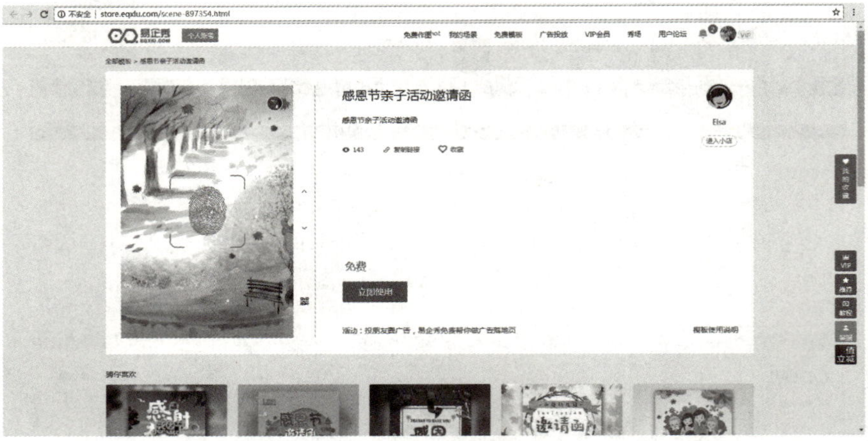

图 9-9　应用模板

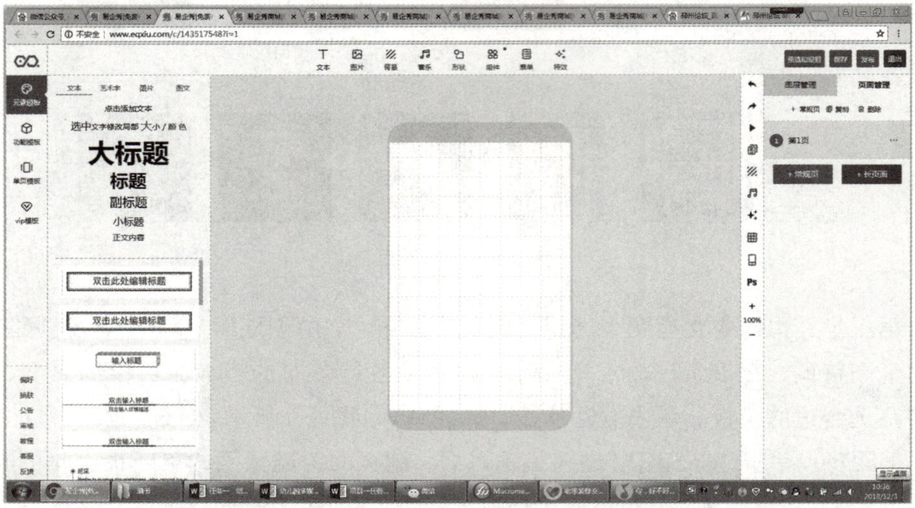

图 9-10　编辑页面

学习笔记

第五步：单击“图片”按钮，进入图片库对话框，如图 9-11 所示。可以选择从手机或本地上传图片，选择合适图片上传后得到如图 9-12 所示的页面。

图 9-11　图片库

图 9-12　编辑页面

第六步：单击"艺术字"按钮，选择合适的艺术字体，输入"邀请函"，单击"文本"按钮，输入"幼儿园开放日"和日期，如图 9-13 所示。

第七步：再次添加飞机图片和绿叶图片，单击右侧"图层管理"，设置图片、文字间的图层顺序，排版后的页面效果如图 9-14 所示。

图 9-13　页面中插入艺术字

图 9-14　排版后页面效果

> 🔗 小贴士
>
> 在文本大小的编辑上，可以选择左侧"文本"选项中"大标题""标题"等来设置大小。

> 🔗 小贴士
>
> 单击图片或文字，均可在其"组件设置"中的"动画"选项设置动画进入或强调等属性。

第八步：单击右侧“页面管理”中“＋常规页”进入新建第 2 页。添加文字、图片，并调整大小和图层顺序，如图 9-15 所示。

第九步：单击右侧“页面管理”中“＋常规页”进入新建第 3 页。添加合适的背景图片，选择上侧“表单”中“输入框”“下拉列表”和“提交按钮”，在右侧“组件设置”中“样式”里设置各表单元素属性，如图 9-16 所示。

小贴士

如果该页同上页背景类似，可直接在“页面管理”第 2 页上右击选择“复制页面”。

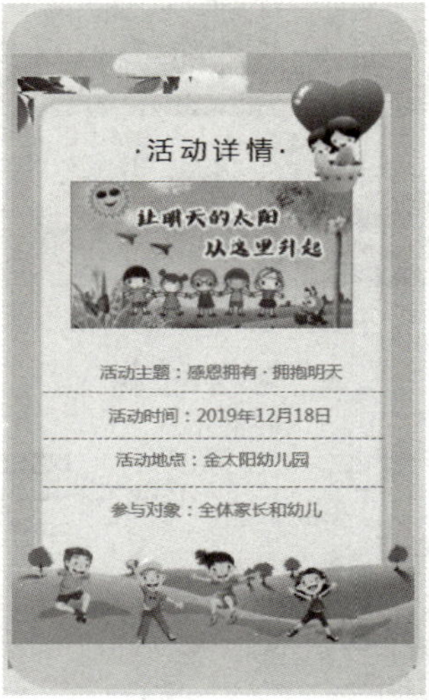

图 9-15　第 2 页

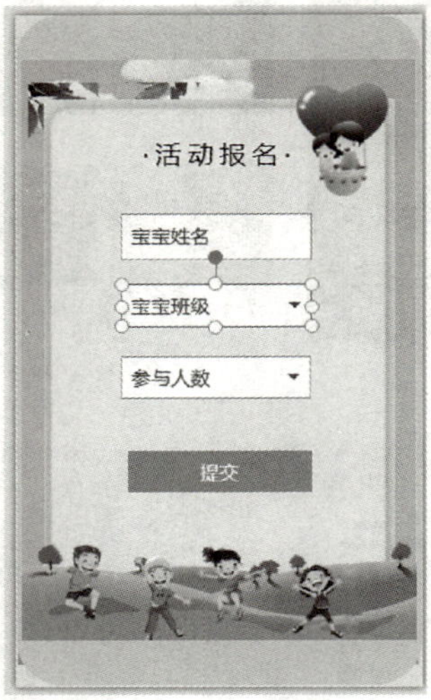

图 9-16　第 3 页

学习笔记

第十步：单击右侧“页面管理”中“＋常规页”进入新建第 4 页。添加合适的背景图片，插入艺术字“期待您的参与”“详情咨询带班老师”；单击“组件”菜单“高级组件”中的“地图”，添加地图到页面，选中地图，在右侧组件设置面板中设置地图指向具体位置等属性，如图 9-17、图 9-18 所示。

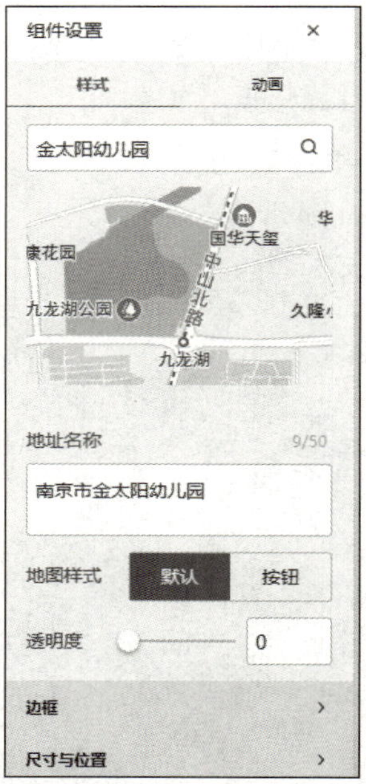

图 9-17　设置地图

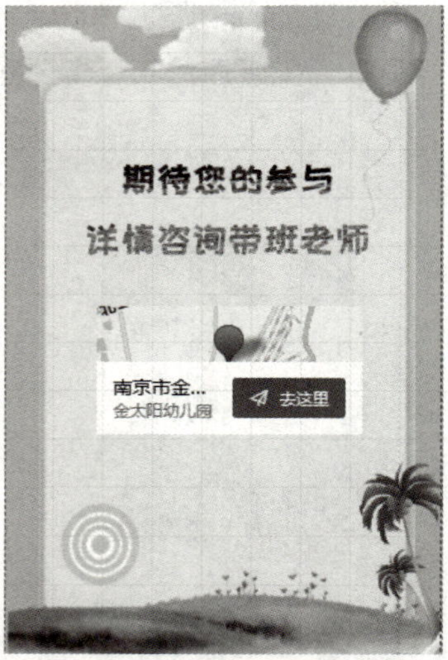

图 9-18　第 4 页

第十一步：单击上侧“音乐库”按钮进入音乐库对话框，单击“上传音乐”按钮，上传合适的音乐，选中上传的音乐，单击使用即可，如图 9-19 所示。

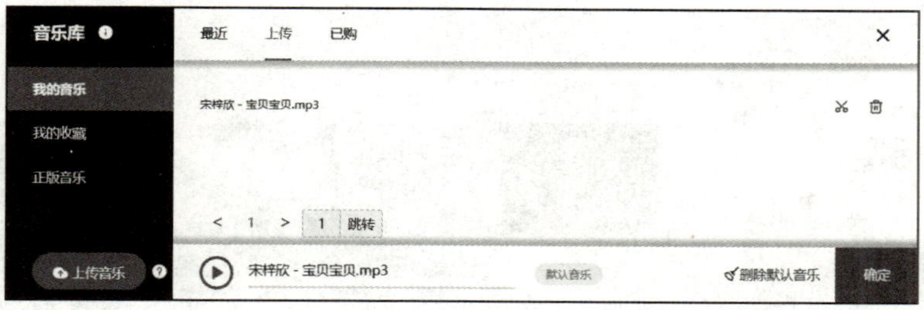

图 9-19　上传音乐

第十二步：单击右上侧"预览和设置"按钮进入基础设置对话框，更换封面，设置邀请函的标题、描述及微信分享时的样式等，如图 9-20 所示。

图 9-20　基础设置

第十三步：设置成功后，单击"发布"按钮，得到扫码分享的二维码，用微信扫一扫功能即可查看，还可分享到微博、QQ 和 QQ 空间。图 9-21 所示为预览界面。

图 9-21　预览界面

> 🔗 **小贴士**
>
> 单击上侧"组件"，可根据需要给页面添加"地图""计数"和"投票"等组件，单击"特效"按钮，可给页面添加各种特效。

> 🔗 **小贴士**
>
> 回到首页，单击左侧"我的作品"链接，可看到近期编辑的所有作品，在作品上单击"编辑"按钮即可再次编辑，如图 9-22 所示。

图 9-22 我的作品

第十四步：作品发布并投入使用后，可在左侧"我的统计"和"我的数据"中查看作品的访问量和表单汇总及留言，便于作者统计邀请函的传播量及参与人数，还可以将数据以 Excel 形式导出，如图 9-23 所示。

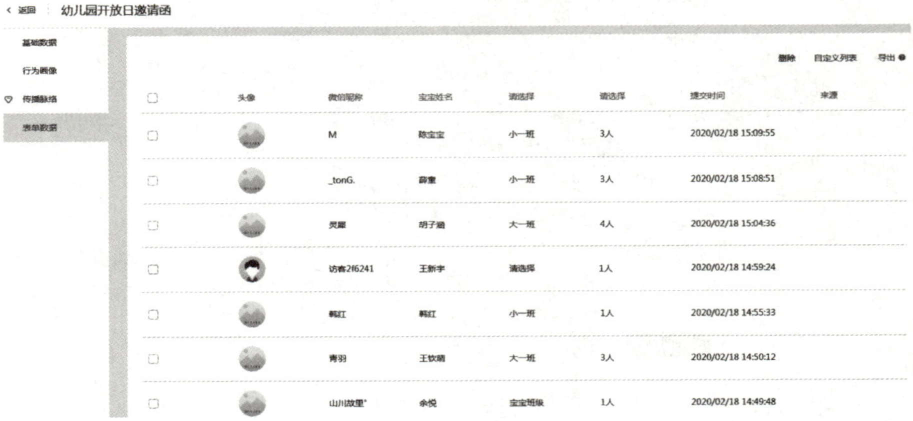

图 9-23 我的数据

任务三
制作微信公众号宣传页面

扫码看宣传
页面制作

　　微信公众号是现今人们了解社会的重要途径，各类目的公众号吸引着不同需求的人们。目前微信公众号已成为学校、幼儿园宣传的重要手段，其自定义页面灵活多变，是呈现园所文化、园所特色的很好的途径。根据园所的需要编辑自定义目录可以充分地展现园所形象，让社会更好地了解自己的幼儿园。

任务描述与分析

　　制作一篇优秀微信公众号宣传页面，要从以下四点着手：一是标题、摘要和封面图要精心斟酌；二是开头要足够简练而且吸引人；三是内容要简洁生动，转载他人内容要明确转载来源，原创内容要认真编辑、严格审核；四是排版要舒适美观。

　　一个好的标题，决定了文章的阅读量和分享量；摘要应为正文的精炼或引导性的语言；封面图片一定要选择贴合主题的高清图片，切忌偏离主题，官方建议尺寸比例为 2.35∶1 或 1∶1。

　　文字内容排版上一般要符合以下要求：每段尽量短小，大量的文字会带来阅读疲劳；段落之间要有一些空隙，便于阅读；文字色彩不要超过 3 种，注意使用段中标题；段落首行文字不要缩进，左对齐才符合手机屏幕。

　　制作微信公众号宣传页面的平台有很多，如 135 编辑器、i 排版、秀米、小蚂蚁编辑器等，其中秀米具有丰富的原创模板素材，其排版方式独一无二，使用秀米可以快速地制作出如报纸杂志般精美的内容。所以我们采用秀米来制作微信公众号宣传页面。本任务主要让学习者掌握利用秀米官方网站平台编辑、美化与发布微信页面的方法。

学习与操作

　　第一步：在计算机上使用浏览器搜索"秀米"网站，并打开，如图 9-24 所示。

　　第二步：单击右上角登录，进行账号登录，可以使用微博、微信或 QQ 登录，如图 9-25 所示。

图 9-24　秀米官网

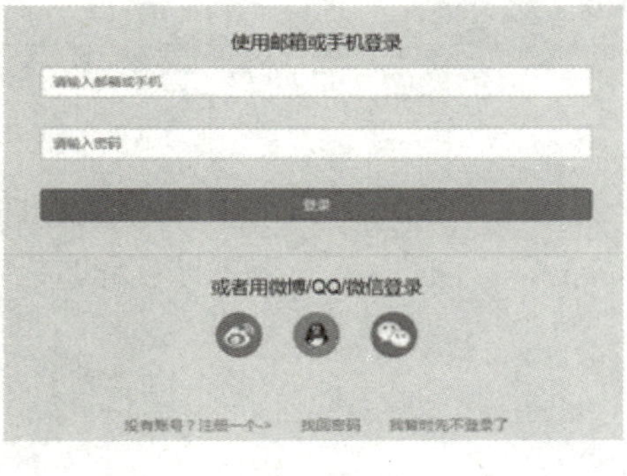

图 9-25　登录秀米官网

　　第三步：登录后，单击"新建一个图文"，如图 9-26、图 9-27 所示。

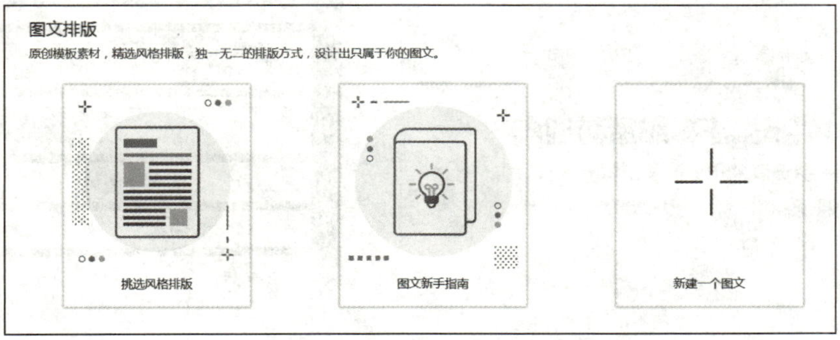

图 9-26　图文编排

图 9-27　新建一个图文界面

秀米微信编辑平台既可以制作长页面微信页面，也可以制作翻页效果的微信页面。制作翻页微信页面选择风格秀。

第四步：图 9-28 相当于微信页面发布后的封面，输入标题、摘要，如图 9-29 所示。

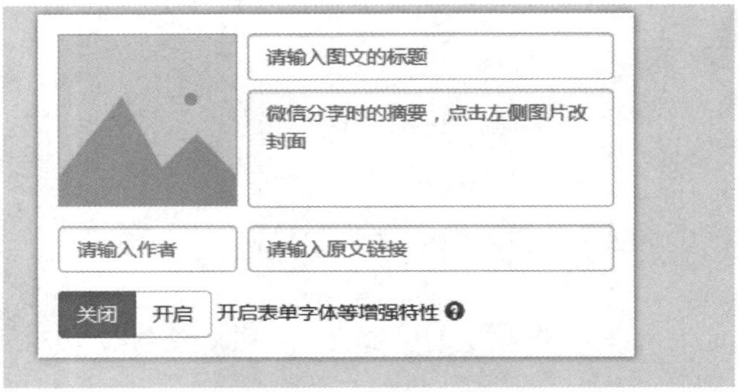

图 9-28　微信封面设置

图 9-29　封面效果

第五步：开始编辑微信内容，先插入标题模板，输入标题，如图 9-30 所示。

第六步：标题后需加一个分割线，把标题与后面文字区分开，如图 9-31 所示。

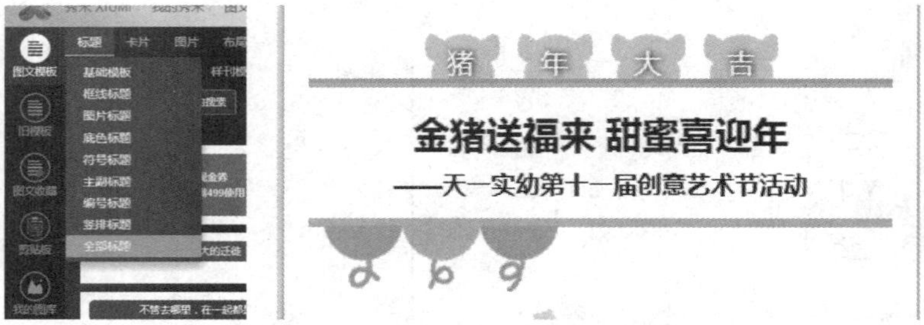

图 9-30　输入标题

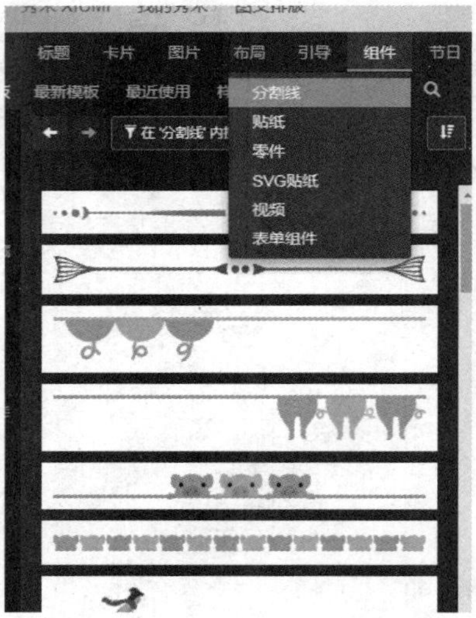

图 9-31　插入分割线

第七步：标题做完后进行正文编辑，插入卡片模块，编辑文字，如图 9-32 所示。

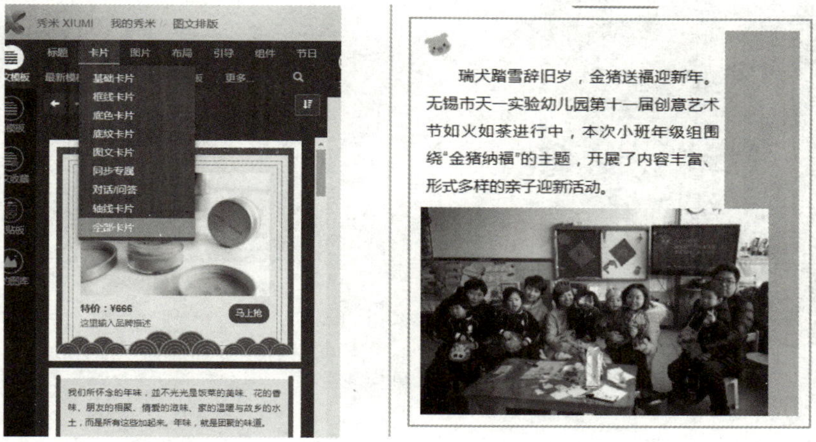

图 9-32　编辑文字

第八步：卡片模块中有的自带图片模块或者可以自己添加图片模块，如图 9-33 所示。

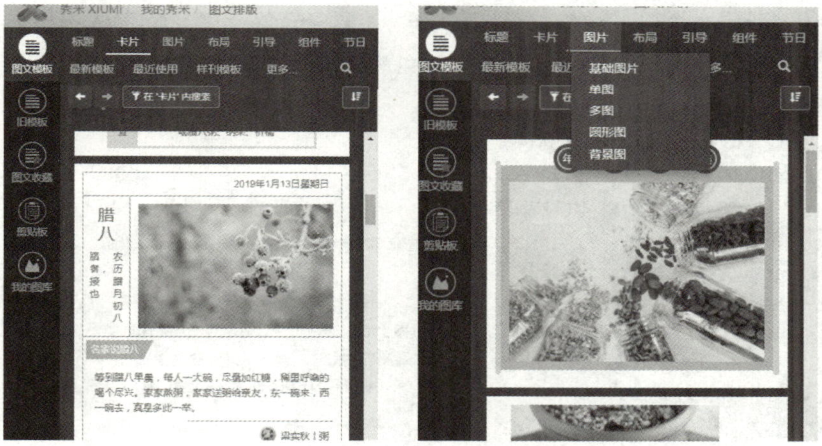

图 9-33　图片模块

第九步：单击左边"我的图库"，上传图片，如图 9-34 所示。

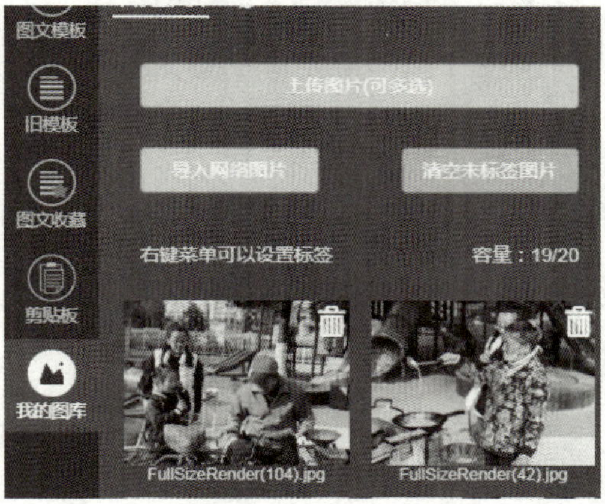

图 9-34　上传图片

学习笔记

小贴士

选中模板中的图片，再单击要更换的图片，如图 9-35 所示。

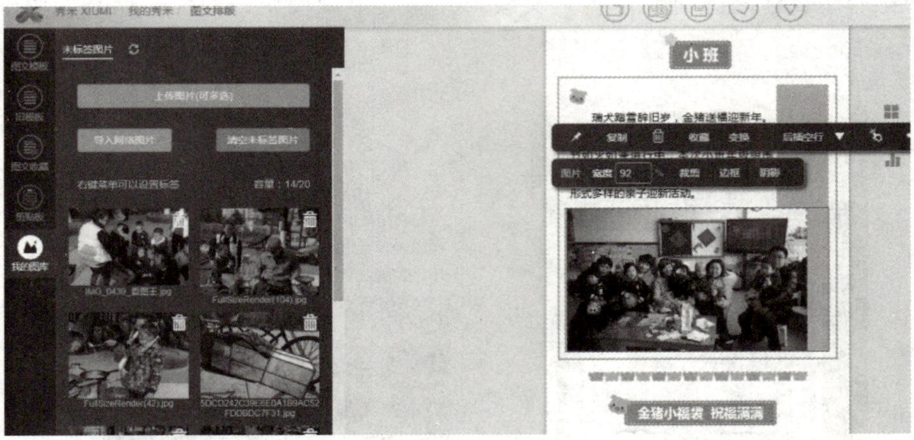

图 9-35 更换图片

学习笔记

第十步：一段页面完成后，为了与下一段区分开，应再插入一个分割线。如文章有小标题分段体，可插入小标题模板，如图 9-36、图 9-37 所示。

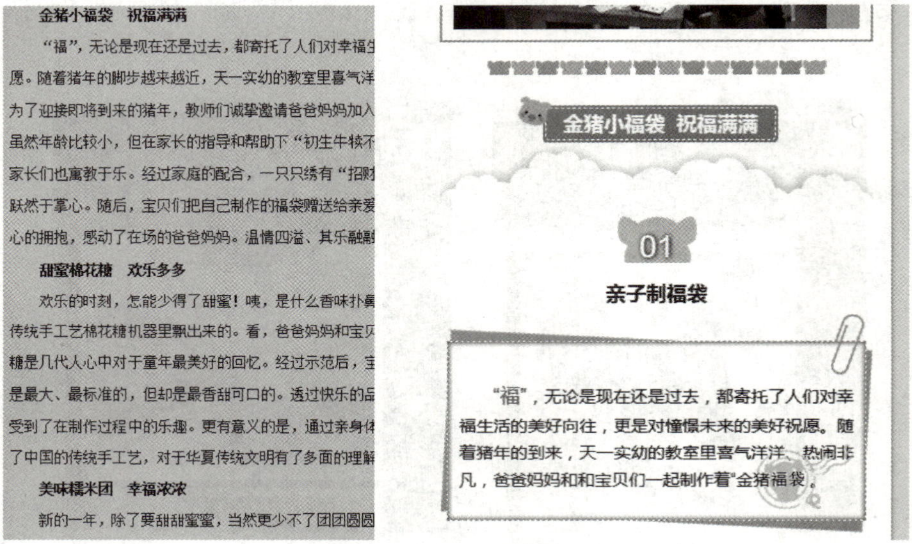

图 9-36 小标题模板(一)

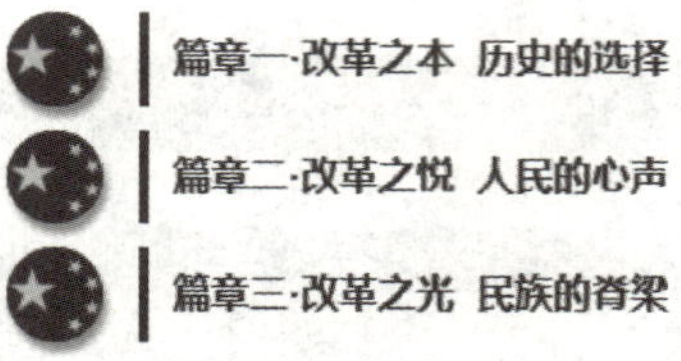

图 9-37 小标题模板(二)

第十一步：若想在中间插入一行，选择想插入的地方，前插空行或后插空行，如图 9-38 所示。

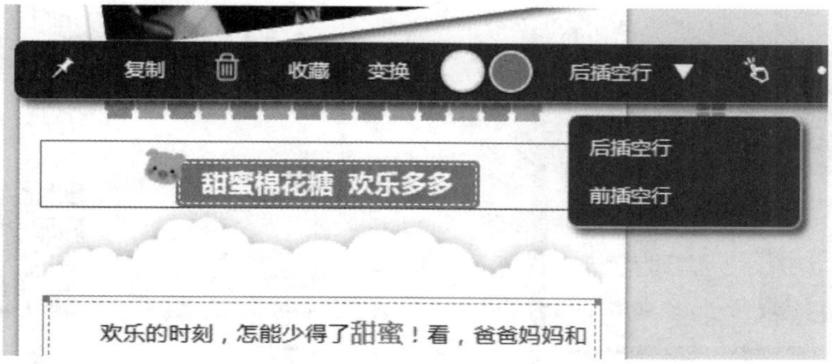

图 9-38　插入空行

🔗 小贴士

　　若想移动位置，可单击定位。可以上下移动，段前距、段后距调整移动。可设置对象对齐方式，可居左、居中、居右对齐，微调可选择偏移调整，如图 9-39 所示。

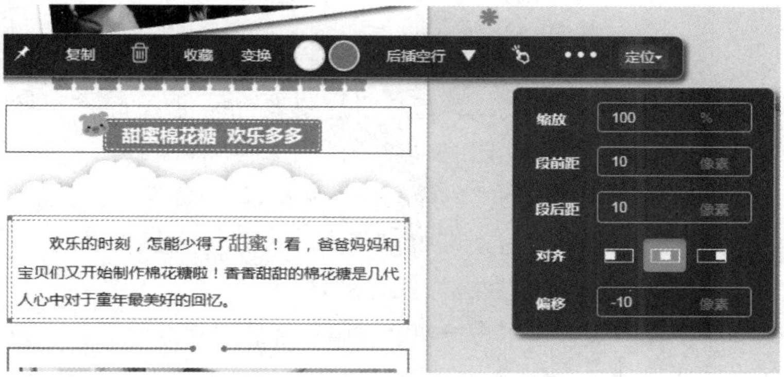

图 9-39　移动位置面板

改变文字的大小、颜色，单击文字进行调整，如图 9-40 所示。

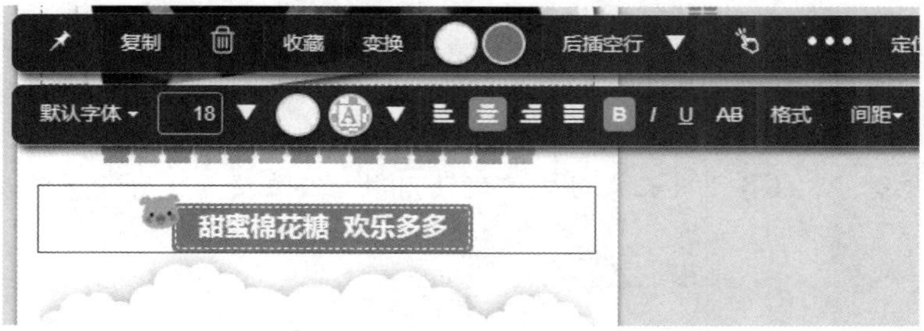

图 9-40　调整文字大小、颜色

　　第十二步：最后插入分割线，加入扫描二维码、关注公众号模块。全篇完成后保存，让公众号管理员进行发布，如图 9-41 所示。

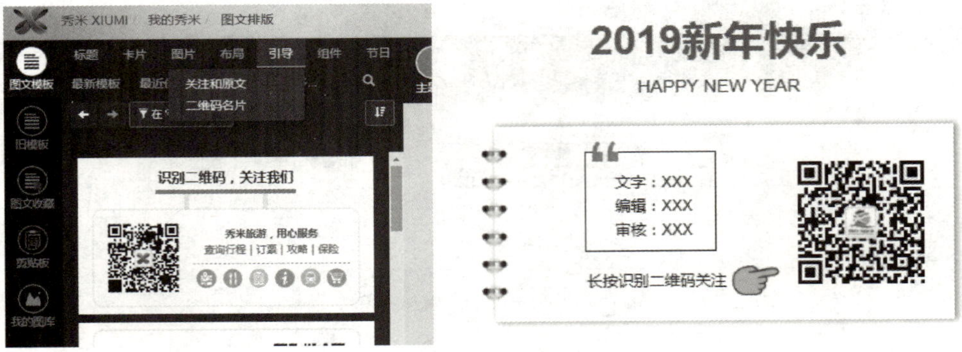

图 9-41　公众号发布

扫码看投票
活动发布

任务四
微信公众号上发布投票活动

为了更好地对幼儿进行科学启蒙教育，让幼儿亲近科学、喜欢科学、走进快乐的科技世界，幼儿园组织亲子科技小制作展。比赛得到了广大家长及小朋友的积极支持，经过前期的班级初评，共评选出 28 件优秀作品参与园部的复评，现邀请家长们投票。请在以下 28 件作品中，选出你最喜欢的 5 件作品，为它投上宝贵的一票。（家长投票数占总分的 30％）

投票方式：在下方投票区域中选择您喜欢的作品，点击投票(可多选，每人限选 5 件作品)，谢谢您的参与！投票时间截至 11 月 27 日。

要求在微信公众号上编辑并发布"亲子科技小制作展"投票活动。

任务描述与分析

微信公众平台除了可以发布图文以外，还能发表视频、音频、投票活动等，可以按照幼儿园活动的需要创建不同的内容。本任务主要让学习者掌握使用微信公众页面设计投票活动的方法，并收集投票结果。

学习与操作

第一步：打开并登录微信公众页面，登录成功后在默认打开的页面左侧找到并单击"投票管理"选项卡，创建投票活动，如图 9-42 所示。

第二步：单击后进入投票页面，在此窗口右侧会看到有一个"新建投票"绿色按钮，单击它进入创建投票活动页面内容，如图 9-43 所示。

第三步：创建投票的页面。创建投票窗口里有投票名称、截止时间、标题等相关的明细选项框与输入框。可以根据活动投票的要求选择单选或者多选的投票形式，也可以按照所需上传相关的图片以及单击"添加问题"等按钮，如图 9-44所示。

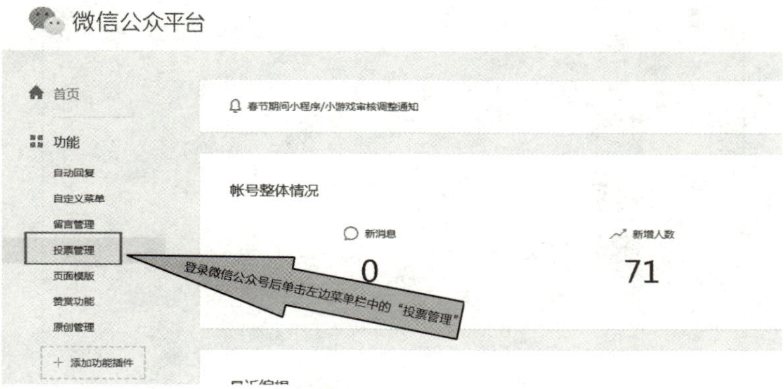

图 9-42　投票管理

图 9-43　新建投票

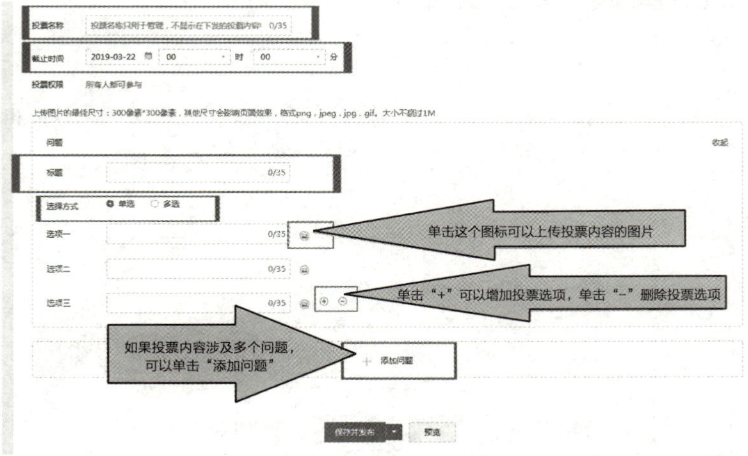

图 9-44　创建投票页面

　　第四步：投票编辑页面中的内容填写编辑好之后，可以单击"预览"—"保存并发布"对投票页面进行查看修改和保存，如图 9-45 所示。

　　第五步：在左侧找到并单击"素材管理"选项卡，进入创建素材的页面。在右侧会看到有一个"新建图文素材"按钮，单击它进行创建投票图文的操作，如图 9-46 所示。

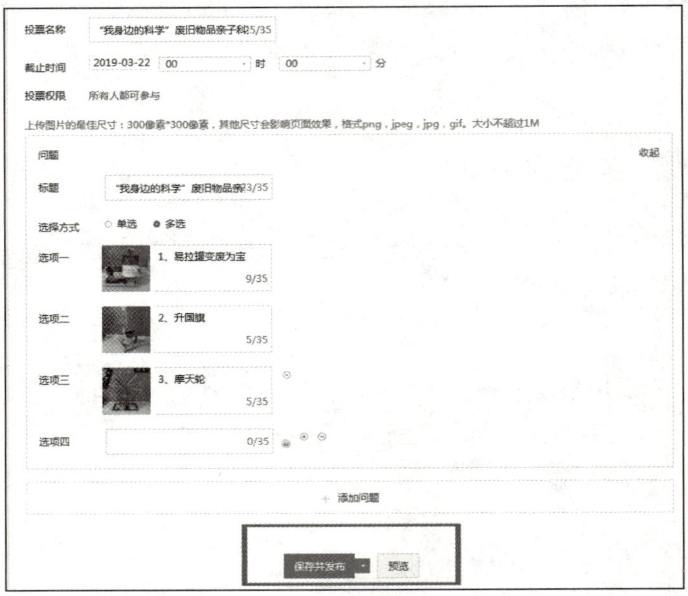

图 9-45　修改和保存投票页面

✐ 学习笔记

图 9-46　创建投票图文

第六步：添加投票页面。图文内容编辑好以后，单击素材编辑页面，在此页面上找到并单击"投票"按钮，可以将之前编辑好的内容加入此图文页面，如图 9-47 所示。

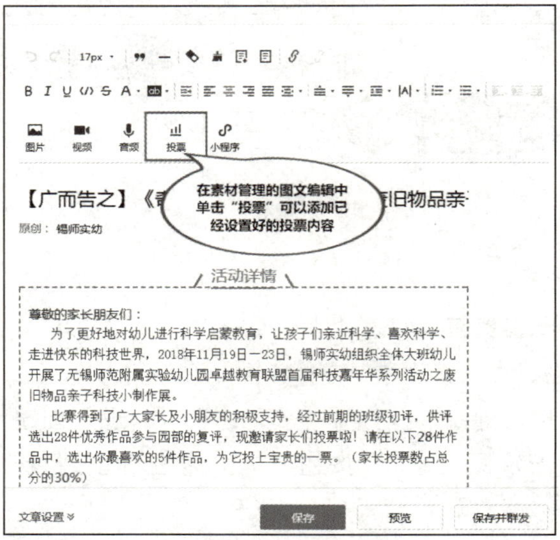

图 9-47　添加投票内容

第七步：在弹出的页面中选择刚才编辑好的投票内容，单击“确定”即可插入，如图 9-48 所示。

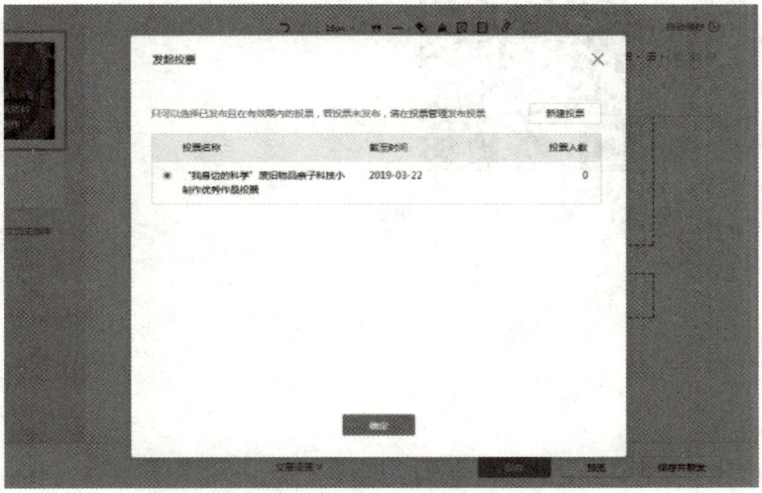

图 9-48　插入编辑好的投票内容

第八步：投票内容插入后，保存图文即可对此投票活动内容进行预览发布，如图 9-49 所示。

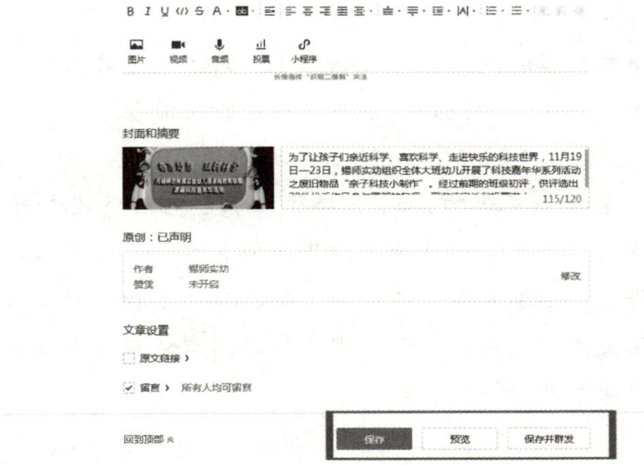

图 9-49　预览发布

第九步：图文发布后，投票的结果数据可以通过单击“投票管理”的详情进行查看，如图 9-50 所示。

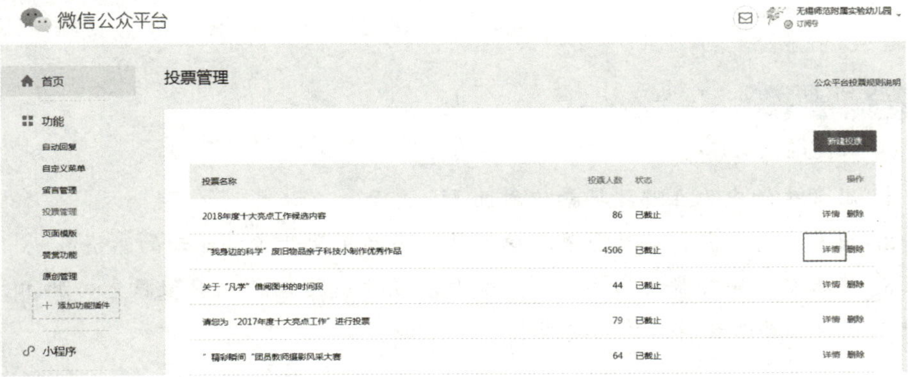

图 9-50　投票管理

学习笔记

第十步：投票图文范例的二维码，如图 9-51 所示。

图 9-51 投票图文范例二维码

拓展学习

一、速课网制作 H5 课件

速课网是一个给教师提供在线制作 H5 教学课件的平台。该网站将 H5 课件制作引入移动教学领域，并有众多教学课件在线模板供给教师选择。

使用速课网制作 H5 课件之前，先要完成注册登录，即输入网址后，单击"我要注册"按钮，接着在弹出的页面中填写手机号码、图片验证码，单击"获取验证码"按钮后，手机会收到一条含有验证码的短信，输入验证码，同意协议后即可完成注册。

教师通过注册、登录后，可以使用在线模板或者空白页制作 H5 课件，支持添加文本、音乐、视频、动画、互动表单等元素，既让教学内容生动活泼，也方便师生进行交流。

二、问卷星软件

以往教师对幼儿的学习活动情况、家庭情况等方面的了解往往基于电话访谈或者纸质问卷的收集，这种传统的信息收集方式费时又费力。问卷星软件是集题库与问卷于一身的平台，既能够对教师自身学习情况进行测试，又能够完成许多关于幼儿基本情况的调查，有助于教师教研活动的开展。

我们可以直接登录问卷星官方网站使用该软件，移动终端的应用则需从应用中心下载，或者直接扫描二维码进行下载。该软件的使用步骤参照图 9-52。

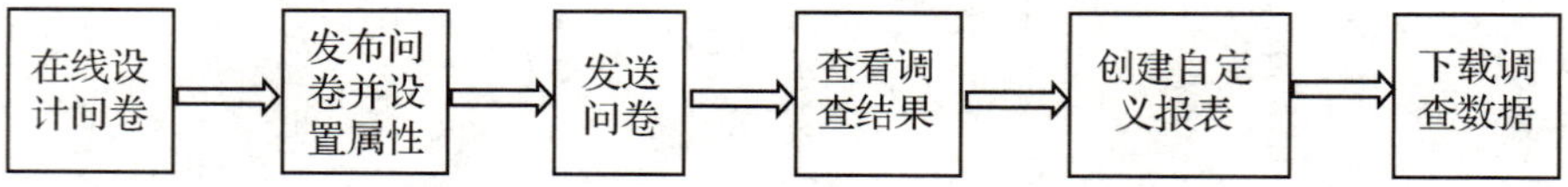

在线设计问卷 → 发布问卷并设置属性 → 发送问卷 → 查看调查结果 → 创建自定义报表 → 下载调查数据

图 9-52 问卷星使用步骤

思考与练习

一、基础练习

1. 思考生活中你在哪些场景使用过 H5 页面？

2. 用易企秀计算机端结合手机端制作一个幼儿园开放日活动的邀请函。

3. 根据自己的日常生活和学习，选取一项主题活动，编辑微信宣传脚本，用秀米完成微信页面编辑。作品要求如下。

（1）作品完整，有清晰的内容结构，灵活运用图片、图形、多媒体等技巧，技能全面。

（2）作品有设计性，新颖独特，能较好地起到宣传作用。

二、提高练习

1. 谈谈你心目中移动学习的概念与作用。

2. 主流的 H5 网页开发平台各自有哪些优缺点？

3. 还有哪些 App 可以制作在线投票页面？

4. 利用秀米微信编辑平台设计制作一个具有翻页效果的幼儿园综合活动邀请函。

参考文献

1. 谢忠新. 学前教育现代教育技术[M]. 上海：复旦大学出版社，2013.

2. 陶翠萍. 多媒体课件设计与制作：视频指导版[M]. 北京：人民邮电出版社，2018.

3. 佟元之，许文芝. 学前教育现代教育技术教程[M]. 南京：南京大学出版社，2017.

4. 佟元之，许文芝. 现代教育技术实用教程[M]. 南京：南京大学出版社，2013.

5. 徐爱新. 幼儿园多媒体作品设计与制作[M]. 北京：中国铁道出版社，2018.

6. 郑春艳，王娟. 幼儿园多媒体课件制作[M]. 北京：北京理工大学出版社，2019.

7. 祖国强. 幼儿园多媒体课件设计与制作基础[M]. 上海：复旦大学出版社，2011.

8. 南国农. 信息化教育概论(第2版)[M]. 北京：高等教育出版社，2011.

9. 何克抗，吴娟. 信息技术与课程整合[M]. 北京：高等教育出版社，2007.

10. 许卓娅. 幼儿园健康教育与活动设计[M]. 长春：长春出版社，2013.

11. 张玉敏. 幼儿园语言教育与活动设计[M]. 长春：长春出版社，2013.

12. 严仲连. 幼儿园社会教育与活动设计[M]. 长春：长春出版社，2013.

13. 吴巍莹. 幼儿园音乐教育与活动设计[M]. 长春：长春出版社，2013.

14. 田燕. 幼儿园美术教育与活动设计[M]. 长春：长春出版社，2013.

15. 南国农. 信息化教育概论[M]. 北京：高等教育出版社，2004.

16. 李兆君. 现代教育技术[M]. 北京：高等教育出版社，2004.

17. 张奇. 学习理论[M]. 武汉：湖北教育出版社，1999.

18. 陈金华. 基于数字化学习的现代教育技术教程[M]. 北京：北京师范大学出版社，2011.

19. 纪亚梅. 浅谈电子白板的应用优势——以幼儿园教学为例[J]. 中国信息技术教育，2012(5).

20. 雷利军. 运用交互白板挑战传统黑板[J]. 中小学信息技术教育，2004(12).

21. 吴文娟，丁琪. 基于Web的远程教学的一些研究[J]. 中国教育研究与创新，2004(7).

22. 张伟. Flash动画在网页中的应用[J]. 电脑开发与应用，2012(11).

23. 张莹莹. Authorware课件制作探讨[J]. 科技信息，2010(35).

24. 许峰. 多媒体网络课件特点及制作[J]. 福建师大福清分校学报，2002(2).

25. 邱寄帆. 试论基于Web页面的网络课程的特点与开发[J]. 成都航空职业技术学院学报，2003(1).

26. 兰肖原. 应用英语课程设计与网络应用的对接[J]. 广西商业高等专科学校学报，2005(4).

27. 刘文东. 浅谈多媒体技术在教学中的应用与设计[J]. 辽宁公安司法管理干部学院学报，2004(1).

28. 范姣莲. IT技术与远程网络课程的设计应用[J]. 中国电化教育，2003(8).

29. 纪红，孙礼. 基于Web的远程网络课件的设计与开发[J]. 北京邮电大学学报(社会科学版)，2002(2).

30. 胡铁生. 中小学微课建设与应用难点问题透析[J]. 中小学信息技术教育，2013(4).

31. 范福兰，张屹，白清玉，等. 基于交互式微视频教学资源教学模式的应用效果分析[J]. 现代教育技术，2012(6).

32. 胡铁生，黄明燕，李民. 我国微课发展的三个阶段及其启示[J]. 远程教育杂志，2013(4).

33. 关中客 . 微课程[J]. 中国信息技术教育，2011(17).

34. 刘小晶，张剑平 . 教学视频微型化改造与应用的新探索[J]. 中国电化教育，2013(3).

35. 胡铁生 . 区域性优质微课资源的开发与思考[J]. 中小学信息技术教育，2013(4).

36. 张海森 . 2001—2010 年中外思维导图教育应用研究综述[J]. 中国电化教育，2011(8).

37. 甄丽娜，仇晓春 . 幼儿园教学活动设计反思的三维框架及其应用[J]. 教育探索，2013(10).

38. 吴志明 . 论幼儿园数学教育活动设计的影响因素[J]. 新课程(下旬)，2014(9).